Anonymous

Amtsblatt des Generalinspektors des thüringischen Zoll- und Handelsvereins

Jahrgang 1873-1878

Anonymous

Amtsblatt des Generalinspektors des thüringischen Zoll- und Handelsvereins
Jahrgang 1873-1878

ISBN/EAN: 9783744628402

Hergestellt in Europa, USA, Kanada, Australien, Japan

Cover: Foto ©Suzi / pixelio.de

Weitere Bücher finden Sie auf **www.hansebooks.com**

Amtsblatt

des

General-Inspektors

des

Thüringischen Zoll- und Handelsvereins.

Jahrgang

1873

Erfurt.

Register

zum Jahrgang 1873 des Amtsblatts des Generalinspektors des Thüringischen Zoll- und Handelsvereins.

I. Chronologisches Register.

Laufende Nummer.	Datum der Cirkularverfügung ꝛc.	Journal-Nummer.	Inhalt.	Zu finden unter №	Seite.
	1873.				
1.	13. Januar	501.	Bekanntmachung, die Bierausfuhr im Großherzogthum Hessen betr.	1.	1
2.	7. Februar	1394.	Dgl., eine Ausstellung in Berlin betr.	2.	2
3.	11. ejd.	1511.	Dgl., eine Ausstellung landwirthschaftlicher Maschinen in Rodenkirchen betr.	3.	2
4.	26. ejd.	1911.	Cirkularverfügung, die Wiener Ausstellung betr.	4.	2
5.	27. ejd.	1091.	Bekanntmachung, die Zuckerbesteuerung betr.	5.	3
6.	1. März	2168.	Dgl., betr. den Statns der Vereinszollstellen	6.	3
7.	7. ejd.	2272.	Dgl., die Zuckerbesteuerung betr.	7.	4
8.	15. ejd.	2147.	Cirkularverfügung, eine Abänderung des amtlichen Waarenverzeichnisses betr.	8.	5
9.	17. ejd.	2456.	Bekanntmachung, eine Ausstellung in Breslau betr.	9.	5
10.	22. ejd.	2605.	Cirkularverfügung, den Thüringischen Aemterorganismus betr.	10.	6
11.	26. ejd.	2612.	Dgl., Tarifbestimmungen betr.	11.	6
12.	eod.	2613.	Dgl., Tarabestimmungen betr.	12.	7
13.	eod.	2628.	Bekanntmachung, die Biersteuerbonifikation betr.	13.	7
14.	4. April	2816.	Cirkularverfügung, Tarifentscheidungen betr.	14.	7
15.	26. ejd.	3436.	Bekanntmachung, betr. den Status der Vereinszollstellen	15.	8
16.	28. ejd.	3437.	Dgl., den Status der Uebergangssteuer-Abfertigungsstellen	16.	9
17.	eod.	3451.	Dgl., die Bierausfuhr im Großherzogthum Hessen betr.	17.	9
18.	eod.	3452.	Dgl., betr. eine Befugnißertheilung an die Großherzoglich Badische Steuereinnehmerei zu Ladenburg	18.	10
19.	29. ejd.	3453.	Dgl., betr. den Status der Uebergangsstraßen und Uebergangssteuerstellen für den Verkehr mit steuerpflichtigen Getränken zwischen Elsaß-Lothringen und den angrenzenden Staaten des Deutschen Zollgebiets	19.	10
20.	26. Mai	3971.	Cirkularverfügung, die Steuerrückvergütung für parfümirten Spiritus und die Erhebung der Uebergangsabgabe von solchem betreffend	20.	13
21.	13. Juni	4392.	Dgl., den Status der Thüringischen Steuerstellen betr.	21.	14
22.	21. ejd.	4497.	Dgl., den Anschluß von Elsaß-Lothringen an die Branntweinsteuergemeinschaft betr.	22.	14
23.	4. Juli	5003.	Dgl., Bestimmungen über die Tara betr.	23.	14
24.	eod.	5051.	Dgl., Tarifentscheidungen betr.	24.	15
25.	23. ejd.	5052.	Bekanntmachung, den Status der Uebergangssteuerstellen und Uebergangsstraßen, sowie der Abfertigungsstellen für Branntweinausfuhr gegen Steuerbonifikation betr.	25.	16
26.	eod.	5053.	Dgl., den Status der Vereinszollstellen betreffend	26.	16
27.	24. ejd.	5192.	Cirkularverfügung, die Tara für rohen Kaffee in Säcken betr.	27.	18
28.	25. ejd.	5469.	Dgl., die Tarifirung von Korbflechterwaaren betr.	28.	18
29.	5. August	5758.	Dgl., die Cassirung der Wechselstempelmarken betr.	29.	18
30.	31. ejd.	6210.	Dgl., die Wiener Ausstellung betr.	30.	21
31.	13. September	5972.	Dgl., betr. die Bekanntmachung der Veränderungen in dem		

I. Chronologisches Register.

Laufende Nummer.	Datum der Cirkularverfügung rc.	Journal-Nummer.	Inhalt.	Zu finden unter №	Seite.
			Stande und in den Befugnissen der Zoll- und Steuerstellen des Deutschen Zollgebiets	33.	22
32.	18. September	6321.	Dgl., die Uebergangsscheinkontrole bei Spielkartenversendungen betr.	31.	21
33.	23. ejd.	6756.	Cirkularverfügung wegen Ausgabe eines besonderen Abdrucks des neuredigirten und vom 1. Oktober d. J. ab in Kraft tretenden Vereinszolltarifs	32.	22
34.	30. ejd.	6963.	Bekanntmachung, betr. den Status der Uebergangssteuer-Abfertigungsstellen	34.	22
35.	eod.	6964.	Dgl., betr. den Status der Vereinszollstellen	35.	23
36.	eod.	6965.	Dgl., die Bierausfuhr im Großherzogthum Hessen betr.	36.	24
37.	7. November	8059.	Dgl., die Wiener Ausstellung betr.	37.	25
38.	14. ejd.	8219.	Dgl., eine Ausstellung in Frankfurt a. M. betr.	38.	25
39.	26. Dezember	9012.	Cirkularverfügung, die Behandlung der Packetadressen betr. . .	39.	26
40.	31. ejd.	9088.	Dgl., Tarabestimmungen betreffend	40.	26
41.	Ohne.	Ohne.	Personalien	.	4
42.	Dgl.	Dgl.	Dgl.	.	12
43.	Dgl.	Dgl.	Dgl.	.	19
44.	Dgl.	Dgl.	Dgl.	.	21
45.	Dgl.	Dgl.	Dgl.	.	27

II. Sachregister.

Bemerkung. Die beigesetzten Ziffern bedeuten die Seitenzahlen.

A.

B.

C.

E.

H.

K.

L.

P.

S.

II. Sachregister.

Druckfehlerberichtigung.

Seite 9, Bekanntm. Nr. 16 muß es in der Ueberschrift statt 26. den 28. April heißen.

Amtsblatt

des General-Inspectors des Thüringischen Zoll- und Handels-Vereins.

1tes Stück vom Jahre 1873.

№ 1. Bekanntmachung,

die Bierausfuhr im Großherzogthum Hessen betreffend,
vom 13. Januar 1873 Nr. 501.

Unter Bezugnahme auf meine Bekanntmachung vom 30 Oktober 1869 Nr. 6466 wird in der Anlage ein anderweites Verzeichniß derjenigen Großherzoglich Hessischen Steuerstellen veröffentlicht, welche vom 1. Januar d. J. an zur Abfertigung des mit dem Anspruche auf Steuervergütung ausgehenden Biers, bez. zur Ertheilung der Ausgangsbescheinigung befugt sind.

Erfurt, am 13. Januar 1873. Der Generalinspektor: Grolig.

Verzeichniß

derjenigen Steuerstellen, welche in dem Großherzogthume Hessen zur Abfertigung des mit dem Anspruche auf Steuervergütung ausgehenden Biers, beziehungsweise zur Ertheilung der Ausgangsbescheinigung befugt sind:

Zur Abfertigung des mit dem Anspruche auf Steuervergütung ausgehenden Biers, sowie zur Ertheilung der Ausgangsbescheinigung sind befugt:				Im Innern der Staaten sind zur Abfertigung des mit dem Anspruche auf Steuervergütung ausgehenden Biers befugt:		Im Fall der Vorabfertigung des Biers im Innern der Staaten, Sp. 3, sind außer den in Sp. 1 u. 2 aufgeführten Ämtern zur Ertheilung der Ausgangsbescheinigung befugt:		Bemerkungen.
an der Grenze gegen das Zollvereinsausland.		an der Binnengrenze gegen Zollvereinsstaaten.						
Benennung der Aemter.	Ort derselben.	Benennung der Aemter.	Ort derselben.	Benennung der Aemter.	Ort derselben.	Benennung der Aemter.	Ort derselben.	
1.		2.		3.		4.		5.
		Hauptsteueramt.	Worms.	Hauptst.-Amt	Darmstadt.	Ortseinnehmerei.	Wachenheim.	
		Ortseinnehmerei.	Alzey.	„	Offenbach.			
		„	Monsheim.	„	Giessen.	„	Lampertheim a.d.B.	
		„	Michelstadt	„	Bingen.	„	Schöllenbach.	
		„	Hirschhorn	„	Mainz.	„	Babenhausen.	
		Salzsteueramt.	Wimpfen.	Steueramt.	Bensheim.			
		Ortseinnehmerei.	Virnhain.	Ortseinnehmerei.	Pfungstadt			
				„	Osthofen.			

№ 2. Bekanntmachung,

eine Ausstellung in Berlin betreffend, vom 7. Februar 1873 Nr. 1394.

Das Büreau des deutschen Fischervereins in Berlin beabsichtigt im Monat März d. J. daselbst eine Ausstellung von Geräthschaften und Produkten der See- und Binnenfischerei zu veranstalten.

Den zu dieser Ausstellung aus dem Auslande ein- und später wieder in das Ausland zurückgehenden Gegenständen ist unter den bekannten Voraussetzungen Befreiung vom Eingangszolle zugestanden worden, was ich den Thüringischen Steuerstellen unter Verweisung auf die in ähnlichen Fällen ergangenen Bestimmungen hiermit bekannt gebe.

Erfurt, am 7. Februar 1873. Der Generalinspektor: Grolig.

№ 3. Bekanntmachung,

eine Ausstellung landwirthschaftlicher Maschinen in Rodenkirchen betreffend, vom 11. Februar 1873 Nr. 1511.

Die Oldenburgische Landwirthschaftsgesellschaft beabsichtigt im Monat August d. J. in Rodenkirchen eine Ausstellung landwirthschaftlicher Maschinen und Geräthe zu veranstalten und es ist für diejenigen Gegenstände, welche zu dieser Ausstellung vom Auslande eingebracht und nach beendigter Ausstellung wieder dahin zurückgeführt werden, die Befreiung vom Eingangszolle unter den bekannten Voraussetzungen zugestanden, auch zu deren erleichterten Abfertigung dem Nebenzollamte I Strohausen die Befugniß zur Ausstellung und Erledigung von Begleitscheinen I über die für die Ausstellung bestimmten Maschinen und Geräthe beigelegt worden, was ich den Thüringischen Steuerstellen hiermit bekannt mache.

Erfurt, den 11. Februar 1873. Der Generalinspektor: Grolig.

№ 4. Cirkularverfügung,

die Wiener Ausstellung betreffend, vom 26. Februar 1873 Nr. 1911.

Bezüglich der Zollbehandlung der Wiener Ausstellungsgegenstände ist von dem Bundesrathe Folgendes beschlossen worden:

I. Wenn diesseitigen, zur Abfertigung auf Ansagezettel oder Begleitschein befugten Zollstellen an der Grenze oder im Innern ganze Wagenladungen, Wagenabtheilungen, abhebbare Behältnisse oder einzelne Kolli mit dem Antrage angemeldet werden, dieselben zum Zwecke der Versendung nach der Ausstellung in Wien unter Verschluß zu legen, so ist diesem Antrage ohne vorherige Revision der Sendungen zu entsprechen und die Anlegung des Verschlusses auf der Anmeldung zu bescheinigen.

II. Für die zollfreie Wiedereinlassung der zur Rücksendung bestimmten Ausstellungsgüter genügt es, wenn von den zur Ueberwachung der deutschen Ausstellung berufenen Beamten der deutschen Ausstellungskommission unter der die Sendungen begleitenden Deklaration die Herstammung der Güter aus dem Zollvereine und ihre wirkliche Ausstellung bescheinigt wird, wenn ferner von den gedachten Beamten unter entsprechender Vermerkung in der Deklaration die zur Rücksendung dienenden Wagen, Wagenabtheilungen, abhebbaren Behältnisse oder einzelnen Kolli mit Verschluß versehen werden.

III. Sendungen dieser Art, welche mit unverletztem Verschlusse ein diesseitiges Grenzamt erreichen, können daselbst, je nachdem es beantragt wird, unter Zurückbehaltung der bescheinigten Deklarationen als Belag für das Deklarationsregister, und zwar, sofern nicht Verdacht obwaltet, ohne Revision mit Abnahme des Verschlusses zollfrei in den freien Verkehr gesetzt oder unter gewöhnlicher Zollkontrole dem Bestimmungsorte zugeführt werden. Im letzteren Falle ist, sofern kein Verdacht obwaltet, das Erledigungsamt zur zollfreien Ablassung ermächtigt.

IV. Für Sendungen von Orten aus, welche nicht innerhalb des deutschen Zollgebiets belegen sind, kommen vorstehende Bestimmungen nicht zur Anwendung.

Zu diesen Beschlüssen, deren Inhalt zur Kenntnißnahme und zur ergeblichen Bescheidung der Gewerbtreibenden zu dienen hat, bemerke ich noch Nachstehendes:

Von welchen Beamten der deutschen Ausstellungskommission behufs des zollfreien Wiedereingangs der ausgestellten Gegenstände die Bescheinigung über die Abstammung der eingehenden Güter aus dem Zollvereine ertheilt, und in welcher Weise der amtliche Verschluß in Wien angelegt werden soll, wird seiner Zeit von den betreffenden Landesregierungen resp. ergeblich in meinem Amtsblatte bekannt gemacht werden.

Die Befugniß zur zollfreien Abfertigung der aus Wien zurückkommenden Ausstellungsgegenstände nach der obigen Bestimmung sub III wird in meinem Verwaltungsbezirke neben den vier Hauptsteuerämtern auch denjenigen Steuerstellen, welche zur Ausfertigung und Erledigung von Begleitscheinen I befugt sind, unter den in der Cirkularverfügung vom 5. Januar 1864 Nr. 163 sub III gedachten Voraussetzungen und Maßgaben hierdurch verliehen. Bei vorkommenden Anständen erwarte ich aber jedes Falles eine berichtliche Anzeige.

Andere Steuerstellen haben über einen etwa an sie gerichteten Antrag auf zollfreie Abfertigung zurückgekommener Ausstellungsgüter seiner Zeit an mich unter Vorlegung der Abfertigungspapiere Bericht zu erstatten.

Erfurt, am 26. Februar 1873. Der Generalinspektor: Grolig.

№ 5. Bekanntmachung,

die Zuckerbesteuerung betreffend, vom 27. Februar 1873 Nr. 1091.

Dem Königlich Bayerischen Nebenzollamte I a./B. zu Eger ist die Befugniß zur Eingangsabfertigung von Rohzucker zum ermäßigten Zollsatze von 4 Thalern pro Centner verliehen worden, was ich unter Bezugnahme auf die Cirkularverfügung vom 28. August 1869 Nr. 4991 bekannt mache.

Erfurt, am 27. Februar 1873. Für den Generalinspektor: Schreck.

№ 6. Bekanntmachung,

betr. den Status der Vereinszollstellen, vom 1. März 1873 Nr. 2168.

1.) Das Königl. Preuß. Nebenzollamt I zu Hultschin im Hauptamtsbezirke Ratibor ist in ein Nebenzollamt II umgewandelt worden.

2.) Vom 1. Januar 1873 ab ist an der Ostpreußischen Südbahn bei dem Grenzbahnhofe Groß-Prostken ein Königl. Preuß. Hauptzollamt errichtet worden. In Folge dessen ist von dem gedachten Zeitpunkte ab das bisherige Nebenzollamt I zu

Klein-Prostken unter Aufhebung der ihm bisher verliehenen Befugniß zur Erledigung und Ausfertigung von Begleitscheinen I in ein Nebenzollamt II umgewandelt worden, welches bis auf Weiteres zugleich als Ansageposten für das Hauptzollamt zu Groß-Prostken zu fungiren hat. Das bisherige Hauptzollamt zu Schmaleningken wurde aufgehoben und an seine Stelle trat daselbst ein dem Hauptzollamte zu Tilsit unterstelltes Nebenzollamt I mit beschränkter Niederlagebefugniß und mit der unbeschränkten Befugniß zur Ausstellung und Erledigung von Begleitscheinen I. Außerdem ist das Nebenzollamt I zu Kolletzischken im Hauptamtsbezirke Tilsit in ein Nebenzollamt II umgewandelt worden.

3.) Das Königl. Preuß. Nebenzollamt I zu Norburg im Hauptzollamtsbezirke Flensburg ist vom 1. Februar d. J. ab in ein Nebenzollamt II umgewandelt worden.

4.) Dem Königl. Preuß. Nebenzollamte I zu Kattowitz im Hauptamtsbezirke Myslowitz ist die Befugniß zur unbeschränkten Erledigung von Begleitscheinen über vereinsländisches Salz beigelegt worden.

5.) Das Königl. Preuß. Nebenzollamt I in Oberschreiberhau im Hauptamtsbezirke Liebau ist in ein Nebenzollamt II umgewandelt worden.

6.) Auf dem Lehrter Eisenbahnhofe zu Berlin ist eine Zollexpedition unter der Bezeichnung „Königliches Hauptsteueramt für ausländische Gegenstände, Zollexpedition am Lehrter Bahnhofe" errichtet worden, welche mit den vollen Befugnissen eines Hauptzollamtes für den Eisenbahnverkehr ausgestattet und am 10. Februar d. J. in Wirksamkeit getreten ist.

7.) Das Königl. Bayerische Nebenzollamt I zu Burghausen im Hauptamtsbezirke Simbach ist vom 1. Januar d. J. an in ein Nebenzollamt II umgewandelt worden.

8.) In Wasserburg im Hauptamtsbezirke Lindau ist ein Königl. Bayerisches Nebenzollamt I unter der Benennung „Königl. Nebenzollamt I Wasserburg am Bodensee" errichtet worden, welches vom 1. Februar d. J. an in Wirksamkeit getreten ist.

Erfurt, den 1. März 1873. Der Generalinspektor: Grolig.

№ 7. Bekanntmachung,

die Zuckerbesteuerung betr., vom 7. März 1873 Nr. 2272.

Den Kaiserlichen Hauptsteuerämtern zu Straßburg und Mühlhausen im Elsaß ist die Befugniß zur Abfertigung von Rohzucker zum ermäßigten Zollsatze von 4 Thlr. für den Centner ertheilt worden, was ich unter Bezugnahme auf die Cirkularverfügung vom 28. August 1869 Nr. 4091 hiermit bekannt mache.

Erfurt, den 7. März 1873. Der Generalinspektor: Grolig.

Personalien.

A. **Preußen.**

Der bisher mit der Steueraufsicht in Blankenberg betraute pensionirte Gensdarm Quehl tritt mit dem 1. Juni d. J. aus diesem Dienstverhältniß und geht dessen Funktion mit auf den Steueraufseher Hebenstreit in Gefell über.

B. **S. Meiningen.**

An Stelle des bisherigen Uebergangsstelle-Verwalters Greiner in Lehesten ist der Bürgermeister Dürr daselbst als solcher angestellt worden.

Ministerialrescript d. d. Meiningen vom 3. Januar 1873.

C. **S. Altenburg.**

Der Steuerdienstaspirant Rothe ist als Steueraufseher in Roda provisorisch angestellt worden. Ministerialrescript d. d. Altenburg vom 20. Januar 1873.

Gedruckt bei E. Schellenberg in Erfurt.

Amtsblatt
des General-Inspectors des Thüringischen Zoll- und Handels-Vereins.

2tes Stück vom Jahre 1873.

№ 8. Cirkularverfügung,
eine Abänderung des amtlichen Waarenverzeichnisses betreffend, vom 15. März 1873 Nr. 2447.

Der Bundesrath hat beschlossen,

1.) in dem amtlichen Waarenverzeichniß zum Vereinszolltarif der S. 110 enthaltenen Bestimmung:

„Jute (Fasern der ostindischen Kohlnußpflanze) roh, geröstet, gebrochen, gehechelt, gebleicht oder gefärbt, auch Abfälle,"

folgende Anmerkung:

„Anmerkung 2. Jutefasern, welche zum Zweck der Verpackung oder Behufs ihrer Verwendung zur Fertigung von Decken zu Strängen zusammengedreht sind, als Stricke aber nicht benutzt werden können, werden wie lose behandelt."

beizufügen, und

2.) auf Seite 104 des amtlichen Waarenverzeichnisses statt:

„Hornstäbe, dergleichen, geschnittene (geebnete, glatte oder zur Verwendung bereits vorgerichtete Stäbe) 13. f."

zu setzen:

„Hornstäbe, dergleichen, geschnittene (geebnete, glatte oder zur Verwendung bereits vorgerichtete), 13. e."

Diese Beschlüsse sind vorkommenden Falls zu beachten.

Das amtliche Waarenverzeichniß ist hiernach zu berichtigen.

Erfurt, am 15. März 1873. Der Generalinspektor: Grolig.

№ 9. Bekanntmachung,
eine Ausstellung in Breslau betreffend, vom 17. März 1873 Nr. 2456.

Der Breslauer landwirthschaftliche Verein beabsichtigt vom 13—15. Mai d. J. in Breslau eine Ausstellung und einen Markt land-, forst- und hauswirthschaftlicher Maschinen und Geräthe zu veranstalten.

Für die zu dieser Ausstellung aus dem Auslande eingehenden und nach beendigter Ausstellung wieder zurückgehenden Gegenstände soll unter den bekannten Voraussetzungen Befreiung vom Eingangszolle zugestanden werden, was ich unter Hinweis auf die in ähnlichen Fällen ergangenen Bestimmungen hiermit bekannt gebe.

Erfurt, den 17. März 1873. Der Generalinspektor: Grolig.

№ 10. Cirkularverfügung,

den Thüringischen Aemterorganismus betreffend, vom 22. März 1873 Nr. 2605.

Seit Uebernahme der Brausteuerverwaltung sind mir, jedoch lediglich für die Erhebung der Brausteuer, folgende in dem Verzeichnisse der thüringischen Steuerstellen bisher nicht aufgeführte, zum Theil neu errichtete Steuerstellen unterstellt worden:

1.) das Herzogliche Brausteueramt zu Coburg, alleinige Bezirkssteuerstelle für Erhebung der Brausteuer im Herzogthume Sachsen-Coburg (mit Dependenzen),
2.) das Herzogliche Steueramt zu Wasungen (Oberkontrolebezirk Meiningen),
3.) die Herzoglichen Steuerämter zu Themar und Schalkau (Oberkontrolebezirk Hildburghausen),
4.) die Herzogliche Steuerstelle in Kranichfeld, (Oberkontrolebezirk Weimar),
5.) die Fürstliche Steuerrezeptur in Hohenleuben (Oberkontrolebezirk Schleiz, Fürstenthum Reuß j. L.)

Diese Steuerstellen haben Untersuchungskompetenz in Brausteuersachen. Darüber, welche Brauereien, beziehendlich Ortschaften den zu 2 bis 5 genannten Steuerstellen in Ansehung der Erhebung der Brausteuer und bei Führung von Untersuchungen wegen Brausteuervergehen zugewiesen worden sind, bleibt nach Befinden ergebliche weitere Eröffnung vorbehalten. Vorerst tritt bei Aufführung der betreffenden Orte im thüringischen Ortschaftsverzeichnisse keine Aenderung ein, so daß also daselbst z. B. „Schalkau“ wie bisher, als zum Bezirke des Herzoglichen Steueramtes in Sonneberg gehörig, aufgeführt wird.

Im thüringischen Stellenverzeichnisse sind die fragl. Steuerstellen sub 1—6 vorerst nur in Spalte 2—4 bei dem betr. Oberkontrolebezirke mit dem Zusatze „Brausteuerhebestelle“ nachzutragen.

Erfurt, am 22. März 1873. Der Generalinspektor: Grolig.

№ 11. Cirkularverfügung,

Tarifbestimmungen betreffend, vom 26. März 1873 Nr. 2612.

Der Bundesrath hat beschlossen:

1.) daß mit einem bronzeartigen Anstrich versehene Eisenwaaren, sofern sie ihrer Beschaffenheit nach nicht zu den feinen Eisenwaaren gehören, gleich den gefirnißten Eisenwaaren der Nr. 6 e. 2 der ersten Tarifabtheilung, zu unterstellen sind,

und

2.) daß Kumys oder Milchwein als unter die alkoholhaltigen Arzneimittel fallend, nach Nr. 5 a. der ersten Tarifabtheilung einem Eingangszolle vom 3 Thlr. 10 Sgr. unterliege.

Diese Beschlüsse sind vorkommenden Falls zu beachten. Im Vereinszolltarife und im amtlichen Waarenverzeichnisse zu demselben ist das Erforderliche zu notiren.

Erfurt, den 26. März 1873. Der Generalinspektor: Grolig.

№ 12. Cirkularverfügung,

Tarabestimmungen betreffend, vom 26. März 1873 Nr. 2613.

Der Bundesrath hat beschlossen,

1.) daß die, meinerseits mittelst der Cirkularverfügung vom 31. Dezember 1871 Nr. 7249 bekannt gegebenen Bestimmungen über die Tara die Frage, in welchen Fällen die nicht zum Nettogewichte zu rechnenden inneren Umschließungen für sich zur Verzollung zu ziehen sind, nicht berühren, die wegen der Verzollung solcher Umschließungen ergangenen besonderen Vorschriften somit durch die bezeichneten Bestimmungen über die Tara keine Aenderung erlitten haben;

2.) daß die Vorschrift am Schlusse des 1ten Absatzes des § 5. der vorgedachten Bestimmungen über die Tara, wonach,

wo eine Waare in zwei- oder mehrfacher Umschließung eingeht, die äußere Umschließung vor Ermittelung des zollpflichtigen Gewichtes stets entfernt werden darf,

auch auf Brutto zu verzollende Waaren Anwendung findet.

Hiernach ist sich zu achten.

Erfurt, am 26. März 1873. Der Generalinspektor: Grolig.

№ 13. Bekanntmachung,

die Biersteuerbonifikation betreffend, vom 26. März 1873 Nr. 2626.

Der Königlichen Steuerrezeptur zu Schleusingen ist die Befugniß zur Abfertigung des von dem Brauereibesitzer Scheller zu Altemühle bei Schleusingen mit dem Anspruche auf Steuervergütung auszuführenden Biers ertheilt worden.

Das Seite 70. 79. des Amtsblatts vom Jahre 1869 veröffentlichte Verzeichniß ist in Spalte 3 hiernach zu ergänzen.

Erfurt, am 26. März 1873. Der Generalinspektor: Grolig.

№ 14. Cirkularverfügung,

Tarifentscheidungen betreffend, vom 4. April 1873 Nr. 2816.

Nachstehende Tarifentscheidungen haben vorkommenden Falles zur Beachtung zu dienen. Im amtlichen Waarenverzeichnisse ist deshalb das Nöthige zu notiren.

1.) Die Anmerkung 3 zu dem Artikel „Maschinen und Maschinentheile" Seite 153 des amtlichen Waarenverzeichnisses ist dahin zu verstehen, daß Maschinen, welche verpackt, in ihre Theile zerlegt eingehen, als Maschinentheile nach Maßgabe des überwiegenden Materials des gesammten Inhalts des einzelnen Collos, nicht aber nach Maßgabe des überwiegenden Materials jedes einzelnen der verschiedenen, in dem Collo enthaltenen Stücke zu verzollen sind.

2.) Der Unterschied der feinen und der gemeinen Töpferwaare im Sinne des Tarifs liegt nicht sowohl in der Beschaffenheit als in der mehr oder weniger kunstvollen Bearbeitung des Materials und demgemäß in der Bestimmung der Waare. Es wird hierbei davon auszugehen sein, daß das zum Haus- und Gewerbegebrauch dienende Töpfergeschirr aus gewöhnlichem Thon als gemeine Thonwaare, dagegen die aus solchem Thon verfertigten Gegenstände des Luxus (Statuetten, Ornamente, Consolen, Ampeln u. s. w.) als feine Thonwaare zu behandeln sind.

3.) Nach der Bestimmung Seite 152 des amtlichen Waarenverzeichnisses unter „Maschinen und Maschinentheile" No. 2. e. sollen andere Maschinen, als Lokomotiven, Tender und Dampfkessel, wenn der dem Gewichte nach überwiegende Bestandtheil aus anderen, als den unter Nr. 2 a—d genannten Materialien besteht, nach Beschaffenheit derselben behandelt werden. Mahlmühlen, deren dem Gewichte nach überwiegende Bestandtheile Mühlsteine bilden, sind daher wie Steinwaare zu behandeln. — Stehen aber die Mühlsteine in wesentlicher Verbindung mit Holz und Eisen, so ist die Waare, je nachdem das Holz und Eisen ohne oder mit Politur und Lack versehen ist, nicht der Pos. 33 a, sondern der Position 33 d. 1 oder 2 des Zolltarifs zu unterstellen. —

4.) Feldschmieden, welche aus einem Schmiedeofen nebst Werkbank, Schraubstöcken und Blasebalg bestehen, sind als Maschinen zu behandeln und mithin, wenn Schmiedeeisen den dem Gewicht nach überwiegenden Bestandtheil bildete, der Pos. 15 b. 2 γ des Tarifs zu unterstellen.

5.) Bei Beurtheilung der Frage, ob leinene Gurte mit Streifen von farbigem Leinengarn zu den gefärbten Seilerwaaren zu rechnen sind, kann es mit Rücksicht auf die an sich nur geringe Breite der Gurte nicht darauf ankommen, daß diese Streifen über die ganze Breite vertheilt oder an den Längenseiten verschiedenfarbig sind, da anderen Falles häufig schon solche Gurte als gefärbt zu behandeln sind, welche bei analoger Anwendung der für Packleinewand ꝛc. gegebenen Bestimmungen bereits durch das im Jahre 1865 in Kraft getretene amtliche Waarenverzeichniß ausdrücklich den ungefärbten Waaren zugerechnet werden. Entscheidend ist allein der Umstand, ob die Streifen nach ihrer Zahl als nebensächliche zu behandeln sind, was bei einer Zahl von nur drei Streifen in der Regel der Fall sein wird.

Wird ferner in Betracht gezogen, daß, wie bereits früher nachgelassen, nebeneinander laufende verschiedenfarbige, nicht durch die Farbe des Grundgewebes durchbrochene Streifen als zusammengehörig und nur einen Streifen bildend, anzusehen sind, so ist beispielsweise nur eine mit 5 Streifen durchzogene Seilerwaare als eine solche anzusehen, auf welche, als gefärbte Seilerwaare der höhere Satz von 4 Thlr. der Nr. 22 f. Abthl. I des Tarifs in Anwendung zu bringen ist. Alle leinene Gurte, welche nur mit 2 oder 3 farbigen Streifen versehen, sind dagegen als ungefärbte Seilerwaaren nach Nr. 22 d. der Abth. I des Tarifs mit 15 Sgr. für den Centner zu verzollen.

Erfurt, den 4. April 1873. Der Generalinspektor: Grolig.

№ 15. Bekanntmachung,

betreffend den Status der Vereinszollstellen, vom 26. April 1873 Nr. 3436.

1.) Das Kaiserliche Nebenzollamt II zu Masmünster im Hauptamtsbezirke Münster in Ober-Elsaß ist in ein Nebenzollamt I umgewandelt worden.

2.) Dem Königl. Preuß. Untersteueramte zu Quakenbrück im Hauptamtsbezirke Osnabrück ist die Befugniß zur Erledigung von Begleitscheinen I über Baumwollengarn beigelegt worden.

3.) Dem Königl. Preuß. Untersteueramte zu Verden im Hauptamtsbezirke Sebaldsbrück ist die Befugniß zur Ausfertigung von Begleitscheinen I über unbearbeitete Tabaksblätter und Stengel ertheilt worden.

4.) Dem Königl. Preuß. Hauptsteueramte zu Osterode ist die Befugniß zur unbeschränkten Ausfertigung von Begleitscheinen I über Salz beigelegt worden.

5.) Mit dem 1. April d. J. ist auf dem Bahnhofe zu Rittershausen bei Elberfeld eine mit Niederlage verbundene Königl. Preuß. Steuer-Expedition in Wirksamkeit getreten. Derselben ist die Befugniß zu Abfertigungen nach Maßgabe der §§ 65. 66—69 und 71 des Vereinszollgesetzes, sowie zur Erledigung von Begleitscheinen über vereinsländisches Salz beigelegt worden.

6.) Dem Königl. Preuß. Nebenzollamte I zu Napierken im Hauptamtsbezirke Neidenburg ist die Befugniß zur Erledigung von Begleitscheinen I über Heringe und Salz ertheilt worden.

7.) Der Kaiserl. Zollabfertigungsstelle auf dem Neustadt-Bahnhofe in Bremen ist vom 1. Mai d. J. ab die Befugniß beigelegt worden, Güter auf Ladungsverzeichniß und Begleitzettel nach Maßgabe der §§ 63, 65 bis 67 des Vereinszollgesetzes abzufertigen.

8.) Dem Königl. Sächs. Untersteueramte Waldheim im Hauptamtsbezirke Freiberg, mit welchem demnächst eine öffentliche Niederlage für unverzollten Tabak und Tabaksfabrikate verbunden werden wird, ist aus diesem Anlasse die Befugniß zur Erledigung von Begleitscheinen I über Tabak und Tabaksfabrikate beigelegt worden.

Erfurt, den 26. April 1873. Der Generalinspector: Grolig.

№ 16. Bekanntmachung,

betreffend den Status der Uebergangssteuer-Abfertigungsstellen, vom 26. April 1873 Nr. 3437.

1.) Der auf dem Bahnhofe zu Rittershausen bei Elberfeld mit dem 1. April d. J. errichteten Königl. Preußischen Steuerexpedition ist die Befugniß zur Erledigung von Uebergangsscheinen ertheilt worden.

2.) Dem Königl. Preuß. Untersteueramte zu Hersfeld im Hauptamtsbezirke Hanau ist die Befugniß zur Erledigung von Uebergangsscheinen über Bier beigelegt worden.

3.) An Stelle des aufgehobenen Großherzogl. Hessischen Nebenzollamts I zu Alsfeld ist die Ortseinnehmerei zu Lauterbach zur Revision und Eingangsabfertigung des in das Großherzogthum Hessen eingeführten übergangsabgabepflichtigen Branntweins ermächtigt worden.

4.) Der Großherzogl. Badischen Steuereinehmerei zu Ebingen im Hauptamtsbezirke Mannheim ist die Befugniß zur Ausstellung von Uebergangsscheinen für Bier, Wein, Branntwein und Weingeist ertheilt worden.

Erfurt, den 28. April 1873. Der Generalinspector: Grolig.

№ 17. Bekanntmachung,

die Bierausfuhr im Großherzogthum Hessen betreffend, vom 28. April 1873 Nr. 3451.

Im Anschlusse an die Bekanntmachung vom 13. Januar d. J. Nr. 501 im 1. Stück meines Amtsblatts de 1873 bringe ich zur Kenntniß, daß den Großherzogl. Hessischen Ortseinnehmereien II. Klasse zu Fürfeld, Ober-Flörsheim und Wendelsheim die Ermächtigung zur Ausgangsbescheinigung für das mit dem Anspruche auf Steuervergütung nach Bayern links des Rheins ausgehende Bier im Falle der Vorabfertigung bei einem hierzu befugten Amte, ertheilt und die Ausfuhr solchen Biers auf den directen Wegen von Wendelsheim nach Wörfeld, sowie von Ober-Flörsheim nach Zoll bis auf Weiteres gestattet worden ist.

Erfurt, den 28. April 1873. Der Generalinspector: Grolig.

№ 18. Bekanntmachung,

betr. eine Befugnißertheilung an die Großherzogl. Badische Steuereinnehmerei zu Ladenburg, vom 28. April 1873 Nr. 3452.

Der Großherzogl. Badischen Steuereinnehmerei zu Ladenburg im Hauptamtsbezirke Mannheim ist die Befugniß zur Abfertigung der daselbst zur Ausfuhr mit Anspruch auf Steuervergütung angemeldeten Cigarren- und Tabaksendungen ertheilt worden.

Erfurt, den 28. April 1873. Der Generalinspektor: Grolig.

№ 19. Bekanntmachung,

betr. den Status der Uebergangsstraßen und Uebergangssteuerstellen für den Verkehr mit steuerpflichtigen Getränken zwischen Elsaß-Lothringen und den angrenzenden Staaten des deutschen Zollgebiets, vom 29. April 1873 Nr. 3453.

Im Anschluß an meine Bekanntmachung vom 17. Juli v. J. sub 5.) und vom 28. Oktober v. J. sub 5.) (5tes und 8tes Stück des Amtsblatts de 1872) bringe ich hiermit ein Verzeichniß der Uebergangstraßen und Uebergangssteuerstellen für den Verkehr mit steuerpflichtigen Getränken zwischen Elsaß-Lothringen und den angrenzenden Staaten des deutschen Zollgebiets zur Kenntniß.

Erfurt, den 29. April 1873. Der Generalinspektor: Grolig.

Verzeichniß der Uebergangsstraßen und Uebergangssteuerstellen

für den Verkehr mit steuerpflichtigen Getränken zwischen Elsaß-Lothringen und den angrenzenden Staaten des deutschen Zollgebiets.

Bezeichnung der Uebergangsstraßen.	Art der Verbindung.	Uebergangssteuerstellen in Elsaß-Lothringen.	Uebergangssteuerstellen in den angrenzenden Staaten.
I. Zwischen Elsaß-Lothringen und Luxemburg.			
Von Audun le Tiche nach Esch.	Landweg.	Audun le Tiche.	Esch.
„ Oettingen nach Obertelingen.	Landweg u. Eisenbahn	Oettingen.	Obertelingen.
„ Diedenhofen nach Luxemburg.	Eisenbahn.	Diedenhofen.	Luxemburg.
„ Diedenhofen nach Bettemburg.	Eisenbahn.	Diedenhofen.	Bettemburg.
„ Ewringen nach Luxemburg.	Landweg.	Ewringen.	Luxemburg.
„ Niederkontz nach Schengen.	Landweg.	Niederkontz.	Schengen.
„ Sierck nach Schengen.	Auf der Mosel.	Sierck.	Schengen.
II. Zwischen Elsaß-Lothringen und Preußen.			
Von Apach nach Perl.	Landweg.	Apach.	Perl (Steuerrezeptur).
„ Waldwiese nach Biringen, Silwingen und Mondorf nach Merzig.	Landweg.	Waldwiese.	Merzig (Untersteueramt).
Von Neunkirchen nach Niedaltorf.	Landweg.	Neunkirchen.	Niedaltorf (Steuerrezeptur).

Bezeichnung der Uebergangsstraßen.	Art der Verbindung.	Uebergangssteuerstellen in Elsaß-Lothringen.	Uebergangssteuerstellen in den angrenzenden Staaten.
Von Gerstlingen nach Niedaltorf.	Landweg.	Gerstlingen.	Niedaltorf (Steuerrezeptur).
„ Schrecklingen (Annex von Heiningen) nach Oberfelsberg und Saarlouis.	Landweg.	Schrecklingen.	Saarlouis (Untersteueramt)
„ Tromborn nach Oberfelsberg und Saarlouis.	Landweg.	Tromborn.	Saarlouis (Untersteueramt).
„ Kreuzwald nach Bisten und Saarlouis.	Landweg.	Kreuzwald.	Saarlouis (Untersteueramt).
„ Forbach nach Saarbrücken.	Landweg.	Forbach.	Saarbrücken (Hauptsteueramt).
„ Forbach nach Saarbrücken.	Eisenbahn.	Forbach.	St. Johann (Steuer-Expedition am Bahnhofe).
„ Grossblittersdorf nach Saarbrücken.	Landweg.	Grossblittersdorf.	Saarbrücken (Hauptsteueramt).
„ Saargemünd nach St. Johann.	Eisenbahn.	Saargemünd.	St. Johann (Steuer-Expedition am Bahnhofe).
„ Saargemünd nach Saarbrücken.	Saarkanal.	Saargemünd.	Saarbrücken (Hauptamts-Assistentur).

III. Zwischen Elsaß-Lothringen und Bayern (Pfalz).

Bezeichnung der Uebergangsstraßen.	Art der Verbindung.	Uebergangssteuerstellen in Elsaß-Lothringen.	Uebergangssteuerstellen in den angrenzenden Staaten.
Von Frauenberg nach Habkirchen.	Landweg.	Frauenberg.	—
„ Bliesbrücken nach Rheinheim.	Landweg.	Bliesbrücken.	—
„ Schweyen (Annex von Lutzweiler) nach Neu-Hornbach.	Landweg.	Schweyen.	—
„ Wolmünster nach Neu-Hornbach	Landweg.	Wolmünster.	—
„ Walschbronn nach Kreppen.	Landweg.	Walschbronn.	—
„ Haspelscheid nach Eppenbrunn.	Landweg.	Haspelscheid.	—
„ Lembach nach Schönau.	Landweg.	Lembach.	—
„ Weissenburg nach Schweigen.	Landweg.	Weissenburg.	—
„ Weissenburg nach Schnidt.	Eisenbahn u. Landweg	Weissenburg.	—
„ Weissenburg nach Lobenthal.	Eisenbahn u. Landweg	Weiler.	—
„ Lauterburg nach Neu-Lauterburg	Landweg.	Lauterburg.	—
„ Strassburg nach Maxau.	Auf dem Rhein.	Strassburg.	—

IV. Zwischen Elsaß-Lothringen und Baden.

Bezeichnung der Uebergangsstraßen.	Art der Verbindung.	Uebergangssteuerstellen in Elsaß-Lothringen.	Uebergangssteuerstellen in den angrenzenden Staaten.
Von Lauterburg nach Au.	Ueber den Rhein.	Lauterburg.	Au.
„ Selz nach Plittersdorf.	Ueber den Rhein.	Selz.	Plittersdorf.
„ Beinheim nach Iffigheim.	Ueber den Rhein.	Beinheim.	Iffigheim.
„ Fort-Louis nach Sollingen.	Ueber den Rhein.	Fort Louis.	Sollingen.
„ Drusenheim nach Greffern.	Ueber den Rhein.	Drusenheim.	Greffern.
„ Gambsheim nach Neu-Freistett.	Ueber den Rhein.	Gambsheim.	Neu-Freistett.
„ Strassburg nach Kehl.	Eisenbahn u. Landweg	Strassburg.	Kehl.
„ Gerstheim nach Ottenheim.	Ueber den Rhein.	Gerstheim.	Ottenheim.
„ Rheinau nach Kappel.	Ueber den Rhein.	Rheinau.	Kappel.
„ Schönau nach Weisweil.	Ueber den Rhein.	Schönau.	Weisweil.
„ Markolsheim nach Saspach.	Ueber den Rhein.	Markolsheim.	Saspach.
„ Neu-Breisach nach Alt-Breisach	Ueber den Rhein.	Neu-Breisach.	Alt-Breisach.
„ Nambsheim nach Hartheim.	Ueber den Rhein.	Nambsheim.	Hartheim.
„ Eichwald nach Neuenburg.	Ueber den Rhein.	Eichwald.	Neuenburg.
„ Niffer nach Rheinweiler.	Ueber den Rhein.	Niffer.	Rheinweiler.
„ Hüningen nach Leopoldshöhe.	Ueber den Rhein.	Hüningen.	Leopoldshöhe.

Anmerkung. In Elsaß-Lothringen und Baden sind beim Transport auf Eisenbahnen außerdem die Orte, wo die Getränke die Eisenbahn verlassen, als Uebergangssteuerstellen zu betrachten.

Personalien.

Preußen.

Die durch die Pensionirung des Hauptsteueramts-Assistenten, Oberkontroleurs Koch zur Erledigung gekommene Assistentenstelle beim Königl. Hauptsteueramte zu Erfurt wurde dem berittenen Steueraufseher Löblich daselbst übertragen.

S. Weimar.

1.) Der Obersteuerkontroleur, Steuerinspector Rieck ist mit Tode abgegangen.

2.) An Stelle des aus dem Großherzogl. Staatsdienste entlassenen Steueraufsehers Pöllner in Berga ist der ehemalige Vicefeldwebel Lange als Fußsteueraufseher provisorisch angestellt worden.

Ministerialrescripte d. d. Weimar vom 7. März 1873 und vom 16. April 1873.

3.) Die durch das Ableben des Steueraufsehers Schulze in Auma zur Erledigung gekommene Stelle eines berittenen Steueraufsehers wurde dem ehemaligen Ordonnanzgendarmen Seebaß provisorisch übertragen.

Ministerialrescript d. d. Weimar, vom 28. März 1873.

4.) An Stelle des in privativen Staatsdienst versetzten Rechnungsamtmanns und Steuerreceptur-verwalters Müller in Kaltennordheim ist der bisherige Rechnungsamts-Assistent Edmund Reuß als Rechnungsamtmann und Verwalter der Großherzogl. Steuerreceptur und Uebergangsstelle in Kaltennordheim ernannt worden.

Ministerialrescript d. d. Weimar, vom 22. März 1873.

5.) Der früher als Hülfssteueraufseher in Weimar stationirte, dann als kommissarischer Steueraufseher in Buttstedt funktionirende Dienstanwärter Zapff wurde an Stelle des nach Buttstedt versetzten Steueraufsehers Platzbasch in Stotternheim als Steueraufseher provisorisch angestellt.

Ministerialrescript d. d. Weimar, vom 8. März 1873.

S. Meiningen.

1.) Bei dem Herzogl. Steueramte in Wasungen fungirt der Amtsverwalter, Rath Treiber als Vorstand und der Amts-Assistent Bierle als zweiter Beamter; beim Herzogl. Steueramte in Schalkau der Amtsverwalter Albrecht als Vorstand und der Assistent Frank, Letzterer jedoch nur als Vertreter des Amtsvorstandes im Ressort der Brausteuerverwaltung. Das Herzogl. Steueramt in Themar wird von dem Assistenten Heym verwaltet. Mit der Verwaltung der Herzogl. Steuerstelle in Kranichfeld ist der Bürgermeister Scherf betraut worden.

Ministerialrescript d. d. Meiningen vom 31. Januar 1873.

2.) Die durch die Pensionirung des Obersteuerkontroleurs, Hauptmanns Luther in Hildburghausen zur Erledigung kommende Stelle des Bezirksoberkontroleurs daselbst wurde dem Amtsassistenten Freiburg in Salzungen verliehen.

Ministerialrescript d. d. Meiningen, vom 31. März 1873.

3.) Die Steueraufseher Schultes in Römhild und Stang in Eicha sind in Ruhestand getreten. Die Stelle des Letzteren wurde nicht wieder besetzt und der Steueraufseher Luther zu Roßdorf nach Römhild unter Mitausübung des Aufsichtsdienstes der Station Eicha versetzt. An Stelle des Letzteren trat der Steueraufseher Hanff zu Walldorf, und der Steueraufseher Herrmann zu Oepfershausen erhielt den Aufsichtsposten zu Walldorf die Steueraufseherstelle zu Oepfershausen wurde dem ehemaligen Sergeanten Schübel provisorisch übertragen.

Mittheilung des Herzogl. Feldjägerkommandos d. d. Meiningen, vom 10. April 1873.

S. Altenburg.

Der Steuerdienstaspirant Günther ist vorerst in provisorischer Staatsdienereigenschaft zum Steueraufseher ernannt und demselben die noch erledigte Steueraufseherstelle in Altenburg verliehen worden.

Ministerialrescript d. d. Altenburg vom 5. April 1873.

S. Gotha.

Der Steueraufseher Adlung in Gräfentonna ist in gleicher Eigenschaft nach Waltershausen versetzt und dessen Stelle dem vormaligen Rentamtsdiener Lanz in Tenneberg übertragen worden.

Ministerialrescript d. d. Gotha vom 24. Februar 1873.

Gedruckt bei L. Schellenberg in Erfurt.

Amtsblatt

des General-Inspectors des Thüringischen Zoll- und Handels-Vereins.

3tes Stück vom Jahre 1873.

№ 20. Cirkularverfügung,

die Steuerrückvergütung für parfümirten Spiritus und die Erhebung der Uebergangsabgabe von solchem betreffend, vom 26. Mai 1873 Nr. 3971.

I. Der Bundesrath hat Folgendes beschlossen:

1.) Bei der Ausfuhr von inländischem Branntwein nach dem Zollauslande oder nach nicht der Branntweinsteuergemeinschaft angehörigen deutschen Bundesstaaten wird auch dann, wenn der Branntwein parfümirt ist (**eau de Cologne** ꝛc.), eine Steuervergütung gewährt.

2.) Die Ausfuhrvergütung wird nur Parfümeriefabrikanten, welche lediglich inländischen Branntwein verarbeiten, und zwar widerruflich zugestanden.

3.) Bei der Ausfuhr des parfümirten Branntweins in Gebinden behält es im Uebrigen bei den rücksichtlich der Steuervergütung für ausgeführten Branntwein bestehenden allgemeinen Vorschriften das Bewenden.

4.) Erfolgt die Ausfuhr von parfümirtem Branntwein in Flaschen oder Gläsern, so ist in der Anmeldung die ausdrückliche Versicherung abzugeben, daß die zu exportirenden Parfümerien keinen anderen, als innerhalb der Steuergemeinschaft erzeugten Spiritus enthalten.

Die Steuervergütung wird nur gewährt, wenn mindestens 68 $^7/_{10}$ Liter auf einmal und zwar in Flaschen oder Gläsern von einerlei Größe ausgeführt werden. Die Größe der Flaschen und Gläser ist probeweise zu ermitteln. Die Ausfuhrvergütung wird unter Annahme eines Alkoholgehalts von 50% bewilligt, wenn bei der Anmeldung versichert wird, daß der Spiritus (**eau de Cologne** ꝛc.) mindestens diese Alkoholstärke besitze und eine der Steuerverwaltung freistehende Probeermittelung kein geringeres Ergebniß liefert.

Will der Fabrikant die Ausfuhrvergütung nach dem wirklichen Alkoholgehalte in Anspruch nehmen, so ist bei der Anmeldung hierauf besonders anzutragen und findet dann stets eine probeweise Feststellung der Alkoholstärke Statt.

II. In Folge dieses Beschlusses wird die Verfügung vom 20. Februar 1838 Nr. 1085 (vergl. auch Ziffer 7a der Cirkularverfügung vom 17. December 1841 No. 6225), wonach alkoholhaltige Parfümerien nur dann einer Uebergangsabgabe unterliegen, wenn sie in Gebinden eingehen, hiermit aufgehoben.

Die zur Erhebung von Uebergangsabgaben befugten Steuerstellen haben sich hiernach zu achten.

Erfurt, den 26. Mai 1873. Der Generalinspektor: Grolig.

№ 21. Cirkularverfügung,

den Status der Thüringischen Steuerstellen betr., vom 13. Juni 1873 Nr. 4392.

1.) Vom 1. Juli d. J. an wird die Königlich Preußische Steuerreceptur zu Brotterode aufgehoben und das Königlich Preußische Steueramt zu Schmalkalden mit der Besorgung der derselben übertragen gewesenen Geschäfte beauftragt.

2.) Von eben demselben Zeitpunkte an wird das Großherzoglich Sächsische Steueramt zu Berka a. d. W. aufgehoben und statt dessen für den Bezirk eine mit dem Großherzoglich Sächsischen Rechnungsamte zu Gerstungen combinirte Großherzogliche Steuerreceptur errichtet. Der Letzteren verbleibt nur die Befugniß zur Erledigung von Uebergangsscheinen über gestempelte Spielkarten.

3.) Dem Herzoglich Sächsischen Steuer- und Rentamte zu Ronneburg ist die Befugniß zur Erledigung von Begleitscheinen I über die unter Begleitscheincontrole aus dem Auslande daselbst eingehenden Waaren des Artikels 25 erster Abtheilung des Vereinszolltarifs beigelegt worden.

4.) Die Fürstlich Schwarzburgische Steuerreceptur in Gehren ist mit dem 1. Mai c. aufgehoben und sind die Geschäfte derselben dem Fürstlich Schwarzburgischen Steueramte zu Arnstadt übertragen worden, so daß Letzteres nunmehr die alleinige Bezirkssteuerstelle für die Fürstlich Schwarzburgische Oberherrschaft bezüglich aller indirecten Steuerzweige bildet.

Die betreffenden Stellenverzeichnisse sind in der angegebenen Weise allenthalben zu berichtigen, bez. zu ergänzen.

Erfurt, am 13. Juni 1873. Der Generalinspektor: Grolig.

№ 22. Cirkularverfügung,

den Anschluß von Elsaß-Lothringen an die Branntweinsteuergemeinschaft betreffend, vom 21. Juni 1873 Nr. 4497.

Nach §§ 1 und 4 des Gesetzes, betreffend die Besteuerung des Branntweins in Elsaß-Lothringen vom 16. v. Mts. (Reichsgesetzblatt S. 111), wird die Wirksamkeit des Reichsgesetzes vom 8. Juli 1868, betreffend die Besteuerung des Branntweins in verschiedenen zum Norddeutschen Bunde gehörenden Staaten und Gebietstheilen, vom 1. Juli d. J. ab auf Elsaß-Lothringen ausgedehnt.

Nach § 2 des Eingangs genannten Gesetzes wird von dem aus dem freien Verkehre des Deutschen Zollgebiets nach Elsaß-Lothringen eingehenden Branntwein eine Abgabe nur erhoben bei der Einfuhr aus Bayern, Württemberg, Baden und den Hohenzollernschen Landen.

Zwischen den übrigen Staaten des Deutschen Zollgebietes einer- und Elsaß-Lothringen andererseits tritt daher mit dem 1. Juli d. J. ein völlig freier Verkehr mit Branntwein ein und es fällt gleichzeitig sowohl die Erhebung der Uebergangsabgabe, als auch die Gewährung der Ausfuhrvergütung fort.

Vorstehende Anordnung dient den aufschriftlich genannten Steuerstellen zur genauen Beachtung.

Erfurt, den 21. Juni 1873. Der Generalinspektor: Grolig.

№ 23. Cirkularverfügung,

Bestimmungen über die Tara betreffend, vom 4. Juli 1873 Nr. 5605.

Nach § 3 Ziffer 4 der mit der Cirkularverfügung vom 31. December 1871 Nr. 7249 hinausgegebenen Bestimmungen über die Tara kann die Feststellung des Nettogewichts durch probeweise vorzunehmende Verwiegung der Umschließung erfolgen, wenn eine Anzahl Colli gleichartigen Inhalts von gleicher Größe und gleichartiger Verpackung (auch bezüglich der Beschaffenheit und Stärke des Materials) eingeht. Zur Erläuterung dessen wird bemerkt, daß der Ausdruck „gleiche Größe" im eigentlichen und engern Sinne, d. h. von dem Volumen, welches bei den einzelnen Collis gleich sein muß, zu verstehen ist. Die Ermittelung des Nettogewichts durch probeweise Verwiegung der Umschließung ist daher durch ein verschiedenes Bruttogewicht der einzelnen Colli nicht ausgeschlossen.

Das Gesammtgewicht der Umschließungen ist nach der Gesammtzahl der Colli zu berechnen und von dem Bruttogewicht der Letzteren Behufs Feststellung des Nettogewichts in Abgang zu bringen.

Erfurt, den 4. Juli 1873. Der Generalinspektor: Grolig.

№ 24. Cirkularverfügung,

Tarifentscheidungen betreffend, vom 4. Juli 1873 Nr. 5031.

Nachstehende Tarifentscheidungen haben vorkommenden Falls zur Beachtung zu dienen und ist im amtlichen Waarenverzeichnisse das deshalb Nöthige zu vermerken.

1.) Aus Veranlassung eines Falles, in welchem sogenannte Rietkörbe aus rohem ungespaltenen spanischen Rohr nach Nr. 13 c der Abtheilung I des Zolltarifs zollfrei abgefertigt worden waren, wird darauf aufmerksam gemacht, daß nach dem Artikel „Korbflechterwaaren" auf Seite 127 des amtlichen Waarenverzeichnisses zu den zollfreien Korbflechterwaaren nur diejenigen ungefärbten ꝛc. zum Wirthschaftsgebrauch bestimmten groben Korbflechterwaaren zu rechnen sind, welche aus ungeschälten oder geschälten Ruthen oder aus Holzspänen bestehen.

Die aus Rohr geflochtenen Waaren sind demzufolge und nach der Bestimmung des amtlichen Waarenverzeichnisses Seite 103 unter Nr. 5 des Artikels „Holzwaaren", welche lautet: „alle vorstehend unter 1, 2 und 3 nicht begriffenen Waaren aus vegetabilischen oder animalischen Schnitzstoffen", zu den feinen Holzwaaren zu zählen und nach Nr. 13 f Abtheilung I des Tarifs mit dem Eingangszolle von 4 Thlr. für den Centner zu belegen.

2.) Nach den Bestimmungen des amtlichen Waarenverzeichnisses Seite 103 und 158 unter dem Artikel „Holzwaaren" und „Möbel" sind hölzerne Stuhlgestelle mit feiner Schnitzarbeit als feine Holzwaare nach Nr. 13 f Abtheilung I des Vereinszolltarifs mit 4 Thlr. für den Centner zu verzollen.

3.) Die unter dem Namen Anticalcaire zur Einfuhr gelangende rothbraune Flüssigkeit, welche aus einer Auflösung von roher Soda in Wasser mit Beimischung theerartiger Substanzen besteht und zur Verhütung der Kesselsteinbildung dient, fällt unter die Gattung der im Waarenverzeichnisse namentlich aufgeführten Boiler-Komposition und ist nach Nr. 5 h der I. Abtheilung des Tarifs zollfrei zu lassen.

4.) In Form dünner, papierartiger Tafeln gebrachter Holzstoff, welcher lediglich als Lumpensurrogat für die Papierfabrikation dient, ist als Holzmasse anzusprechen und unterliegt nach Anleitung des amtlichen Waarenverzeichnisses Seite 101 der Nr. 1 c des Tarifs.

Diese Masse hat zwar eine papierähnliche Form, besitzt aber im Uebrigen nicht die Eigenschaften des Papiers, denn sie ist sehr spröde, weit brüchiger, als ungeleimtes Papier und erweicht beim Befeuchten leicht breiartig. Der Holzstoff wird jetzt oft in Form von mehr oder weniger dünnen Tafeln gebracht, weil die Masse besser, als in Form von Blöcken entwässert werden kann und weil die Blätter leichter, als blockartige Massen sich Behufs der Verarbeitung wieder erweichen lassen.

5.) Zinnerne Bierhähne, welche gegossen und auf der Drehbank nur abgedreht sind, nicht aber weiter polirt und bearbeitet erscheinen, sind zu den groben Zinnwaaren zu rechnen und deshalb nach Nr. 43 c des Vereinszolltarifs zollfrei zu lassen.

Erfurt, den 4. Juli 1873. Der Generalinspektor: Grolig.

№ 25. Bekanntmachung,

betr. den Status der Uebergangssteuerstellen und Uebergangsstraßen, sowie der Abfertigungsstellen für Branntweinausfuhr gegen Steuerbonifikation,
vom 23. Juli 1873 Nr. 5052.

1.) Für den Verkehr mit steuerpflichtigen Getränken zwischen Elsaß-Lothringen und Baden ist außer den bereits bestehenden Uebergangsstraßen die vom Elsässischen Landepunkte der Neufreistetter Rheinfähre nach Offendorf im Hauptamtsbezirke Hagenau führende Straße als Uebergangsstraße und die Kaiserl. Ortseinnehmerei zu Offendorf als Uebergangssteuerstelle erklärt worden.

2.) Für den Verkehr mit übergangssteuerpflichtigen Getränken von Bayern nach dem Königlich Preußischen Gebiete ist die Eisenbahn von Furth a. W. über Prag und Liebau nach Breslau als Uebergangsstraße erklärt und die Zollexpedition am Niederschlesisch-Märkischen Bahnhofe in Breslau sowohl zur Erledigung der Uebergangsscheine über die auf dieser Uebergangsstraße eingehenden übergangssteuerpflichtigen Waaren, als auch zur Abfertigung des mit dem Anspruche auf Steuerrückvergütung über Liebau, Prag, Furth a. W. nach Bayern unter Wagenverschluß auszuführenden Branntweins ermächtigt worden.

3.) Die Königl. Bayerische Uebergangsstelle in Zell im Hauptamtsbezirke Ludwigshafen a. Rh. ist aufgehoben und in Edesheim gleichen Bezirks eine Uebergangsstelle mit der Befugniß zur Ausfertigung und Erledigung von Uebergangsscheinen errichtet worden.

4.) Die Königl. Bayerische Uebergangsstelle in Lohr im Hauptamtsbezirke Aschaffenburg ist aufgehoben worden.

Erfurt, den 23. Juli 1873. Der Generalinspektor: Grolig.

№ 26. Bekanntmachung,

betr. den Status der Vereinszollstellen, vom 23. Juli 1873 Nr. 5053.

1.) Dem Kaiserlichen Nebenzollamte II zu Moyeuvre-Grande und dem Kaiserlichen Steueramte zu Hayingen im Hauptamtsbezirke Diedenhofen sind auf Grund der §§ 111, 128 und 131 des Vereinszollgesetzes die unbeschränkten Befugnisse zur Abfertigung von Eisenfabrikaten aus den Werken von de Wendel & Comp. zu Hayingen von Inland zu Inland mit Berührung des Auslandes unter Deklarationsscheinkontrole ertheilt worden.

2.) Zu Chambrey an der Eisenbahn von Nancy nach Vic und Chateau-Salins ist ein dem Kaiserlichen Hauptzollamte zu Vic unterstelltes Nebenzollamt I errichtet worden, welches mit dem 21. Juni d. J. in Wirksamkeit getreten und zur Abfertigung der auf der Eisenbahn ein-, aus- und durchgehenden Güter nach Maßgabe des § 128 des Vereinszollgesetzes, sowie zur Ausfertigung und Erledigung von Begleitscheinen I ermächtigt ist.

3.) Die Beschränkungen, welche für das Kaiserliche Hauptzollamt in Bremen in Betreff der Erhebung des Eingangszolls bisher bestanden, sind aufgehoben und dem genannten Hauptamte die vollen nach § 128 des Vereinszollgesetzes den Hauptzollämtern zustehenden Befugnisse ertheilt worden.

4.) Die auf dem Bahnhofe Templerbend zu Aachen bestehende Königl. Preußische Zollabfertigungsstelle, welche seither die auf der Aachen-Mastricher Eisenbahn ein- und ausgehenden Güter abzufertigen hatte, wird nunmehr, nachdem die Eisenbahn Aachen-Welkenrädt dem Verkehr übergeben ist, auch die zollamtliche Behandlung der auf dieser Bahn verkehrenden Güter und Effecten vornehmen.

5.) Das Königl. Preußische Nebenzollamt I zu Tülje im Hauptamtsbezirke Aachen ist mit dem 1. Juli d. J. in ein Nebenzollamt II mit Ansageposten umgewandelt worden.

Das Königl. Preußische Nebenzollamt I zu Herzogenrath in demselben Hauptamtsbezirke wird mit dem 1. August d. J. in ein Nebenzollamt II umgewandelt werden. Demselben ist jedoch die Befugniß belassen worden, baumwollene Zeugwaaren, Wein und Kaffee in denselben Mengen wie früher abzufertigen.

6.) Vom 1. Juli d. J. ab sind die Königl. Preußischen Hauptzollämter zu Wassenberg und Kaldenkirchen in ein Hauptzollamt mit dem Amtssitze in Kaldenkirchen vereinigt worden. Mit diesem Zeitpunkte treten folgende Veränderungen in der Organisation ein:

I. Es wird aufgehoben: Das Hauptzollamt zu Wassenberg.

II. Umgewandelt: Das Nebenzollamt II zu Rothenbach in ein Nebenzollamt II. Klasse mit unbeschränkter Befugniß zur Ausfertigung und Erledigung von Begleitscheinen.

III Neu errichtet: Eine Steuerreceptur zu Wassenberg unter Zuweisung des jetzigen Specialhebebezirks des eingegangenen Hauptzollamts daselbst.

IV. Zugewiesen dem Hauptzollamte in Cleve: Der gegenwärtig zu dem Hauptzollamtsbezirke Kaldenkirchen gehörende Theil des Kreises Geldern mit dem Untersteueramte zu Geldern und der Steuerreceptur zu Kevelär.

7.) Aus Anlaß der Eröffnung des Betriebes auf der Strecke von Gennep bis Goch der Nordbrabant-Deutschen Eisenbahn ist das bisherige Königl. Preuß. Steueramt zu Goch im Hauptamtsbezirk Cleve in ein Nebenzollamt I. Klasse umgewandelt, auf den Bahnhof verlegt und mit der Befugniß zur Abfertigung der auf den Eisenbahnen ein- und ausgehenden Waarensendungen nach Maßgabe der in den §§ 63, 64, 66 bis 71 des Vereinszollgesetzes getroffenen Bestimmungen, sowie zur Gestattung von Aus- und Umladungen der auf den Eisenbahnen unter Wagenverschluß beförderten Güter (§ 65 des Vereinszollgesetzes) ausgestattet worden.

8.) Das Königl. Bayerische Nebenzollamt I zu Schirnding im Hauptzollamtsbezirke Waldsassen ist in ein Nebenzollamt II umgewandelt worden.

9.) Dem Königl. Sächsischen Untersteueramte zu Waldheim im Hauptamtsbezirke Freiberg ist die Befugniß zur Abfertigung von im Begleitzettelverfahren eingehenden Gütern, sowie zur Ausfertigung von Begleitscheinen I über Tabak und Tabaksfabrikate beigelegt worden.

10.) Dem Großherzoglich Oldenburgischen Nebenzollamte I zu Berne im Hauptamtsbezirke Delmenhorst ist die Befugniß zur Erledigung von Begleitscheinen II über dorthin gelangende zollpflichtige Gegenstände ertheilt worden.

Erfurt, den 23. Juli 1873. Der Generalinspektor: Grolig.

№ 27. Cirkularverfügung,

die Tara für rohen Kaffee in Säcken betreffend, vom 24. Juli 1873 Nr. 5492.

Der Bundesrath hat beschlossen, daß, wenn roher Kaffee in Säcken eingeht, deren Beschaffenheit darauf schließen läßt, daß das Gewicht derselben erheblich hinter dem tarifmäßigen Tarasatze von 2% zurückbleibt, von dem Recht der Nettoverwiegung Gebrauch zu machen sei, daß aber von dieser Nettoverwiegung Umgang genommen werden könne, sofern sich der Zollpflichtige mit einer Taravergütung von 1% begnügen will.

Hierauf ist sich vorkommenden Falls zu achten.

Erfurt, den 24. Juli 1873. Der Generalinspektor: J. V.: Schreck.

№ 28. Cirkularverfügung,

die Tarifirung von Korbflechterwaaren betreffend, vom 25. Juli 1873 Nr. 5469.

Der Bundesrath hat beschlossen, dem Artikel „Korbflechterwaaren“ im amtlichen Waarenverzeichnisse nachstehende Fassung zu geben:

Korbflechterwaaren, grobe, zum Wirthschaftsgebrauche (z. B. Wagenflechten, Fischreusen, Tragkörbe, Waschkörbe rc.) aus ungeschälten oder geschälten Ruthen, aus Rohr oder Holzspänen:

1.) weder gefärbt, gebeizt, lackirt, polirt, noch gefirnißt . . . 13 c (zollfrei)

2.) gefärbte, gebeizte, lackirte, polirte oder gefirnißte grobe Korbflechterwaaren in Verbindung mit rc. (wie bisher) . . . 13 e.

— Möbel (Korbmöbel), ungefärbte und gefärbte . . . . . 13 f.

— andere, Korbflechterwaaren in Verbindung mit rc. (wie bisher) 13 f.

(Siehe auch Holzwaaren, kurze Waaren, Möbel und Spangeflechte.)

Dieser Beschluß hat nach alsbaldiger Berichtigung des amtlichen Waarenverzeichnisses zur Nachachtung zu dienen.

Erfurt, den 25. Juli 1873. Der Generalinspektor: J. V.: Schreck.

№ 29. Cirkularverfügung,

die Cassirung der Wechselstempelmarken betr., vom 5. August 1873 Nr. 5756.

Die Bezirkssteuerstellen werden hiermit auf die in Nummer 23 Seite 295 des diesjährigen Reichsgesetzblattes veröffentlichte und im Nachstehenden wiederholte Bekanntmachung:

„Der Bundesrath hat beschlossen, die in der Bekanntmachung zur Ausführung des Gesetzes, betreffend die Wechselstempelsteuer vom 23. Juni 1871 (Reichsgesetzblatt S. 267), unter II zu § 13 Nr. 2 des Gesetzes enthaltenen Vorschriften durch folgende Bestimmungen zu ersetzen:

In Bezug auf die Art und Weise der Verwendung der Bundesstempelmarken zu Wechseln und den dem Wechselstempel unterworfenen Anweisungen u. s. w. (§ 24 des Gesetzes) sind nachfolgende Vorschriften zu beobachten:

1.) Die den erforderlichen Steuerbetrag darstellenden Marken sind auf der Rückseite der Urkunde, und zwar, wenn die Rückseite noch unbeschrieben ist, am oberen Rande derselben, anderenfalls unmittelbar unter dem letzten Vermerke (Indossament u. s. w.), der sich auf der Rückseite befindet, auf einer leeren Stelle dergestalt aufzukleben, daß oberhalb der Marke kein zur Niederschreibung eines Vermerkes (Indossaments, Blanko-Indossaments ꝛc.) hinreichender Raum übrig bleibt.

Der inländische Inhaber, welcher die Marke aufklebt, hat sein Indossament oder seinen sonstigen Vermerk unterhalb derselben niederzuschreiben.

2.) In jeder einzelnen der aufgeklebten Marken müssen mindestens die Anfangsbuchstaben des Namens, beziehungsweise der Firma desjenigen, der die Marke verwendet, und das Datum der Verwendung (in arabischen Ziffern) mittelst deutlicher Schriftzeichen (Buchstaben und Ziffern) ohne jede Rasur, Durchstreichung oder Ueberschrift niedergeschrieben sein (z. B. 1/7 70 statt: 7. Januar 1870, — E.F.M. statt: Ernst Friedrich Moldenhauer, — oder N.V.B. statt: Norddeutsche Vereins-Bank). Es ist jedoch auch zulässig, den Cassationsvermerk ganz oder einzelne Theile desselben (z. B. die Bezeichnung der Firma) durch schwarzen oder farbigen Stempelabdruck herzustellen.

Enthält der Cassationsvermerk mehr, als nach dem Vorstehenden erforderlich ist (z. B. den ausgeschriebenen Namen statt der Anfangsbuchstaben, das Datum in Buchstaben statt in Ziffern ꝛc.), so ist derselbe dennoch gültig, wenn nur die vorgeschriebenen Stücke (Anfangsbuchstaben des Namens, beziehungsweise der Firma und Datum) auf der Marke sich befinden.

Jede Durchkreuzung der Marke, auch wenn sie die Schriftzeichen nicht berührt, ist unstatthaft, ebenso die Bezeichnung der Monate September, Oktober, November und December durch 7ber, 8ber, 9ber und 10ber.

3.) Bei Ausstellung eines Wechsels auf einem gestempelten Blanquet kann der an dem vollen gesetzlichen Betrage der Steuer etwa noch fehlende Theil durch vorschriftsmäßig zu verwendende Stempelmarken ergänzt werden.

Stempelmarken, welche nicht in der vorgeschriebenen Weise verwendet worden sind, werden als nicht verwendet angesehen (§ 14 des Gesetzes).

Berlin, den 11. Juli 1873. Der Reichskanzler. J. A.: Eck."

noch besonders zur Nachachtung verwiesen.

Erfurt, den 5. August 1873. Der Generalinspektor: J. V.: Schreck.

Personalien.

Preußen.

1.) An Stelle des zum Hauptsteueramtsassistenten in Erfurt beförderten berittenen Steueraufsehers Löblich daselbst ist der Steueraufseher Peine von Halle a. d. S. getreten.

2.) Mit Aufhebung der königl. Steuerreceptur zu Brotterode ist der Steuererheber Ziele in Ruhestand getreten.

S. Weimar.

1.) Der bisherige Steueramts-Rendant Siefert in Berka a. d. W. wurde zum Obersteuerkontroleur in Allstedt ernannt.

Ministerialrescript d. d. Weimar vom 2. Mai 1873.

2) Als Beamte der Großherzogl. Steuerreceptur in Gerstungen fungiren der Rechnungsamtmann Weber und der Rechnungsamtsassistent Schröter.

3.) An Stelle des dem Großherzogl. Steueramte zu Weimar mit den Funktionen eines zweiten Assistenten zur Aushülfe zugewiesenen berittenen Steueraufsehers Hosäus in Neustadt a. d. O. ist der bisherige Gendarm Kötschau in provisorischer Diensteigenschaft getreten.

Ministerialrescripte d. d. Weimar vom 17. Mai und 25. Juni 1873.

4.) An Stelle des bei der Großherzogl. Steuerreceptur zu Vacha in Function gewesenen und anderweit versetzten Rechnungsamts-Assistenten Hahn ist der bisherige Rechnungsamts-Accessist und nunmehrige Rechnungsamts-Assistent Mennecke getreten.

Ministerialrescript d. d. Weimar vom 19. Mai 1873.

5.) Der Steueraufseher Rehe in Bürgel tritt vom 1. Oktober c. an in Ruhestand.

Ministerialrescript d. d. Weimar vom 23. Mai 1873.

C. Meiningen.

1.) Die durch die Beförderung des Amtsassistenten Arenburg in Salzungen zum Obersteuerkontroleur in Hildburghausen zur Erledigung gekommene Stelle des zweiten Beamten bei dem Herzogl. Steueramte in Salzungen ist dem Revisions-Assistenten Pfändner in Saalfeld unter Ernennung zum Amtsassistenten verliehen worden. An Stelle des Letzteren ist der Revisions-Assistent Müller II. getreten und mit der Stellvertretung des Amtsassistenten Brandt in den steueramtlichen Functionen im Falle seiner Verhinderung beauftragt.

Ministerialrescript d. d. Meiningen vom 21. Mai 1873.

2.) Die Verwaltung der Herzogl. Steuerstelle in Kranichfeld ist vom 1. Mai d. J. ab dem Revisions-Assistenten Hell übertragen worden.

Ministerialrescript d. d. Meiningen vom 21. Mai 1873.

D. Altenburg.

1.) Die durch die Pensionirung des Rechnungsraths Fischer zur Erledigung gekommene Stelle des Kontroleurs beim Herzogl. Hauptsteueramte in Altenburg ist dem bisherigen Assistenten Wille beim Kaiserl. Hauptzollamte zu Hamburg mit dem Dienstprädikate „Hauptsteueramtskontroleur“ verliehen worden.

Ministerialrescript d. d. Altenburg vom 10. Juni 1873.

2.) Nach dem Ableben des ersten Beamten des Herzogl. Steuer- und Rentamts zu Eisenberg, Rechnungsraths Undeutsch, ist dem bisherigen zweiten Beamten des genannten Amtes, Finanzkassirer Hase, die hiernach zur Erledigung gekommene Stelle übertragen und der Rechnungs-Assistent Mittelhäuser in Altenburg zum zweiten Beamten des vorgedachten Steuer- und Rentamts mit dem Dienstprädikate „Steuer- und Rentamtsassistent“ ernannt worden.

Ministerialrescript d. d. Altenburg vom 10. Juni 1873.

E. Coburg.

1.) Der bisher bei dem Herzogl. Steueramte zu Coburg beschäftigt gewesene Accessist Heß ist zum Assistenten und Steueraufseher bei genannter Stelle ernannt worden.

Ministerialrescript d. d. Gotha vom 9. Mai 1873.

2.) Der Staatskasse-Accessist Schreiner in Coburg ist zum Kontroleur bei dem Herzoglichen Uebergangssteueramte zu Lichtenfels ernannt worden.

Ministerialrescript d. d. Gotha vom 9. Mai 1873.

F. Gotha.

1.) Bei dem Herzogl. Steueramte zu Ohrdruf ist die Besorgung der Geschäfte dem Assessor Werner und in Abwesenheit desselben dem Finanzsecretär Georges an Stelle des Rentamtskommissärs Schlegel ausschließlich übertragen worden.

Ministerialrescript d. d. Gotha vom 6. Juli 1873.

2.) Der Hauptsteueramts-Accessist Koch in Gotha ist Behufs seines Uebertritts in den Dienst der gemeinschaftlichen Zoll- und Steuerverwaltung in Elsaß-Lothringen aus seinem bisherigen Dienstverhältnisse entlassen worden.

Ministerialrescript d. d. Gotha vom 2. Mai 1873.

Reuß ä. L.

Dem Steueramts-Assistenten Schmidt in Greiz ist die von ihm zeither interimistisch verwaltete Vorstandsstelle bei Fürstl. Steueramte daselbst unter Ernennung zum Steuerrendanten definitiv verliehen worden. Dem bisherigen zweiten Assistenten Möwe wurde die erste Assistentenstelle und dem Steueraufseher Auer in Burgk die zweite Assistentenstelle bei dem genannten Amte übertragen. Der hiernach zur Erledigung gekommene Steueraufsichtsposten in Burgk wurde dem Amtskopisten Siegert daselbst provisorisch zur Verwaltung mit überwiesen.

Rescript der Fürstl. Landesregierung zu Greiz vom 9. April 1873.

Reuß j. L.

Der Hülfsoffiziant Morgeneyer beim Fürstl. Hauptsteueramte zu Gera ist als Hülfssteueraufseher für die Station Gera angenommen worden.

Ministerialrescript d. d. Gera vom 12. Februar 1873.

Gedruckt bei L. Schellenberg in Erfurt.

Amtsblatt

des General-Inspectors des Thüringischen Zoll- und Handels-Vereins.

4tes Stück vom Jahre 1873.

№ 30. Cirkularverfügung,

die Wiener Ausstellung betreffend, vom 31. August 1873 Nr. 4210.

Unter Bezugnahme auf meine Cirkularverfügung vom 26. Februar d. J. Nr. 1911 (Amtsblatt Nr. 1 vom diesem Jahre) mache ich den aufschriftlich genannten Steuerstellen bekannt, daß nach einer Mittheilung des Reichskanzleramts bis auf Weiteres denjenigen von der Wiener Weltausstellung zurückgehenden Gütern zollfreier Eingang zu gewähren ist, welche mit einer unter der Firma der deutschen Ausstellungscommission in Wien und der Unterschrift des dieser Commission zugetheilten Großherzoglich Hessischen Finanz-Accessisten Ewald ausgefertigten Rücksendungsdeclaration versehen sind und sich unter österreichischem Zollverschluß befinden.

Erfurt, den 31. August 1873. Der Generalinspektor: Grolig.

№ 31. Cirkularverfügung,

die Uebergangsscheincontrole bei Spielkartenversendungen betreffend, vom 18. September 1873 Nr. 6321.

Nachdem die im Thüringischen Zoll- und Handelsvereine verbundenen hohen Staatsregierungen auf meinen Antrag sich allseitig dahin verständigt haben, daß der Transport gestempelter Spielkarten mit der Post bei Versendungen zwischen Orten desselben Bundesstaates unter Berührung eines anderen Thüringischen Staatsgebietes von der Uebergangsscheincontrole freigelassen werden soll, so bringe ich dies unter Bezugnahme auf die Cirkularverfügungen vom 22. Februar 1868 Nr. 1631 und vom 2. September ej. a. Nr. 5732 mit der Aufforderung zur Kenntniß der betreffenden Steuerbehörden meines Geschäftsbereiches, auch den etwa in ihren Bezirken wohnenden Kartenfabrikanten von dem Wegfalle dieses Theils der Spielkartenverkehrscontrole behufige Mittheilung zu machen und in den obengedachten Spielkartenversendungsfällen Uebergangsscheine nicht mehr auszustellen.

Hiermit fällt auch künftig die in einzelnen Steuerbezirken und Staatsgebieten angeordnete Legitimationsscheincontrole zur Seite, wenn die gestempelten Spielkarten ebenfalls mit der Post versendet werden und bisher an Stelle der Uebergangsscheine nur mit Legitimationsscheinen bezettelt zu sein brauchten.

Erfurt, den 18. September 1873. Der Generalinspektor: Grolig.

№ 32. Cirkularverfügung,

wegen Ausgabe eines besonderen Abdrucks des neu redigirten und vom 1. Oktober d. J. in Kraft tretenden Vereinszolltarifs, vom 23. September 1873 Nr. 6756.

Nachdem der Vereinszolltarif neu redigirt und vom Bundesrathe beschlossen worden ist, daß derselbe vom 1. Oktober 1873 in Kraft treten solle, wird derselbe beiliegend den zur Zollerhebung befugten Steuerstellen zum dienstlichen Gebrauche bei den zollamtlichen Abfertigungen, den übrigen Steuerstellen des Thüringischen Vereines aber zu dem Zwecke mitgetheilt, um ihn auf Verlangen Jedermann zur Einsicht vorlegen zu können.

Ein noch zu erwartender Nachtrag zum amtlichen Waarenverzeichnisse wird seiner Zeit, ergeblich ohne besondere Verfügung, sondern lediglich unter Couvert, später abgesendet werden.

Erfurt, den 23. September 1873. Der Generalinspektor: Grolig.

№ 33. Cirkularverfügung,

betreffend die Bekanntmachung der Veränderungen in dem Stande und in den Befugnissen der Zoll- und Steuerstellen des Deutschen Zollgebietes, vom 13. September 1873 Nr. 5972.

In dem periodisch erscheinenden Amtsblatte des gemeinschaftlichen Generalinspektors haben bisher alle Aenderungen in dem Stande und in den Befugnissen der Zoll- und Steuerstellen des Deutschen Zollgebietes Aufnahme gefunden. Da die desfallsigen Veröffentlichungen auch in dem neu errichteten Centralblatte für das Deutsche Reich und in dem Centralblatte der Abgaben rc.-Gesetzgebung und Verwaltung in den Königlich Preußischen Staaten erscheinen und das Eine oder das Andere dieser Blätter von den betreffenden Steuerstellen und Oberkontroleuren meines Ressorts gehalten werden muß, so wird vom 1. Oktober c. a. ab in dem hier redigirten Amtsblatte keinerlei Veränderung in dem Status der Vereinssteuerstellen mehr bekannt gegeben werden.

Die bezüglichen Stellenverzeichnisse sind vielmehr auf Grund der in den mehrgedachten Centralblättern enthaltenen Publikationen evident zu erhalten, und an geeigneter Stelle, wie bisher im Amtsblatte, die Vermerke über die Berichtigung und Ergänzung der bezüglichen Verzeichnisse niederzuschreiben.

Erfurt, am 13. September 1873. Der Generalinspektor: Grolig.

№ 34. Bekanntmachung,

betreffend den Status der Uebergangssteuerabfertigungsstellen, vom 30. September 1873 Nr. 6963.

1.) Dem Königl. Preuß. Nebenzollamte I zu Papenburg im Hauptamtsbezirke Leer ist unbeschränkte Hebebefugniß und unbeschränkte Befugniß zur Ausstellung und Erledigung von Uebergangsscheinen beigelegt worden.

2.) Die Königlich Bayerische Uebergangsstelle zu Burgsinn im Hauptamtsbezirke Würzburg ist eingezogen worden.

3.) Die Königlich Bayerische Uebergangsstelle zu Bliescastl im Hauptamtsbezirke Kaiserslautern ist aufgehoben worden.

4.) Die der Königl. Württembergischen Rübenzuckersteuer-Kontroleurstelle in Züttlingen bisher übertragene Befugniß zur Ausstellung von Uebergangsscheinen ist in Folge Aufhebung dieser Stelle erloschen.

5.) Der Großherzogl. Badischen Steuereinnehmerei Kippenheim im Hauptamtsbezirke Lahr ist die Befugniß zur Ausstellung von Uebergangsscheinen für Bier, Wein, Branntwein und Weingeist ertheilt worden.

Erfurt, am 30. September 1873. Der Generalinspektor: Grolig.

№ 35. Bekanntmachung,

betr. den Status der Vereinszollstellen, vom 30. September 1873 Nr. 6964.

1.) Mit der Eröffnung des Eisenbahnbetriebs auf der Bahnstrecke Amanvillers-Batilly der Eisenbahn von Metz nach Verdun ist in Amanvillers im Hauptzollamtsbezirke Metz ein Kaiserliches Nebenzollamt I. Klasse in Wirksamkeit getreten, welches zur Abfertigung der auf der Eisenbahn ein-, aus- und durchgehenden Güter nach Maßgabe des § 128 des Vereinszollgesetzes und zur Ausfertigung und Erledigung von Begleitscheinen I ermächtigt ist.

Ferner ist das Kaiserliche Nebenzollamt I zu Malmaison im Hauptamtsbezirke Metz in ein Nebenzollamt II umgewandelt worden.

2.) Beim Königl. Preuß. Hauptzollamte Prostken ist eine öffentliche Niederlage errichtet worden.

3.) Dem Königl. Preuß. Nebenzollamte I zu Papenburg im Hauptamtsbezirke Leer ist unbeschränkte Hebebefugniß und unbeschränkte Befugniß zur Ausstellung und Erledigung von Begleitscheinen I und II beigelegt worden.

4.) Dem Königl. Preuß. Untersteueramte zu Löbau im Hauptamtsbezirke Marienwerder ist die Befugniß zur Erledigung von Begleitscheinen I über das für das Privatkreditlager ebendaselbst bestimmte verpackte Salz beigelegt worden.

5.) Dem Königl. Preußischen Nebenzollamte I zu Mierunsken im Hauptamtsbezirke Eydtkuhnen ist die Befugniß zur Erledigung von Begleitscheinen I über Eisen und Eisenwaaren, Glas und Glaswaaren, Gewürze aller Art, trockene und frische Südfrüchte, Heringe, Kaffee, Reis, Salz und Thonwaaren mit der Maßgabe beigelegt worden, daß eine Niederlegung dieser Waaren in dem genannten Orte zur gelegentlichen Weiterbeförderung nicht stattfinden und daß der Ausgang über die Landesgrenze nur in den Vormittagsstunden erfolgen darf.

6.) Dem Königl. Preuß. Untersteueramte zu Iserlohn ist die Befugniß zur Erledigung von Begleitscheinen II beigelegt worden.

7.) Auf dem Bahnhofe zu Oesterr. Jägerndorf im Hauptamtsbezirke Ratibor ist ein Königl. Preuß. Nebenzollamt I errichtet worden, welches außer der demselben nach § 128 des Vereinszollgesetzes zustehenden Befugniß ermächtigt ist, Zollerhebungen in unbeschränkter Höhe vorzunehmen und Begleitscheine auszufertigen und zu erledigen.

Erfurt, den 30. September 1873. Der Generalinspektor: Grolig.

№ 36. Bekanntmachung,

die Bierausfuhr im Großherzogthum Hessen betr., vom 30. September 1873 Nr. 6965.

Im weitern Anschlusse an die Bekanntmachung vom 13. Januar d. J. Nr. 501 im 1ten Stück meines Amtsblatts de 1873 bringe ich zur Kenntniß, daß die Großherzogl. Hessische Ortseinnehmerei II. Klasse zu Offstein zur Bescheinigung des Ausgangs von Bier auf der Uebergangsstraße Offstein-Obrigheim im Falle der Vorabfertigung bei einem hierzu befugten Amte ermächtigt worden ist.

Erfurt, den 30. September 1873. Der Generalinspektor: Grolig.

Personalien.

Preußen.

Mit der am 1. September d. J. erfolgten Umwandlung des Königlichen Untersteueramts zu Gefell in eine Steuerreceptur ist der Steuereinnehmer Rohne nach Mahlwinkel versetzt und der bisherige Chausseegelderheber Riedel in Lohse als Steuerreceptor in Gefell angestellt worden.

S. Weimar.

1.) Der Vicefeldwebel Lange ist als Fußsteueraufseher in Berga provisorisch angestellt worden.
Ministerialrescript d. d. Weimar vom 8. August 1873.

2.) Dem berittenen Steueraufseher Morgenroth zu Jena sind vom 1. Oktober d. J. ab die Functionen eines ständigen Verwiegungsbeamten bei der Rübenzuckerfabrik zu Oldisleben vorerst kommissarisch übertragen und der berittene Steueraufseher Lorenz zu Blankenhain ist in gleicher Eigenschaft nach Jena versetzt worden. Ferner wurde der Fußsteueraufseher Mitschel zu Jena in gleicher Eigenschaft nach Bürgel und der Fußsteueraufseher Wölfl zu Berka a. d. W. in gleicher Eigenschaft nach Weimar versetzt. Der Dienstanwärter Hähnert ist als berittener Steueraufseher zu Blankenhain provisorisch angestellt, dem Dienstanwärter und bisherigen Steueramtsdiener Kästner zu Weimar die Stelle eines Fußsteueraufsehers zu Jena provisorisch übertragen und dem Dienstanwärter und bisherigen Stadtsergeanten Schuster zu Weimar die Verwaltung des Steueraufsichtspostens zu Berstungen vorerst kommissarisch überwiesen worden.
Ministerialrescript d. d. Weimar vom 5. September 1873.

3.) Der ehemalige Sergeant Knabe wurde als Steueramtsdiener zu Weimar widerruflich angenommen. Ministerialrescript d. d. Weimar vom 24. September 1873.

S. Meiningen.

1.) Dem Herzogl. Steueramte zu Sonneberg wurde an Stelle des zurückversetzten Revisionsassistenten Niemetz der Revisionsassistent Frank, bisher bei dem Herzogl. Steueramte zu Schalkau beschäftigt, zur Dienstleistung überwiesen.
Ministerialrescript d. d. Meiningen vom 19. September 1873.

2.) Der Steueraufseher Bucklisch zu Steinach ist nach Mengersgereuth und der Steueraufseher Hofmann daselbst nach Steinach versetzt worden.
Mittheilung des Herzogl. Feldjägerkommando's d. d. Meiningen vom 6. Oktober 1873.

S. Altenburg.

Dem Steueraufseher Rothe in Roda ist die Stelle eines Revisionsaufsehers bei dem Kaiserl. Hauptzollamte zu Hamburg verliehen worden.
Ministerialrescript d. d. Altenburg vom 14. August 1873.

Schwarzb. Rudolstadt.

Der Accessist Schilling zu Königsee ist zum zweiten Assistenten bei dem Fürstl. Steueramte daselbst ernannt und sind ihm die Functionen als Hülfssteueraufseher für den Steuerbezirk bis auf Weiteres belassen worden.
Ministerialrescript d. d. Rudolstadt vom 17. Juli 1873.

Reuß j. L.

1.) Der Steueraufseher Rank zu Schleiz ist nach Lobenstein und der Steueraufseher Junker daselbst nach Schleiz versetzt worden.
Ministerialrescript d. d. Gera vom 19. August 1873.

2.) An Stelle des nach Saalburg versetzten Steueraufsehers Queck wurde der Steueraufseher Kästner zu Gera nach Hirschberg translocirt. Der Steueraufseher Gutmann zu Schleiz wurde aus dem Fürstl. Staatsdienste entlassen.
Ministerialrescript d. d. Gera vom 23. August 1873.

Amtsblatt

des General-Inspectors des Thüringischen Zoll- und Handels-Vereins.

3tes Stück vom Jahre 1873.

№ 37. Bekanntmachung,

die Wiener Ausstellung betreffend, vom 7. November 1873 Nr. 8059.

Nach einer Eröffnung des Reichskanzleramts sind ferner mit der zollamtlichen Abfertigung der zur Rücksendung in das Deutsche Zollgebiet bestimmten Ausstellungsgüter und der Ausfertigung der Bescheinigungen über die Herkunft der Güter die nachgenannten Mitglieder und Beamten der Deutschen Ausstellungscommission in Wien betraut worden, und zwar

1.) der Königlich Bayerische Oberinspektor bei dem Oberpost- und Bahnamte von Mittelfranken, A. Schätzler,
2.) der Königlich Sächsische Vorstand der Zollabfertigungsstelle in Neustadt-Dresden, Obercontroleur Mentzel,
3.) der Königlich Württembergische Oberinspektor des Musterlagers in Stuttgart, Senfft,
4.) der Großherzoglich Badische Bahnverwalter C. Schweitzer in Mühlacker, und
5.) der Königlich Preußische Regierungsassessor Böhme,

was ich unter Bezugnahme auf meine Cirkularverfügungen vom 20. Februar und 30. August c. Nr. 1911 und 6210 (Amtsblatt Nr. 1 und Nr. 4 von diesem Jahre) hiermit bekannt mache.

Erfurt, den 7. November 1873. Der Generalinspektor: Grolig.

№ 38. Bekanntmachung,

eine Ausstellung in Frankfurt a. M. betreffend, vom 14. November 1873 Nr. 8219.

Der landwirthschaftliche Verein zu Frankfurt a. M. beabsichtigt, daselbst in den Tagen vom 14. — 18. Mai künftigen Jahres eine Ausstellung von Zucht- und Mastvieh, sowie von Maschinen und Geräthen für Land-, Forst-, Garten- und Hauswirthschaft zu veranstalten.

Für die zu dieser Ausstellung aus dem Auslande eingehenden und nach beendigter Ausstellung wieder zurückgehenden Gegenstände soll unter den bekannten Voraussetzungen Befreiung vom Eingangszolle zugestanden werden, was ich unter Hinweis auf die in ähnlichen Fällen ergangenen Bestimmungen hiermit bekannt gebe.

Erfurt, am 14. November 1873. Der Generalinspektor: Grolig.

№ 39. Cirkularverfügung,

die Behandlung der Packetadressen betreffend, vom 26. December 1873 Nr. 9012.

Nach Anordnung des Kaiserlichen General-Postamtes werden vom 1. Januar 1874 ab bei allen innerhalb Deutschlands zur Post eingelieferten Packeten, statt der bisherigen Begleitbriefe, Post-Packetadressen in Kartenform in Anwendung kommen, welche bei Aushändigung der Packete an die Adressaten diesen nicht belassen werden dürfen, sondern zurückzunehmen und bei den Postanstalten als Kontrolmittel aufzubewahren sind.

In Folge dessen sind von dem gedachten Zeitpunkte ab auch die einer zoll- und steueramtlichen Behandlung unterliegenden Post-Packete, bei welchen als Begleitadresse eine Post-Packetadresse Anwendung gefunden hat, sofern nach den bestehenden Vorschriften (§§. 7 u. ff. des Regulativs über die zollamtliche Behandlung der durch die Post beförderten Gegenstände) deren Aushändigung durch Vermittelung der betreffenden Steuerstelle erfolgt, den Adressaten nur gegen Rückgabe der Post-Packetadresse zu verabfolgen. Bezüglich der Packete mit Werthangabe ist hierbei zugleich darauf zu achten, daß der Empfänger die auf der Rückseite der Post-Packetadresse vorgedruckte Quittung ordnungsmäßig vollzogen hat.

Die von den Adressaten zurückgelieferten Post-Packetadressen sind von den betr. Steuerstellen in den entsprechenden, mit den Postanstalten zu verabredenden Terminen (täglich, halbwöchentlich &c.) an die Postanstalten abzuliefern und bis dahin sorgfältig zu asserviren.

Die Herren Hauptamtsdirigenten und Bezirksoberkontroleure haben auf die Ausführung vorstehender Anordnungen zu achten.

Berichtserstattungen anher, bei denen die Vorlegung der Post-Packetadresse nothwendig erscheint, sind stets zu beschleunigen.

Erfurt, den 26. December 1873. Der Generalinspektor: Grolig.

№ 40. Cirkularverfügung,

Tarabestimmungen betreffend, vom 31. December 1873 Nr. 9088.

Der Bundesrath hat beschlossen, daß die Bestimmung unter Ziffer IV Absatz 2 der Instruktionspunkte zum amtlichen Waarenverzeichnisse, wonach beim Eingange von Waaren in inneren Umschließungen die Behandlung des Gesammtgewichts nach Maßgabe des Inhalts zu erfolgen hat, sofern die inneren Umschließungen an sich einem Zollsatze von weniger als 4 Thaler für den Centner unterliegen und die Waaren (einschließlich der zollfreien) niedriger belegt sind, als die Umschließungen, künftig allgemein, also auch bei den Seifen und Parfümerien, chemischen Fabrikaten, Farben und Zündwaaren zur Anwendung zu kommen habe, daß daneben jedoch die Bestimmung, wonach Flaschen von gefärbtem, ungeschliffenem Glase, in welchen ätherische Oele oder Medikamente eingehen, und Umhüllungen von Staniol um Parfümerien und feine Seifen auf die Tarifirung von keinem Einfluß sind, aufrecht erhalten bleibe.

Hiermit sind die mit der Cirkularverfügung vom 31. December 1871 Nr. 7249 mitgetheilten „Bestimmungen über die Tara" in § 4 Absatz 2 und 3 künftig dem vorstehenden Beschlusse gemäß zur Anwendung zu bringen; es wird aber besonders noch darauf aufmerksam gemacht, daß es bei der Vorschrift bewendet, wonach die Verzollung des Gesammtgewichts nach Maßgabe der Umschließung in allen Fällen dann eintritt, wenn die Waaren augenscheinlich zu dem Zwecke eingeführt werden, um den Zoll für die Umschließungen zu ersparen.

Erfurt, den 31. December 1873. Der Generalinspektor: Grolig.

Personalien.

Preußen.

1.) Zur Controlirung der Rübenzuckerfabrik in Walschleben im Hauptamtsbezirke Erfurt sind daselbst 3 Steueraufseherstellen errichtet und solche den Steueraufsehern Lorenz aus Ziegenrück, Brückner aus Westerhüsen und Müller aus Magdeburg übertragen worden.

2.) Die erledigte Fußsteueraufseherstelle in Ziegenrück wurde dem berittenen Steueraufseher Krämer von Eckartsberga übertragen.

S. Weimar.

1.) Dem Steuerrecepturverwalter Alander in Berga ist das Dienstprädikat „Steuerkommissar" verliehen worden.

Ministerialrescript d. d. Weimar vom 3. December 1873.

2.) Der Steueraufseher Meusezahl in Remda ist mit Tode abgegangen und wurde dessen Stelle vorläufig nicht wieder besetzt. Die Kontrole der fixirten Brauereien im Steuerhebebezirk Remda wird bis auf Weiteres von Hülfsbeamten ausgeübt.

Ministerialrescript d. d. Weimar vom 8. December 1873.

S. Meiningen.

1.) Die Steueraufseher Hodermann in Eisfeld und Tapella in Themar haben mit ihren Stationen gewechselt.

Mittheilung des Herzogl. Feldjägerkommando's d. d. Meiningen vom 13. Oktober 1873.

2.) Der Amtsassistent Braun in Eisfeld ist von den Geschäften des Herzoglichen Steueramts daselbst entbunden und deren Besorgung dem Revisionsassistenten Recknagel unter Leitung des Amtsvorstandes übertragen worden.

Ministerialrescript d. d. Meiningen vom 9. November 1873.

3.) Dem Steueraufseher Luther in Römhild ist die durch das Ableben des Steueraufsehers Heß in Salzungen erledigte Stelle eines berittenen Steueraufsehers überwiesen und der bisher in Behrungen stationirte Steueraufseher Morgenroth nach Römhild versetzt worden. In Hildburghausen wurde der vormalige Unteroffizier Stückardt als Steueraufseher provisorisch angestellt und der in Streufdorf stationirte Steueraufseher Wohlfarth wurde nach Behrungen versetzt, während der in den Steueraufsichtsdienst neu eingetretene vormalige Sergeant Bießmann, welcher bisher eine kurze Zeit in Hildburghausen stationirt war, die Station Streufdorf in provisorischer Diensteigenschaft erhielt.

Mittheilung des Herzogl. Feldjägerkommando's d. d. Meiningen vom 3. November 1873.

S. Altenburg.

1.) Der Steueraufseher Schmidt in Ronneburg wurde bis auf Weiteres von dem Steueraufsichtsdienste enthoben und dem Herzoglichen Steuer- und Rentamte in Roda als Hülfsarbeiter zugewiesen.

Ministerialrescript d. d. Altenburg vom 27. September 1873.

2.) Der Steueraufseher Böttcher in Eisenberg wurde nach Roda und der Steueraufseher Burkhardt von Uhlstedt nach Eisenberg versetzt.

Ministerialrescript d. d. Altenburg vom 17. Oktober 1873.

Schwarzb. Sondershausen.

Der vormalige Gensdarm Stahn wurde als Steueraufseher in Arnstadt und der vormalige Exekutor Machleb als Steueraufseher in Gehren, mit vorerstigem Wohnsitz in Jesuborn, angestellt.

Ministerialrescript d. d. Sondershausen vom 29. Oktober 1873.

Reuß j. L.

Der bisherige Hülfssteueraufseher Morgeneyer in Gera ist als dritter Steueraufseher daselbst provisorisch angestellt worden.

Ministerialrescript d. d. Gera vom 9. Oktober 1873.

Gedruckt bei Otto Conrad, vormals L. Schellenberg, in Erfurt.

Amtsblatt

des

General-Inspectors

des

Thüringischen Zoll- und Handelsvereins.

Jahrgang

1874.

Erfurt.

Register

zum Jahrgang 1874 des Amtsblatts des General-Inspecters des Thüringischen Zoll- und Handelsvereins.

I. Chronologisches Register.

Laufende Nummer	Datum der Cirkular-Verfügung ꝛc.	Journal-Nummer.	Inhalt.	Zu finden unter №	Seite.
	1874.				
1.	2. März	1718	Bekanntmachung, eine Ausstellung in Breslau betreffend .	1.	1
2.	7. ejd.	1611	Cirkularverfügung, den Wegfall der Uebergangsscheinkontrole bei Versendung von Wein nach dem Großherzogthum Hessen betreffend	2.	1
3.	14. ejd.	1996	Desgl., die Steuerbonifikation für Branntwein betreffend .	3.	1
4.	18. ejd.	2069	Bekanntmachung, einen Maschinenmarkt in Königsberg betr.	4.	2
5.	11. April	2641	Verfügung, die Brausteuervergütung betreffend	5.	2
6.	14. ejd.	2597	Cirkularverfügung, die landwirthschaftliche Ausstellung in Bremen betreffend	6.	2
7.	18. ejd.	2905	Desgl., die Erhebung der Uebergangsabgabe für Bier betr.	7.	3
8.	11. Juni	3931	Desgl., die Vorschriften für die Feststellung des Nettogewichts beim Export von Branntwein in Fässern betreffend .	8.	5
9.	23. ejd.	4117	Bekanntmachung, eine Ausstellung in Kassel betreffend . .	9.	7
10.	18. Juli	4599	Verfügung, betreffend die Erneuerung von Eisenbahnwagenverschlüssen	10.	7
11.	28. ejd.	4939	Cirkularverfügung, das Verzeichniß der für die gemeinschaftliche Steuerverwaltung eingerichteten Oberkontrolebezirke und Steuerstellen, sowie der Ortschaften im Thüringischen Vereine betreffend	11.	7
12.	26. August	5236	Desgl., Uebergangsscheinausfertigung über Bier betreffend .	12.	11
13.	28. Oktober	7102	Verfügung, die Errichtung zweier Uebergangsstraßen betreffend	13.	11
14.	23. Novemb.	7606	Cirkularverfügung, Erlaß der Uebergangsabgabe für das auf dem Transport abhanden gekommene Gut betreffend .	14.	12
15.	26. ejd.	7607	Desgl., Abänderung der Tarabestimmungen und des amtlichen Waarenverzeichnisses betreffend	15.	12
16.	eod.	7639	Desgl., die Denaturirung von Salz mittelst Petroleums betr.	16.	13
17.	eod.	7640	Desgl., Steuervergütung für Taback betreffend	18.	15
18.	28. December	6381	Desgl., die Spielkarten-Uebergangsscheinkontrole betreffend .	17.	14
19.	Ohne Datum	Ohn. №	Personalien	.	4
20.	Dgl.	Dgl.	Desgl.	.	9
21.	Dgl.	Dgl.	Desgl.	.	16

II. Sachregister.

Bemerkung. Die beigesetzten Ziffern bedeuten die Seitenzahlen.

II. Sachregister.

V.

W.

Druckfehlerberichtigung.

Seite 3, Cirkularverfügung Nr. 7 vom 18. April 1874 ist die Journal-Nummer: 2908 auf Nr. 2906 abzuändern.

Amtsblatt

des General-Inspectors des Thüringischen Zoll- und Handels-Vereins.

1tes Stück vom Jahre 1874.

№ 1. Bekanntmachung,

eine Ausstellung in Breslau betreffend, vom 2. März 1874 Nr. 1718.

Der Breslauer landwirthschaftliche Verein beabsichtigt, vom 5—7. Mai d. J. in Breslau eine Ausstellung und einen Markt land-, forst- und hauswirthschaftlicher Maschinen und Geräthe zu veranstalten.

Für die zu dieser Ausstellung aus dem Auslande eingehenden und nach beendigter Ausstellung wieder zurückgehenden Gegenstände soll unter den bekannten Voraussetzungen Befreiung vom Eingangszolle zugestanden werden, was ich unter Hinweis auf die in ähnlichen Fällen ergangenen Bestimmungen hiermit bekannt gebe.

Erfurt, den 2. März 1874. Der Generalinspector: Grolig.

№ 2. Cirkularverfügung,

den Wegfall der Uebergangsschein-Controle bei Versendung von Wein nach dem Großherzogthume Hessen betreffend, vom 7. März 1874 Nr. 1611.

Nach einer Mittheilung der Großherzoglich Hessischen Obersteuer-Direction in Darmstadt bedarf es bei Versendungen von Wein nach dem Großherzogthume Hessen der Beigabe von Uebergangsscheinen Behufs Ueberweisung des Steueranspruchs für die Folge nicht mehr, wovon die betheiligten Steuerbehörden im Thüringischen Vereinsgebiete zur Beachtung hierdurch in Kenntniß gesetzt werden.

Erfurt, den 7. März 1874. Der Generalinspector: J. V.: Schreck.

№ 3. Cirkularverfügung,

die Steuerbonification für Branntwein betreffend, vom 14. März 1874 Nr. 1996.

Unter Verweisung auf die demnächstigen Bekanntmachungen in den Landesverordnungsblättern bringe ich hiermit noch besonders zur Kenntniß der betheiligten Steuerstellen, daß vom 1. Oktober 1874 ab die Steuerrückvergütungen für ausgeführten Branntwein — also mit Ausschluß derer, über welche die Anerkenntnisse vor diesem Tage ausgefertigt sind, — durch baare Auszahlung erst dann erfolgen, wenn nach der Ausfuhr des Branntweins, für welchen die Vergütung anerkannt worden, ein Zeitraum von mindestens sieben Monaten verflossen ist.

Betreffende Gewerbtreibende sind hierauf rechtzeitig aufmerksam zu machen.

In der Bemerkungsspalte 20 der Liquidationsnachweisungen ist vom 1. Oktober 1874 an bei jedem einzelnen Bonifikationsbetrage der Anfangstermin für die baare Auszahlung der Vergütung aufzuführen.

Erfurt, am 14. März 1874. Der Generalinspector: Grolig.

№ 4. Bekanntmachung,

einen Maschinenmarkt in Königsberg betreffend, vom 18. März 1874 Nr. 2069.

Die Ostpreußische landwirthschaftliche Centralstelle zu Königsberg beabsichtigt, am 18. 19. und 20. Mai d. J. in Königsberg einen Maschinenmarkt zu veranstalten, und es soll den zu diesem Markte aus dem Auslande eingehenden und später wieder zurückgehenden Gegenständen unter den bekannten Voraussetzungen die Befreiung vom Eingangszolle zugestanden werden, was ich hiermit unter Bezugnahme auf die in ähnlichen Fällen ergangenen Bestimmungen bekannt gebe.

Erfurt, den 18. März 1874. Der Generalinspector: Grolig.

№ 5. Verfügung,

die Brausteuervergütung betreffend, vom 11. April 1874 Nr. 2644.

Der Bundesrath hat beschlossen, daß bei der Ausfuhr von Bier nach den rechts des Rheins gelegenen Gebietstheilen Bayerns, nach Württemberg, Baden oder Elsaß-Lothringen die in den §§ 8 und 9 der Vorschriften, betreffend die Rückvergütung der Brausteuer, vorgeschriebene Bescheinigung der wirklich erfolgten Ausfuhr, somit also auch die Vorführung des Biers beim Ausgangsamte in den Fällen des § 9 in Zukunft nicht mehr erforderlich ist.

Zur Erlangung der Rückvergütung genügt vielmehr die durch § 8, Absatz 3 vorgeschriebene Eingangsbescheinigung, welche sich jedoch auch auf die Unverletztheit des angelegten Verschlusses zu erstrecken hat.

Die Inhaber von Zusagescheinen sind hiervon bei entstehendem Anlaß in Kenntniß zu setzen.

Erfurt, den 11. April 1874. Der Generalinspector: Grolig.

№ 6. Cirkularverfügung,

die landwirthschaftliche Ausstellung in Bremen betreffend, vom 14. April 1874 Nr 2597.

In Bremen wird im Laufe dieses Jahres eine internationale landwirthschaftliche Ausstellung stattfinden, und es ist in Beziehung auf die zollamtliche Behandlung derjenigen Gegenstände, welche aus dem freien Verkehr des Deutschen Zollgebiets mittelst der Eisenbahn oder der Post zu dieser Ausstellung gelangen, von dem Bundesrathe Nachstehendes beschlossen worden.

I. Die Gegenstände aus dem freien Verkehr des Deutschen Zollgebiets, welche mittelst der Eisenbahn oder der Post zur Ausstellung nach Bremen gelangen, sind, sofern auf den Wunsch des Ausstellers ihre zollamtliche Abfertigung nicht bei der Steuerstelle des Versendungsortes nach Maßgabe der dieserhalb bestehenden Bestimmungen (vergl.

Cirkularverfügung vom 24. Januar 1865 Nr. 131) bereits stattgefunden hat, in Bremen, bevor sie aus dem Gewahrsam der Eisenbahn oder der Postverwaltung gelangen, der betreffenden Kaiserlichen Zollabfertigungsstelle vorzuführen, und bei derselben, soweit gleichartige ausländische Gegenstände einer Eingangsabgabe unterliegen, behufs des späteren zollfreien Wiedereingangs schriftlich anzumelden.

II. Die angemeldeten Gegenstände werden speciell revidirt, um behufs Festhaltung der Identität, Gattung und Menge nach den Maßstäben des Zolltarifs festzustellen. Der Revisionsbefund wird, möglichst unter Anführung der besonderen Beschaffenheit und etwaigen Kennzeichen, in der Declaration vermerkt.

III. Zur zollfreien Wiedereinfuhr der Ausstellungsgegenstände wird eine Frist von drei Monaten, zu deren Verlängerung der Herr Provinzialsteuerdirektor zu Hannover befugt ist, unter der Bedingung gewährt, daß die zur Ausstellung gebrachten Gegenstände derjenigen Kaiserlichen Zollstelle in Bremen zur Wiedereingangsabfertigung vorgeführt werden, welche die Ausgangsabfertigung bewirkt hat.

IV. Bei der Abfertigung zum Wiedereingange der ausgestellten Gegenstände in das Deutsche Zollgebiet richtet sich die amtliche Ermittelung darauf, daß keine anderen Waaren, als die ausgeführten, zurückgebracht werden. Bestehen in dieser Beziehung keine Zweifel, so werden die Waaren unter Berücksichtigung der Bestimmungen über die in Bremen in den freien Verkehr zu setzenden Waaren zollfrei abgelassen.

V. Dem Dirigenten des Kaiserlichen Hauptzollamtes zu Bremen und den von ihm mit Legitimationskarten zu versehenden Beamten ist für die Zeit vom Eintreffen der Ausstellungsgegenstände bis zum erfolgten Rücktransporte derselben der freie Zutritt zu allen Lokalen, in denen Gegenstände ausgestellt sind, behufs der Zollcontrole zu gestatten; ebenso ist diesen Beamten auf Erfordern Einsicht in die Bücher und Correspondenzen des Ausstellungscomités zu gewähren und ihnen jede durch das Zollinteresse gebotene Auskunft von dem Comité zu ertheilen.

VI. Rücksichtlich der weder mit der Post, noch auf der Eisenbahn nach Bremen gelangenden, zur zollfreien Wiedereinfuhr in das Deutsche Zollgebiet bestimmten Gegenstände bewendet es bei den auf der XV. Generalkonferenz (conf. obige Cirkular-Verfügung) vereinbarten Bestimmungen.

Vorstehende Beschlüsse haben zur Kenntnißnahme und zur ergeblichen Bescheidung der Gewerbtreibenden zu dienen.

Erfurt, den 14. April 1874. Der Generalinspector: Grolig.

№ 7. Cirkularverfügung,

die Erhebung der Uebergangsabgabe für Bier betreffend, vom 18. April 1874 Nr. 2908.

Der Bundesrath hat beschlossen:

a. daß vom 1. Juli 1874 an die bei der Einfuhr von Bier in das Gebiet der Staaten der Brausteuergemeinschaft zu erlegende Uebergangsabgabe nicht mehr nach dem Gewichte (vergl. Reichsgesetzblatt von 1872 S. 294), sondern nach dem Hohlmaße (Litermaße) zu erheben sei;

b. daß der Uebergangsabgabensatz für Ein Hektoliter Bier jeder Art auf zwei Mark festgesetzt werde — und den nachstehenden Vorschriften über die Erhebung der Uebergangsabgabe von Bier nach dem Hohlmaße (Litermaße) die Genehmigung ertheilt:

1. Findet die Einfuhr von Bier in Fässern Statt, welche geaicht und mit dem vorschriftsmäßigen Stempelzeichen versehen sind, so wird die Uebergangsabgabe nach Maßgabe des bei der Aichung ermittelten Literinhalts erhoben.

2. Sind die Fässer nicht vorschriftsmäßig geaicht oder walten sonst gegen die Richtigkeit des angegebenen Maßes Bedenken ob, so kann eine amtliche Vermessung oder Nachaichung derselben angeordnet werden.

3. Erfolgt die Einfuhr von Bier in Flaschen, so wird bei der Berechnung der Uebergangssteuer der Inhalt der Flaschen, welche weniger als ½ Liter enthalten, mit ½ Liter und der Inhalt der Flaschen von über ½ Liter bis zu 1 Liter mit 1 Liter in Ansatz gebracht.

4. Bei jeder Einfuhr ist der Maßinhalt in Fässer und Flaschen (Ziffer 5), die Zahl derselben, sowie die Gesammtmenge des angemeldeten und zu versteuernden Bieres festzustellen, wobei jedoch in der Regel probeweise Revisionen genügen werden.

Bei der Berechnung der Uebergangsabgabe hat ein etwaiges Manko in Fässern oder Flaschen außer Berücksichtigung zu bleiben. Steuerbeträge von weniger als 5 Pf. Reichswährung (= ½ Sgr.) werden nicht erhoben.

5. Wenn eine amtliche Vermessung oder Nachaichung von Fässern oder eine Probemessung einzelner Flaschen nothwendig wird, so hat der Waarenführer oder Waarenempfänger die etwa hierdurch entstehenden Kosten zu tragen.

Dieser Beschluß hat von obigem Termine an zur Nachachtung zu dienen. — Die Bestände an Formularen zu Uebergangsscheinen, Deklarationen u. s. w. sind mit entsprechender Abänderung des Vordrucks aufzuverbrauchen. Daß jede betheiligte Steuerstelle im Besitze eines geaichten Einlitermaßes ist, wird vorausgesetzt; mit demselben wird sich nach Abmessung eines größeren Meßgefäßes auch bei vorkommenden Nachmessungen von Gebinden beholfen werden können. Event. ist da, wo ein größerer Verkehr besteht und weitere geaichte Meßgefäße nothwendig werden, zu deren Beschaffung rechtzeitig das Erforderliche ressortmäßig zu beantragen.

Erfurt, den 18. April 1874. Der Generalinspector: Grolig.

Personalien.

A. Preußen.

Der Assistent Wittwer bei dem Königlichen Salzsteueramte zu Erfurt ist unter Belassung in dieser Stellung zum Schichtmeister und Sekretair ernannt worden.

B. S. Meiningen.

1.) Von Sr. Hoheit dem Herzog von S. Meiningen ist dem Obersteuerkontroleur, Hauptmann Gartz in Meiningen und dem Amtsverwalter, Rath Unger in Gräfenthal das dem Herzogl. S. Ernestinischen Hausorden affiliirte Verdienstkreuz, sowie den Steueraufsehern Zielfelder in Pösneck und Schmidt in Meiningen die Verdienstmedaille in Silber verliehen worden.

Regierungsblatt Nr. 52 de 1874.

2.) Der Amtsverwalter, Rath Kempf in Eisfeld ist vom 1. Mai d. J. ab in Ruhestand getreten und in dessen Functionen als Vorstand des Herzogl. Steueramts zu Eisfeld der Amtsassistent Braun provisorisch eingewiesen worden.

Ministerialrescript d. d. Meiningen vom 3. Mai 1874.

3.) Die Steueraufseher Roßteutscher in Sonneberg und Koch in Schalkau, sowie die Steueraufseher Ihlein in Gräfenthal und Brückner in Leislau haben mit ihren Stationen gewechselt.

Mitth. d. Herzogl. Feldjägerkommandos d. d. Meiningen vom 25. April 1874.

Schnellpressendruck von Otto Conrad, vormals L. Schellenberg, in Erfurt.

Amtsblatt

des General-Inspectors des Thüringischen Zoll- und Handels-Vereins.

2tes Stück vom Jahre 1874.

№ 8. Cirkularverfügung,

die Vorschriften für die Feststellung des Nettogewichts beim Export von Branntwein in Fässern betreffend, vom 11. Juni 1874 Nr. 3931.

Der Bundesrath hat in der Sitzung vom 25. November 1873 beschlossen, den folgenden

„Vorschriften für die Feststellung des Nettogewichts beim Export von Branntwein in Fässern"

die Zustimmung zu ertheilen:

1. Beim Export von Branntwein in Fässern findet die Ermittelung des Nettogewichts, auf Grund dessen die Steuervergütung berechnet wird, durch Abzug einer Normaltara von dem durch Verwiegung festzustellenden Bruttogewicht Statt.

Die Normaltara beträgt für Fässer bis zu 7 Ctr. Bruttogewicht 22 p. C.
bei Fässern über 7 Ctr. Bruttogewicht 20 „

Etwaige Rollbänder, welche sich an dem Fasse befinden, müssen vor der Verwiegung abgenommen werden; lehnt der Exportant die Abnahme derselben ab, so wird von dem ermittelten Bruttogewicht vor der Reducirung desselben auf Nettogewicht für jedes Rollband 1½ Pfund, beziehungsweise ½ Pfund, jenachdem das Faß 3½ Ctr. und darüber oder weniger als 3½ Ctr. wiegt, abgerechnet.

2. Von der Ermittelung des Nettogewichts durch Abzug der Normaltara kann jedoch Abstand genommen werden,

wenn das Gewicht des leeren Fasses durch amtliche Aichung festgestellt und dasselbe durch Einbrennen auf dem Fasse von dem Aichamte ersichtlich gemacht worden ist.

Die näheren Bestimmungen, nach welchen diese Aichung vorzunehmen ist, erläßt die Normalaichungscommission.

Die Festsetzung des Nettogewichts erfolgt durch Abzug der amtlich ermittelten Faßtara von dem durch Verwiegung festzustellenden Bruttogewicht.

Etwaige Rollbänder sind ebenso, wie zu 1 vorgeschrieben ist, vor der Bruttoverwiegung abzunehmen; geschicht dies nicht, so erfolgt zunächst der Abzug der zu 1 vorgeschriebenen Tarasätze von dem Bruttogewicht und demnächst der Abzug der amtlich ermittelten Faßtara von dem Reste des Bruttogewichts.

3. Erachtet die Steuerverwaltung eine wirkliche Ermittelung des Nettogewichts für erforderlich, so steht derselben das Recht zu, die Entleerung des Fasses anzuordnen und demnächst die Ermittelung der wirklich vorhandenen Quantität Branntweins vorzunehmen. Dieselbe hat von diesem Rechte namentlich dann Gebrauch zu machen, wenn

anzunehmen ist, daß das Gewicht des leeren Fasses den Betrag der Normaltara überschreitet (Nr. 1), oder wenn die amtliche Aichung des Fasses nicht vorschriftsmäßig ausgeführt, oder die eingebrannten Gewichtsangaben nicht erkennbar sind, oder Anzeichen vorliegen, daß das Gewicht des Fasses nach der amtlichen Aichung vergrößert worden ist. Ebenso kann die Steuerverwaltung, falls das Gewicht der Rollbänder die zulässige Tara augenscheinlich überschreitet, die Abnahme derselben vor der Bruttoverwiegung verlangen.

4. Diese Vorschriften treten unter Aufhebung der entgegenstehenden bisher gültigen Bestimmungen vom 1. Juli 1874 an in Kraft.

Unter Bezugnahme auf diesen Bundesrathsbeschluß mache ich noch auf Folgendes aufmerksam:

a. Da die neuen Vorschriften mit dem 1. Juli d. J. in Kraft treten, so sind sie auch schon bei der Abfertigung desjenigen Branntweins zu beachten, welche bereits vor dem 1. Juli d. J. zur Ausfuhr angemeldet, dessen Menge und Stärke aber erst an diesem Tage oder später amtlich ermittelt wird.

b. Mit dem 1. Juli d. J. tritt die an einzelne Steuerstellen (Lichtenfels, Meiningen) meines Geschäftsbereiches erlassene Verfügung vom 3. Juni 1872 Nr. 3434 außer Kraft, nach welcher, insoweit der zur Ausfuhr angemeldete Branntwein in nicht nach ihrem Gewicht, sondern nach Rauminhalt geaichten Fässern zur Revision gestellt wird, diese Inhaltsaichung für die Feststellung der zu bonificirenden Branntweinmengen maßgebend sein soll.

c. Von der in den Vorschriften zu 3 ertheilten Ermächtigung, die Entleerung der Fässer Behufs Ermittelung der wirklich vorhandenen Branntweinmengen anzuordnen, ist nur ausnahmsweise — namentlich in den daselbst gedachten Fällen — Gebrauch zu machen. Es darf also der Ausfuhrverkehr durch dieses umständliche Ermittelungsverfahren nicht unnöthiger Weise erschwert werden, und ist, im Fall dasselbe zur Anwendung kommt, von den Abfertigungsbeamten dafür Sorge zu tragen, daß bei der Entleerung und Wiederbefüllung der Gebinde und der nassen Vermessung des Branntweins jeder Verlust an Waare thunlichst vermieden werde.

d. Wird die Entleerung eines Gebindes und die Nachmessung des Branntweins bei der Abfertigung vorgenommen, so ist die Veranlassung und das Ergebniß der Ermittelung in Spalte 16 der Ausfuhranmeldung kurz niederzuschreiben.

e. Die durch Cirkularverfügung vom 5. September 1871 Nr. 5023 zum amtlichen Gebrauche eingeführten Conradi'schen Tabellen zur Bestimmung der Litermengen des Branntweins nach Gewicht sind den obigen Vorschriften entsprechend neu eingerichtet worden. Indem ich 1 Exemplar der zweiten Ausgabe dieser Tabellen, welche vom 1. Juli d. J. ab nur bei der Abfertigung des mit dem Ansprüche auf Steuervergütung ausgehenden Branntweins, nicht aber auch bei der Erhebung der Uebergangsabgabe von Branntwein in Gebrauch zu nehmen sind, hier beifüge, werden jene älteren Tabellen von dem gleichen Zeitpunkte ab außer Anwendung gesetzt.

Erfurt, am 11. Juni 1874. Der Generalinspector: Grolig.

№ 9. Bekanntmachung,

eine Ausstellung in Kassel betreffend, vom 23. Juni 1874 Nr. 4117.

Von dem 9ten deutschen Feuerwehrtage wird beabsichtigt, in Kassel vom 12. bis 14. Juli d. J. eine Ausstellung von in- und ausländischen Feuerlösch-Geräthschaften und Maschinen zu veranstalten.

Den zu dieser Ausstellung vom Auslande ein- und demnächst wieder dahin zurückgehenden Gegenständen soll die Befreiung vom Eingangszoll unter den bekannten Voraussetzungen gewährt werden, was ich hiermit unter Bezugnahme auf die in ähnlichen Fällen ergangenen Bestimmungen bekannt gebe.

Erfurt, den 23. Juni 1874. Der Generalinspector: Grolig.

№ 10. Verfügung,

betreffend die Erneuerung von Eisenbahnwagenverschlüssen, vom 18. Juli 1874 Nr. 4599.

In Folge der Betriebs-Eröffnung der Saal-Eisenbahn ist von dem Großherzoglich Sächsischen Staatsministerium, Departement der Finanzen in Weimar, von dem Herzoglich Sächsischen Staatsministerium, Abtheilung der Finanzen in Meiningen und von dem Fürstlich Schwarzburgischen Ministerium, Abtheilung der Finanzen in Rudolstadt beschlossen worden, bezw. das Großherzoglich Sächsische Steueramt in Jena, das Herzoglich Sächsische Steueramt in Kamburg und das Fürstliche Steueramt in Rudolstadt als solche Steuerstellen zu bestimmen, bei denen event. Eisenbahnwagen zur Verschluß-Erneuerung (§ 96 des Vereinszollgesetzes und § 27 des Eisenbahnregulativs auf Seite 97 des Amtsblatts vom Jahre 1870 vergl. mit Spalte 13 des Thüringischen Steuerstellenverzeichnisses und Seite 33. Anm. des Eisenbahnstellenverzeichnisses) angemeldet werden können.

Erfurt, den 18. Juli 1874. Der Generalinspector: I. V.: Schreck.

№ 11. Cirkularverfügung,

das Verzeichniß der für die gemeinschaftliche Steuerverwaltung eingerichteten Oberkontrolebezirke und Steuerstellen, sowie der Ortschaften im Thüringischen Vereine betreffend, vom 28. Juli 1874 Nr. 4939.

An Stelle des mit dem 9ten Stücke meines Amtsblatts vom Jahre 1870 hinausgegebenen Verzeichnisses I. der für die gemeinschaftliche Steuerverwaltung im Thüringischen Zoll- und Handelsvereine eingerichteten Oberkontrolebezirke und Steuerstellen folgt anbei ein nach dem neuesten Status bearbeitetes gleiches Verzeichniß und im Anschlusse hieran das Verzeichniß II. der zu diesem Vereine gehörigen Ortschaften nebst dem Haupttitelblatte und einem Vorworte zu beiden Verzeichnissen, zum dienstlichen Gebrauche und zur Evidenthaltung nach den hiernach weiter vorkommenden Veränderungen, wie solche in meinem Amtsblatte bekannt gegeben werden.

Mit der Gebrauchnahme dieser Verzeichnisse, wegen deren ich insbesondere bezüglich des Verzeichnisses II. auf das Vorwort sub Ziffer I.—V. verweise, kommen selbstverständlich die mit den Cirkularverfügungen vom 31. Januar 1842 Nr. 124/771 und vom 21. Juli 1852 Nr. 3877 zugefertigten gleichen Verzeichnisse außer Benutzung. Zu dem Verzeichnisse I. bemerke ich weiter, daß, nachdem die Erhebung der im Steuerbezirke Ichtershausen anfällig werdenden Reichssteuern, und zwar der Brau-, Branntwein- und Tabacksteuer vom 23. Mai v. J. ab bis auf Weiteres mit allen dazu gehörigen Geschäften dem Fürstlich Schwarzburgischen Steueramte zu Arnstadt übertragen worden ist, von jenem Zeitpunkte ab nicht allein diese Steuern an das Letztere zu entrichten sind, sondern bei demselben auch die Deklarationen der Brauakte für die Brauereien im Steuerbezirke Ichtershausen, sowie die sonstigen Anmeldungen, welche in Beziehung auf die Entrichtung jener Steuern vorgeschrieben sind, zu erfolgen haben. Der Sitz der Steuerstelle für letzteren Bezirk ist hiernach nicht mehr in Ichtershausen, sondern in Arnstadt unter der Firma „Fürstliches Steueramt, Steuerstelle Ichtershausen in Arnstadt."

Bezüglich des Verzeichnisses II., zu welchem auf die Berichtigung der am Ende angegebenen Druckfehler zunächst aufmerksam gemacht wird, ist weiter zu bemerken:

1. Nach Aufhebung des Großherzoglichen Steueramts zu Berka a. d. W. und Zuweisung der zu demselben zugehörig gewesenen Ortschaften zu dem Steuerreceptturbezirke Gerstungen sind in Spalte 4 die entsprechenden Abänderungen zu bewirken.*)
2. Die Brauereien in den sonst zum Oberkontrolebezirk Gotha und zum Steuerhebebezirk Ohrdruf gehörigen Herzoglich Gothaischen Ortschaften Neuroda und Traßdorf sind dem Oberkontrolebezirk Arnstadt und bezüglich dem Steuerhebebezirk Ichtershausen zu Arnstadt zugewiesen worden.
3. Der Ort Seubtendorf ist bis auf Weiteres mit seinen steuerpflichtigen Gewerbsanstalten vom 1. Oktober v. J. ab von dem Steuerhebebezirke Schleiz abgezweigt und dem Steuerhebebezirke Hirschberg einverleibt worden.

   Hierüber und bezüglich der Veränderungen zu Ziffer 2 sind nur entsprechende Vermerke in der Bemerkungsspalte des Verzeichnisses zu machen.
4. Nachdem der Ort Nonnenberg dem Orte Cabarz unter Bildung nur eines Gemeindeverbandes zugewiesen worden, ist in dem Verzeichnisse zu „Cabarz" noch „mit Nonnenberg" zu vermerken und bei Nonnenberg unter Abstreichung der Angaben in Spalte 3 und 4 auf Cabarz zu verweisen.
5. In dem Ortschaftsverzeichnisse muß es heißen:

   bei Emleben: Wannigsroda statt Wanigsroda;
   Firbelsdorf statt Firmelsdorf (s. a. unter Gestungshausen);
   Frankenroda a. d. W. statt Frankenrode a. d. W.;
   Schönstedt statt Schönstadt;
   Sulzfeld statt Sülzfeld (unter Nr. 244);
   Sülzenbrücken statt Sülzenbrück;
   Weimersdorf statt Weimarsdorf und
   Wipperoda statt Wipperode.

Erfurt, den 28. Juli 1874. Der Generalinspector: Grolig.

---

*) Die entsprechenden Abänderungen sind folgeweise auch bezüglich der aufgehobenen Steuerstellen Brotterode und Gehren zu bewirken.

Personalien.

A. Preußen.

1.) Die durch die Versetzung des berittenen Steueraufsehers Peine in Erfurt als Hauptsteueramts-Assistent nach Salzwedel erledigte Stelle ist dem Steueraufseher Leopold von Halle a. d. S. vom 1. Juni d. J. ab übertragen worden.

2.) Der Steueraufseher Keil in Erfurt ist in Ruhestand getreten.

3.) An Stelle des mit Tod abgegangenen Steueraufsehers Hebenstreit in Gefell ist der Steueraufseher Hartmann von Halle a. d. S. getreten.

B. S. Weimar.

1.) Nach dem Ausscheiden des Steueramtsdieners Knabe in Weimar wurde der zur Disposition stehende Zuchthauswärter Ehrlicher vom 1. Juni d. J. ab als Steueramtsdiener daselbst widerruflich angenommen.
Ministerialrescript d. d. Weimar vom 20. April 1874.

2.) Der bisher mit der kommissarischen Verwaltung des Steueraufsichtspostens zu Gerstungen betraute Dienstanwärter und vormalige Stadtsergeant Schuster von Weimar wurde vom 1. Juli d. J. ab als Fußsteueraufseher in Gerstungen provisorisch angestellt.
Ministerialrescript d. d. Weimar vom 7. Juli 1874.

3.) Die Steueraufseherstelle in Remda ist vom 1. Juli d. J. ab definitiv eingezogen worden.
Ministerialrescript d. d. Weimar vom 14. Juli 1874.

4.) Die Geschäfte der Bezirksoberkontrole zu Weimar sind dem Vorstande des dortigen Steueramts, Steueramts-Rendanten Rimbach, unter Verleihung des Dienstprädikats „Obersteuerinspector" nunmehr definitiv übertragen worden.
Der seither bei dem dortigen Steueramte aushülfsweise beschäftigte Steueraufseher Hofäus wurde daselbst als zweiter Assistent angestellt.
Ministerialrescript d. d. Weimar vom 15. Juli 1874.

5.) An Stelle des zum 1. Oktober d. J. als Verwiegungsbeamter an die Rübenzuckerfabrik in Allstedt versetzten Salzsteueraufsehers Springer in Louisenhalle tritt der bisherige Verwiegungsbeamte bei der Rübenzuckerfabrik in Oldisleben, Fleischmann.
Ministerialrescript d. d. Weimar vom 17. Juli 1874.

C. S. Meiningen.

Vom 1. August d. J. ab ist der Revisions-Assistent Recknagel in Eisfeld an das Steueramt in Saalfeld an Stelle des anderweit verwendeten Revisions-Assistenten Müller II., ferner der Amtsassistent Köhler in Hildburghausen an das Steueramt in Eisfeld und der Revisionsassistent Bießmann in Meiningen an das Steueramt in Hildburghausen versetzt worden.
Ministerialrescript d. d. Meiningen vom 7. Juli 1874.

D. S. Altenburg.

1.) Der Steuerdienstaspirant Rothe, zuletzt kommissarischer Verwiegungsbeamter bei der Rübenzuckerfabrik zu Zechau, ist zum Steueraufseher in provisorischer Diensteigenschaft ernannt und demselben die Station Uhlstedt überwiesen worden.
Ministerialrescripte d. d. Altenburg vom 1. und 19. Mai 1874.

2.) Der Steueraufseher Baurittel in Ehrenhain wurde nach Ronneburg in die daselbst erledigte zweite Steueraufseherstelle und der Steueraufseher Günther in Altenburg nach Ehrenhain versetzt.
Ministerialrescript d. d. Altenburg vom 18. Mai 1874.

E. S. Coburg-Gotha.

1.) An Stelle des mit dem 1. April d. J. in Ruhestand getretenen Rentamtmanns Mahn ist der Rendant Thauget von Tenneberg in dessen Functionen beim Steueramte zu Ohrdruf getreten und der bisherige Rentamtskommissär Bertuch zum Rendanten beim Steueramte zu Tenneberg ernannt worden.
Ministerialrescript d. d. Gotha vom 2. Mai 1874.

2.) Nach Aufhebung des Salzsteueramts zu Gotha ist der bisherige Verwalter desselben, Steueraufseher Kohlstock, dem dasigen Hauptsteueramte zur Beschäftigung überwiesen und demselben das Dienstprädikat „Assistent" ertheilt worden.
Ministerialrescripte d. d. Gotha vom 14. April und 28. Mai 1874.

3.) Der Steueraufseher Prätz in Coburg ist vom 1. Juli d. J. ab als Salzsteueraufseher für die Saline Ernsthalle bei Buffleben ernannt und sind die Funktionen eines Steueraufsehers für den Oberkontrolebezirk Coburg dem bisherigen Salzsteuer-Aufseher, Controleur Buschmann von genannter Saline übertragen worden.

Ministerialrescript d. d. Gotha vom 26. Mai 1871.

F. Schwarzburg-Rudolstadt.

1.) Der seither bei dem Fürstlichen Revisionsbüreau zu Rudolstadt beschäftigt gewesene Assistent Macheleidt ist vom 1. April d. J. ab dem dasigen Steueramte als ständiger zweiter Assistent überwiesen worden.

Ministerialrescript d. d. Rudolstadt vom 26. März 1874.

2.) Der Steueramts-Assistent Key in Rudolstadt ist zum Vorstand und Rendanten des Steueramts zu Stadtilm an Stelle des anderweit dienstlich versetzten Rendanten Witz ernannt worden.

Ministerialrescript d. d. Rudolstadt vom 25. Juni 1874.

3.) Der Steueraufseher Schilling in Königsee ist mit Tod abgegangen. An Stelle dessen wurde der Steueraufseher Beiser von Oberweißbach nach Königsee versetzt und der Steueraufsichtsposten zu Oberweißbach dem zum Steueraufseher ernannten vormaligen Sergeanten Schwager übertragen.

Ministerialrescripte d. d. Rudolstadt vom 7. und 8. August 1874.

G. Reuß älterer Linie.

Dem Exerutor und Hülfsdiener Seidel ist die von ihm seither interimistisch versehene Stelle eines Steueraufsehers in Greiz vom 1. Mai d. J. ab definitiv übertragen worden.

Rescript der F. Landesregierung d. d. Greiz vom 29. April 1874.

Schnellpressendruck von Otto Conrad, vormals E. Schellenberg, in Erfurt.

Amtsblatt

des General-Inspectors des Thüringischen Zoll- und Handels-Vereins.

3tes Stück vom Jahre 1874.

№ 12. Cirkularverfügung,

Uebergangsscheinausfertigung über Bier betreffend, vom 26. August 1874 Nr. 5236.

In Verfolg der Cirkularverfügung vom 18. April d. J. No. 2905 mache ich darauf aufmerksam, daß bei der Ausfertigung von Uebergangsscheinen über Bier die amtliche Revision, wenn die Gebinde geeicht und mit dem amtlichen Stempelzeichen versehen sind, den Eichinhalt derselben unter ausdrücklicher Bekundung des angegebenen Erfordern ſies festzustellen hat. Ist alsdann auch der Inhalt der Gebinde als Bier ermittelt worden, so braucht keine amtliche Gewichtsermittelung einzutreten.

Fehlt in Uebergangsscheinen mit voramtlicher Angabe der Litermenge die gedachte Bekundung, daß die Gebinde amtlich geeicht und gestempelt sind, so muß das Empfangsamt sich hiervon durch eine vorzunehmende Nachrevision überzeugen, wenn die im Uebergangsscheine vom Ausfertigungsamte angegebene Litermenge nach Ziffer 1 meiner obigen Cirkularverfügung ohne Weiteres der Steuerberechnung zu Grunde gelegt werden soll.

Erfurt, am 26. August 1874. Der Generalinspector: Grolig.

№ 13. Verfügung,

die Errichtung zweier Uebergangsstraßen betreffend, vom 26. Oktober 1874 Nr. 7102.

Sowohl die Königliche Generalzolladministration zu München, als auch das Herzogliche Staatsministerium in Meiningen und die sämmtlichen übrigen bei dem Thüringischen Zoll- und Handelsvereine betheiligten hohen Regierungen haben sich damit einverstanden erklärt, daß mit der bevorstehenden Eröffnung der Eisenbahn von Meiningen nach Mellrichstadt für den zunächst nur unter Uebergangsscheinkontrole zu verstattenden Transport übergangsabgabepflichtiger Waaren die Uebergangsstraßen

a. Meiningen-Rentwertshausen-Mellrichstadt (Eisenbahn) und
b. Römhild-Rentwertshausen (Landstraße über Queienfeld und Westenfeld) und sodann weiter Rentwertshausen-Mellrichstadt (Eisenbahn)

mit Uebergangsstellen in Römhild-Meiningen und Mellrichstadt eröffnet werden.

Erfurt, am 28. Oktober 1874. Der Generalinspector: Grolig.

№ 14. Cirkularverfügung,

Erlaß der Uebergangsabgabe für das auf dem Transport abhanden gekommene Gut betreffend, vom 23. November 1874 Nr. 7606.

Der Bundesrath hat beschlossen:

1. Die für den Erlaß der Zollgefälle durch § 48 des Vereinszollgesetzes und Ziffer 12 der Anweisung zur Ausführung desselben gegebenen Vorschriften finden auch auf den Erlaß der Uebergangsabgaben entsprechende Anwendung, jedoch mit der Maßgabe, daß
   a. in denjenigen Fällen, in welchen die übergangsabgabepflichtige Waare in einem anderen Steuergebiete als demjenigen, welchem das im Uebergangsscheine genannte Erledigungsamt angehört, zu Grunde gegangen ist, von der Erledigung des Uebergangsscheins Behufs vorgängiger Entscheidung über den Erlaß der Uebergangsabgabe (§ 41 des Begleitscheinregulativs) die stattgehabten Verhandlungen im Hinblick auf § 9 Ziffer II. der provisorischen Uebereinkunft vom 8. Mai 1841 demjenigen Hauptamte mitzutheilen sind, in dessen Bezirk die Waare zu Grunde gegangen ist;
   b. die Bestimmung in Ziffer 6 Absatz 2 der für die Staaten der Brausteuergemeinschaft erlassenen Vorschriften über die Erhebung der Uebergangsabgabe von Bier nach dem Hohlmaße (vgl. Ziffer 4 Absatz 2 meiner Cirkularverfügung vom 16. April d. J. No. 2905), nach welcher bei Berechnung der Uebergangsabgabe ein etwaiges Manko in Fässern oder Flaschen unberücksichtigt zu lassen ist, aufrecht erhalten bleibt.
2. Durch die unter 1 b. erwähnte Bestimmung wird der Erlaß der Uebergangsabgabe in solchen Fällen nicht ausgeschlossen, in denen der ganze Inhalt von Fässern oder Flaschen auf dem Transporte zu Grunde gegangen ist.

Diesen Beschluß eröffne ich den betheiligten Thüringischen Steuerstellen mit dem Bemerken zur Nachachtung, daß, wenn eine außerthüringische Steuerstelle in dem unter 1a. gedachten Falle die stattgehabten Verhandlungen zur Entscheidung über den Gefällepunkt mittheilt, hierüber zunächst an mich zu berichten ist.

Erfurt, den 23. November 1874. Der Generalinspector: Grolig.

№ 15. Cirkularverfügung,

Abänderung der Tarabestimmungen und des amtlichen Waarenverzeichnisses betreffend, vom 26. November 1874 Nr. 7607.

Von dem Bundesrathe sind die nachstehenden, demgemäß zu notirenden und zu beachtenden Ergänzungen der Tarabestimmungen und Abänderungen des amtlichen Waarenverzeichnisses zum Vereinszolltarife beschlossen worden.

1.

Die Bestimmung über die Tara (cf. § 5 der Cirkularverfügung vom 31. December 1871 Nr. 7249), nach welcher bei Waaren, für die eine zusätzliche Tara bewilligt ist, beim Eingange in doppelter Umschließung das Nettogewicht auch durch Abzug der Gesammttaravergütung für die äußere und innere Umschließung von dem Bruttogewichte festgestellt werden kann, findet allgemein, also auch auf Südfrüchte Anwendung, welche in Kisten mit Leinwandumhüllung eingehen.

2.

Seite 115 des amtlichen Waarenverzeichnisses
hinter „Kautschukplatten, rohe (Kautschuk in der ursprünglichen Form)“ ist einzuschalten:
— mit eingewalzter grober Leinwand zu Verdichtungen bei Dampf- oder Wasserdruck 17 c. andere u. s. w.

Seite 116.
Bei Kautschukwaaren, unter dem 3ten Absatze in der. Hinweisung ist zu setzen:
(S. auch Kautschukplatten, Leinwand und Zeugwaaren, Anmerkung zu 7.)

Seite 250.
Bei: „Treibriemen“ ist der letzte Satz der Anmerkung zu streichen und dafür in Parenthese zu setzen:
(S. auch Kautschukplatten.)

Seite 276.
In der Parenthese zu Nr. 7 hinter „Kautschukdrucktücher“ ist einzuschalten:
„Kautschukplatten“.

3.

Flüssiger Eisenzucker, **ferrum oxydatum saccharatum solubile** der deutschen Pharmakopoe, ist als ein unter Nr. 5. b. des Tarifs fallendes Präparat für den Medicinalgebrauch abgabefrei.

4.

Thee zur Theïnfabrikation kann nach vorausgegangener Denaturirung zollfrei abgefertigt werden.

Zu Nr. 4 wird bemerkt, daß etwaige bezügliche Anträge auf zollfreie Abfertigung von Thee zu dem genannten Zwecke mir, und zwar unter ausdrücklicher Bezugnahme auf gegenwärtige Cirkularverfügung, berichtlich zur Herbeiführung der Entscheidung der obersten Landesfinanzbehörde vorzulegen sind.

Erfurt, am 26. November 1874. Der Generalinspector: Grolig.

№ 16. Cirkularverfügung,

die Denaturirung von Salz mittelst Petroleums betreffend, vom 26. November 1874 Nr. 7639.

Mit Rücksicht auf die gemachten Wahrnehmungen, daß das mit Petroleum vorschriftsmäßig denaturirte Salz in Folge der Einwirkung der Luft oder Wärme nach wenigen Wochen, und bei künstlicher Erhitzung sogar schon nach einigen Stunden den Geruch sowohl wie den Geschmack des Petroleums verliert, und im Hinblick auf die deshalb naheliegende Gefahr der mißbräuchlichen Benutzung solchen Salzes zum menschlichen Genusse hat der Bundesrath beschlossen, daß künftighin die Anwendung von Petroleum nur bei der Herstellung desjenigen Gewerbebestellsalzes (Ziffer **2 B.** der Bestimmungen betreffend die Befreiung des zu landwirthschaftlichen und gewerblichen

Zwecken bestimmten Salzes von der Salzabgabe, Amtsblatt des Generalinspectors pro 1872 Seite 49) gestattet sein soll, welches in den Gewerbsräumen des Empfängers unter amtlicher Aufsicht denaturirt wird.

Erfurt, den 26. November 1874. Der Generalinspector: Grolig.

№ 17. Cirkularverfügung,

Steuervergütung für Taback betreffend, vom 26. November 1874 Nr. 7640.

Der Bundesrath hat beschlossen:

1. Bei der Abfertigung von, mit dem Anspruch auf Steuervergütung ausgehenden Tabacksfabrikaten darf das Nettogewicht statt durch Nettoverwiegung festgestellt werden durch Abrechnung eines Tarasatzes von:

	des Bruttogewichts
a. bei entrippten Blättern in Ballen von einfacher Leinwand	2 %.
b. bei entrippten Blättern in Ballen von doppelter Leinwand	4 %.
c. bei entrippten Blättern in Kisten	22 %.
d. bei Rauchtaback in Papierpacketen und Kisten	25 %.
e. bei Cigarren, lose in großen Holzkisten	28 %.
f. bei Cigarren in Papierpacketen und großen Holzkisten	34 %.
g. bei Cigarren in kleinen Kistchen und großen Holzkisten	47 %.
h. bei Schnupftaback, lose in Fässern	10 %.
i. bei Schnupftaback in Blei und Papierumhüllung und Kisten	20 %.

2. Die Bestimmungen des zur Ausführung des § 20 des Regulativs, betreffend die Gewährung der Zoll- und Steuervergütung für in das Ausland gesendeten Taback, im Jahre 1871 gefaßten Beschlusses unter Ziffer 2, 3 und 4 — vergl. dieselben Ziffern meiner Cirkularverfügung vom 22. Juli 1871 Nr. 4396 — finden auch bei der Ausgangsabfertigung der vorstehend verzeichneten Tabacksfabrikate Anwendung. Die Befugniß, Nettoverwiegung zu verlangen, steht auch dem Exportanten zu.

3. Die unter Ziffer 5 des erwähnten Beschlusses getroffenen Bestimmungen wegen der Zulässigkeit von Probeverwiegungen können, wo ein Bedürfniß dazu vorliegt, von den Direktivbehörden dahin ausgedehnt werden, daß
   a. bei der Verpackung von Cigarren in kleinen Kisten, von Rauchtaback in Papierpacketen und von Schnupftaback in Packeten mit Blei- und Papierumhüllungen, sofern diese inneren Umschließungen augenscheinlich von gleicher Größe und gleicher Beschaffenheit sind, das Gesammtgewicht der inneren Umschließung durch probeweise Verwiegung einzelner Kistchen bezw. Packete ermittelt werden darf;
   b. daß bei einer Verpackung der Fabrikate ohne innere Umschließung die Nettoverwiegung auf den zehnten Theil der zu einer Post gehörigen gleichartigen Kolli beschränkt werden darf.

4. Zum Zweck der Feststellung des Inhalts der zur Abfertigung gestellten Kolli (Ziffer 6 des unter 2 erwähnten Beschlusses) kann ausnahmsweise die spezielle Revision auf den vierten Theil einer Post beschränkt werden.

Hiernach ist sich vorkommenden Falles zu richten. Ergebliche Anträge nach Ziffer 3 sind zu motiviren.

Erfurt, am 26. November 1874. Der Generalinspector: Grolig.

№ 18. Cirkularverfügung,

die Spielkartenübergangsscheinkontrole betreffend, vom 28. December 1874 Nr. 8381.

Nach einer neueren Nachricht modificirt sich der Inhalt der Cirkularverfügung vom 2. September 1868 Nr. 5732 bezüglich der Spielkartenkontrole rc. im Königreiche Bayern in Folgendem:

1. Die zum Verbleibe nach Bayern eingehenden Spielkarten unterliegen, wie die daselbst angefertigten, neben der tarifmäßigen Eingangsabgabe im Falle der Einfuhr aus dem Zollauslande einer Stempelgebühr, welche beträgt und zwar in den Landestheilen rechts des Rheines vom 1. August 1874 angefangen und in der Pfalz vom 1. Januar 1875 ab:
   a. für jedes Spiel deutsche Karten mit 36 oder weniger Blättern zehn Kreuzer zwei Pfennige (dreißig Pfennige Reichswährung);
   b. für jedes andere Kartenspiel ein und zwanzig Kreuzer (sechszig Pfennige Reichswährung).

   Kinderspielkarten und zum Gebrauche als Oblaten eingerichtete Karten werden stempelfrei behandelt, wenn die Blätter derselben in der Höhe nicht mehr als 35 Millimeter und zugleich in der Breite nicht mehr als 27 Millimeter messen.
2. Zur Kartenstempelung gegen Erlegung der Stempelgebühr sind
   — die Hauptzollämter: Augsburg, Ludwigshafen a. Rh., München, Nürnberg, Regensburg und Würzburg, dann
   — das Nebenzollamt Landshut ermächtigt.
3. Der vom Uebergangsscheinextrahenten (Ziff. I. 2. der obigen Cirkularverfügung) sicher zu stellende Abgabenbetrag ist event. mit 3 fl. 30 Krz. (6 M.) für das Zollpfund des Bruttogewichts zu berechnen.
4. Die zur Erledigung von Uebergangsscheinen überhaupt ermächtigten Königlich Bayerischen Zoll- und Steuerbehörden können auch Uebergangsscheine über Spielkarten erledigen.

Erfurt, am 28. December 1874. Der Generalinspector: Grolig.

Personalien.

A. Bei der General-Inspection.

Dem Kanzlei-Inspector Sprengpfeil ist das Fürstl. Schwarzb. Ehrenkreuz IV. Kl. aus Veranlassung seines 50jährigen Dienst-Jubiläums von Sr. Durchlaucht dem Fürsten von Schwarzburg-Sondershausen verliehen worden.

B. Preußen.

1.) An Stelle des als Rübenzuckersteuer-Aufseher nach Langenbogen im Hauptamtsbezirke Halle versetzten Steueraufsehers Dreyling in Suhl ist vom 1. Oktober 1874 ab der Steueraufseher Steinbock von Merseburg getreten.

2.) Die durch das Ableben des Hauptamts-Assistenten Simon bei dem Königl. Hauptsteueramte zu Erfurt erledigte Stelle wurde dem Hauptamts-Assistenten Pflugmacher von Frankfurt a. d. O. übertragen.

C. S. Meiningen.

1.) An Stelle des nach Sonneberg versetzten Steueraufsehers Stuckardt wurde der bisherige Sergeant Keller als Steueraufseher in Hildburghausen angestellt.

Mittheilung des Herzogl. Feldjäger-Commandos zu Meiningen vom 9. August 1874.

2.) Die Steueraufseher Carl in Lehesten und Ulrich in Raundorf haben mit ihren Stationen gewechselt.

Mittheilung des Herzogl. Feldjäger-Commandos zu Meiningen vom 19. Oktober 1874.

3.) Bei der seit dem 1. Oktober 1874 errichteten Herzogl. Steuerstelle für die Brausteuerverwaltung zu Steinach (wegen deren Organisation noch besondere Eröffnung vorbehalten bleibt) fungiren der Amts-Assistent Kost als erster und der Revisions-Assistent Bickel als zweiter Beamte.

Ministerialrescript d. d. Meiningen vom 24. September 1874.

D. S. Altenburg.

Der bisher bei dem Kaiserl. Hauptzollamte zu Hamburg angestellt gewesene Revisionsaufseher Rothe ist in den Altenburger Steueraufsichtsdienst zurückversetzt und als Steueraufseher in Cahla stationirt, dagegen der Steueraufseher Reichenbach von da nach Altenburg versetzt worden.

Ministerialrescript d. d. Altenburg vom 3. September 1874.

E. S. Coburg-Gotha.

1.) Der Accessist Hofmann bei dem Herzogl. Hauptsteueramte zu Gotha wird bis auf Weiteres zur Dienstleistung als Steueraufseher bei dem Herzogl. Brausteueramte zu Coburg verwendet.

Ministerialrescript d. d. Gotha vom 7. Oktober 1874.

2.) Der Steueraufseher Adlung in Walterhausen ist vom 1. December 1874 ab dem Herzogl. Hauptsteueramte zu Gotha zur Hülfsleistung provisorisch überwiesen und an dessen Stelle der Steueraufseher Lanz von Gräfintonna nach Waltershausen versetzt worden.

Ministerialrescript d. d. Gotha vom 10. November 1874.

3.) Die bisher von dem Finanzsekretär Georges beim Herzogl. Steueramte zu Ohrdruf besorgten Geschäfte sind dem Rentamts-Commissär Schlegel übertragen worden.

Ministerialrescript d. d. Gotha vom 26. November 1874.

F. Schwarzburg-Rudolstadt.

1.) Der Steueramts-Assistent Schilling zu Königsee ist bis auf Weiteres zum Fürstl. Revisionsbureau in Rudolstadt versetzt worden.

Ministerialrescript d. d. Rudolstadt vom 7. August 1874.

2.) Dem Vorstande des Fürstl. Rent- und Steueramts zu Rudolstadt und kommissarischen Obersteuerkontroleur, Rentamtmann Obbarius wurde das Prädikat „Steuer-Inspector“ verliehen.

Ministerialrescript d. d. Rudolstadt vom 21. December 1874.

G. Reuß jüngerer Linie.

1.) An Stelle des aus dem Fürstl. Staatsdienste entlassenen Salzsteueraufsehers Jost in Heinrichshalle wurde der bisherige Sergeant Ruppert als solcher provisorisch angestellt.

Ministerialrescripte d. d. Gera vom 23. Mai und 3. Juli 1874.

2.) Die durch das Ableben des Salzsteuer-Amts-Rendanten Mord in Heinrichshalle erledigte Stelle des Vorstandes des dasigen Salzsteueramtes wird gegenwärtig von dem Hauptmann a. D. Wille provisorisch verwaltet.

Ministerialrescript d. d. Gera vom 13. Oktober 1874.

3. An Stelle des aus dem Fürstl. Staatsdienste entwichenen Steuerrendanten Steudel in Hirschberg ist der Steueraufseher Auerbach zu Schleiz als Vorstand des Fürstl. Steueramts zu Hirschberg mit dem Dienstprädikate eines Steuerrendanten angestellt worden. Die hiernach erledigte Steueraufseherstelle in Schleiz wurde dem Steueraufseher Morgeneyer zu Gera übertragen.

Ministerialrescripte d. d. Gera vom 1. und 23. September 1874.

4.) In Gera wurden der vormalige Sergeant Rahr und der vormalige Gensdarm Eichler als Steueraufseher provisorisch angestellt.

Ministerialrescripte d. d. Gera vom 3. Oktober und 7. December 1874.

5.) Der Steueraufseher Queck in Saalburg wird vom 1. Januar 1875 ab in den neuerrichteten Aufsichtsposten zu Hohenleuben versetzt.

Ministerialrescript d. d. Gera vom 29. December 1874.

Schnellpressendruck von Otto Conrad, vormals L. Schellenberg, in Erfurt.

Amtsblatt

des

General-Inspectors

des

Thüringischen Zoll- und Handelsvereins.

Jahrgang

1875.

Erfurt.

Register

zum Jahrgang 1875 des Amtsblatts des General-Inspectors des Thüringischen Zoll- und Handelsvereins.

I. Chronologisches Register.

Laufende Nummer.	Der Cirkularverfügung ꝛc. Datum	Journal-Nr.	Inhalt.	Zu finden unter №	Seite.
	1875.				
26.	27. Decemb.	8626	Bekanntmachung, betr. den künftigen Verkehr mit Branntwein zwischen Luxemburg und den Staaten der Deutschen Branntweinsteuergemeinschaft	26.	21.
27.	28. ejd.	8623	Cirkularverfügung, die Stempelpflichtigkeit der vom Auslande auf das Inland gezogenen, im Auslande domicilirten Wechsel nach erfolgtem Accepte ꝛc. betreffend	27.	22.
28.	Ohne	Ohne	Personalien	.	15.
29.	Dgl.	Dgl.	Dgl.	.	22.

II. Sachregister.

Bemerkung. Die beigesetzten Ziffern bedeuten die Seitenzahlen.

A.

B.

D.

E.

H.

L.

M.

O.

P.

R.

S.

T.

U.

V.

W.

Z.

Amtsblatt

des General-Inspectors des Thüringischen Zoll- und Handels-Vereins.

1tes Stück vom Jahre 1875.

№ 1. Bekanntmachung,

einen Maschinenmarkt in Königsberg betreffend, vom 18. Februar 1875 № 1471.

In Königsberg (Ostpreußen) wird vom 29. Mai bis incl. 1. Juni d. J. ein Maschinenmarkt veranstaltet und es soll den zu diesem Markte aus dem Auslande ein- und nach Beendigung desselben wieder dahin zurückgehenden Gegenständen unter den bekannten Bedingungen Zollfreiheit zugestanden werden, was ich hiermit unter Verweisung auf die in früheren Fällen ergangenen Bestimmungen bekannt gebe.

Erfurt, am 18. Februar 1875. Der Generalinspector: Grolig.

№ 2. Cirkularverfügung,

Steuervergütung für Taback betreffend, vom 24. Februar 1875 № 1634

Der Bundesrath hat beschlossen, die Bestimmungen in §. 20 des Regulativs, betreffend die Gewährung der Zoll- und Steuerrückvergütung für in das Ausland versandten Taback, dahin zu erläutern, daß

1., unter Tabackabfällen, welche von Gewährung einer Ausfuhrvergütung ausgeschlossen sind, nicht nur die Abfälle von Rohtaback, sondern auch diejenigen von Tabackfabrikaten zu verstehen seien;

2., daß hiernach Tabackmehl, insofern dasselbe aus Abfällen von Rohtaback oder von Tabackfabrikaten bestehe, keine Ausfuhrvergütung, dagegen wenn dasselbe als Halbfabrikat für die Darstellung von Schnupftaback, bestehend aus fein gemahlenen Blättern und Stengeln, erkannt wird, die Ausfuhrvergütung für Rohtaback anzusprechen habe;

3., daß gebeizten Tabackblättern die Ausfuhrvergütung für Rohtaback zu gewähren sei.

Hiernach ist sich ergeblichen Falls zu achten.

Erfurt, am 24. Februar 1875. Der Generalinspector: J. V.: Schreck.

№ 3. Bekanntmachung,

eine Ausstellung von Maschinen in Breslau betreffend, vom 27. Februar 1875 № 1704.

In Breslau wird für den 8. bis 10. Juni dieses Jahres eine Ausstellung und ein Markt land-, forst- und hauswirthschaftlicher Maschinen und Geräthe veranstaltet und es soll den zu dieser Ausstellung aus dem Auslande ein- und nach beendeter Ausstellung wieder dahin zurückgehenden Gegenständen unter den bekannten Voraussetzungen Zollfreiheit zugestanden werden, was ich hiermit unter Verweisung auf die in ähnlichen Fällen ergangenen Bestimmungen bekannt gebe.

Erfurt, am 27. Februar 1875. Der Generalinspector: Grolig.

№ 4. Cirkularverfügung,

ein Einfuhrverbot betreffend, vom 8. März 1875 № 1947.

Indem ich auf die im neuesten Stücke des Reichsgesetzblattes veröffentlichte, bereits in Kraft getretene Allerhöchste Verordnung vom 26ten vorigen Monats, wonach der Eingang von Kartoffeln aus Amerika, sowie von Abfällen und Verpackungsmaterial solcher Kartoffeln bis auf Weiteres verboten worden ist, zur Nachachtung verweise, bemerke ich, daß unter Einfuhr im Sinne dieser Bestimmung sowohl die unmittelbare, als auch die mittelbare Einfuhr zu verstehen ist.

Erfurt, am 8. März 1875. Der Generalinspector: Grolig.

№ 5. Cirkularverfügung,

die Veröffentlichung einiger Tarifentscheidungen betreffend, vom 21. März 1875 № 2063.

Im Nachstehenden werden zu bekannter Veranlassung einige neuere Tarifentscheidungen des Königlichen Finanzministeriums in Berlin zusammengestellt:

I.

In Erwiderung auf den Bericht vom 27. v. M. wird bemerkt, daß Waaren aus Gespinnsten von Baumwolle, Leinen, Seide, Wolle oder anderen Thierhaaren, welche mit Glas u. s. w. verbunden sind, dem Satze von 15 Thlr. nach Nr. 20b des Zolltarifs nur insoweit unterliegen, als sie nicht besonders tarifirt sind. In Uebereinstimmung hiermit nimmt das amtliche Waarenverzeichniß (Seite 136) unter A der Anmerkung 8 zu „Kurze Waaren" von den eben bezeichneten Waaren diejenigen aus, für welche besondere Ausnahmen im amtlichen Waarenverzeichnisse selbst gemacht sind.

Zu diesen Ausnahmen gehören die Stickereien, welche nach Seite 234 des amtlichen Waarenverzeichnisses ohne Rücksicht auf das verwendete Stickmaterial nach Maßgabe des Grundstoffs zu den Nummern 2 c. 3, 22h, 30c, 30d oder 41c. 1 des Tarifs und nur, wenn der Grundstoff aus Leder, Papier, Pergament, Wachstuch oder anderen nicht zu den Zeugstoffen gehörigen Materialien besteht, zu Nr. 20b gewiesen sind.

Diesen Bestimmungen entsprechend sind auch Perlenstickereien in Verzollung zu nehmen.

II.

In Erwiderung auf den Bericht vom 25. v. M. erkläre ich mich mit der darin ausgesprochenen Ansicht einverstanden, daß zu Treibschnüren für Spulen bestimmte

Stränge aus verfilztem einfachem ungefärbtem Wollengarn von der Beschaffenheit der anbei zurückfolgenden Probe in analoger Anwendung der Bestimmung in alinea 5 des Artikels „Treibriemen" (Seite 250 des amtlichen Waarenverzeichnisses) nach Nr. 41 b. 2 mit 4 Thlr. für den Centner zur Verzollung zu ziehen sind.

III.

Bei Rücksendung des von Ew. Hochwohlgeboren unter dem 12. v. M. gefälligst mitgetheilten Berichts der Großherzoglichen Zolldirektion vom 8. v. M. bemerke ich ganz ergebenst, daß unter dem in der Pos. 25 g. 1 des Zolltarifs genannten, mit 15 Sgr. für den Centner zollpflichtigen Schinken und Speck nicht der frische unzubereitete zu verstehen ist, letzterer vielmehr als ausgeschlachtetes frisches Fleisch nach pos. 25 g. 2 Zollfreiheit genießt.

IV.

In Erwiderung auf den Bericht vom 11. v. M. wird der Ansicht beigetreten, daß Hohlglas, auch wenn es durch Blasen in Formen erzeugt, nur dann als „gepreßtes Glas" anzusehen, wenn es mit Relief-Verzierungen versehen ist, zu deren Hervorbringung stets besondere mechanische Hülfsmittel, als Luftpumpe, Gebläse, Wasserdampf ꝛc. erforderlich sind. Da Lampengefäße von der Beschaffenheit der anbei zurückfolgenden Proben jeder eingepreßten Verzierung entbehren, so gehören dieselben nicht zum gepreßten Glase, sind vielmehr nach Nr. 10 b des Tarifs mit 20 Sgr. für den Centner in Verzollung zu nehmen.

V.

Auf die Eingabe vom 24. September v. J. wird Ihnen eröffnet, daß elektrische Zeigerwerke von der Beschaffenheit, wie sie bei dem hiesigen Hauptsteueramte für ausländische Gegenstände eingegangen sind — bestehend aus einem Zifferblatte mit zwei Zeigern in Verbindung mit einem Gehäuse, welches die lediglich zur Drehung der Zeiger nothwendigen Räder enthält, und mit einer Vorrichtung zur Vermittelung des elektrischen Stromes — nicht als physikalische Instrumente zollfrei einzulassen, sondern als Uhrfournituren zu verzollen sind.

Erfurt, am 24. März 1875. Der Generalinspector: Grolig.

№ 6. Cirkularverfügung,

die Aufhebung des Herzoglichen Steuer- und Rentamtes in Lucka betreffend,
vom 24. März 1875 № 2038.

Nachdem von dem Herzoglichen Ministerium, Abtheilung der Finanzen in Altenburg beschlossen worden ist, das Herzogliche Steuer- und Rentamt in Lucka vom 1. April d. J. ab aufzuheben und von demselben Zeitpunkte ab den Steueramtsbezirk Lucka mit dem Bezirke des Herzoglichen Hauptsteueramtes in Altenburg zu vereinigen, so gebe ich dies mit der Aufforderung bekannt, im Thüringischen Steuerstellen- und Ortschaftsverzeichnisse die nöthigen Berichtigungen vorzunehmen.

Erfurt, am 24. März 1875. Der Generalinspector: Grolig.

№ 7. Bekanntmachung,

eine Ausstellung von gewerblichen Erzeugnissen der Blechindustrie in Kassel betreffend,
vom 8. April 1875 № 2333.

In Kassel wird in der Zeit vom 11. bis 29. September c. eine Fachausstellung der gewerblichen Erzeugnisse der Blechindustrie, sowie der zur Fabrikation nöthigen Rohmaterialien, Werkzeuge, Maschinen rc. veranstaltet. Für die zu dieser Ausstellung vom Auslande eingehenden und nach Beendigung derselben wieder dahin zurückgehenden Gegenstände ist unter den bekannten Voraussetzungen Zollfreiheit zugestanden worden, was ich hiermit unter Hinweis auf die in ähnlichen Fällen ergangenen Bestimmungen bekannt gebe.

Erfurt, am 8. April 1875. Der Generalinspector: Grolig.

№ 8. Cirkularverfügung,

betreffend die Vorschriften des Regulativs über die zollamtliche Behandlung der mit den Posten eingehenden, ausgehenden oder durchgehenden Gegenstände,
vom 22. April 1875 № 2901.

Nachstehende Generalverfügung des Kaiserlichen Generalpostamts in Berlin vom 11. März d. J.:

„Es ist zur Sprache gekommen, daß die Vorschriften des Regulativs über die zollamtliche Behandlung der mit den Posten eingehenden, ausgehenden oder durchgehenden Gegenstände Seitens der Postanstalten nicht allgemein gleichmäßig zur Anwendung gebracht werden. Namentlich bleibt häufig außer Beachtung:

1. daß diejenigen Postsendungen, deren Inhalt bei der zollamtlichen Vorabfertigung an der Grenze sofort als zollfrei erkannt worden oder deren Schlußabfertigung gleich bei der ersten Zollstelle an der Grenze erfolgt ist, welche daher die im § 5 Abth. II. lit. b jenes Regulativs vorgeschriebene rothe Marke nicht tragen, von der Bestimmungspostanstalt nicht der Zollbehörde zu übergeben, sondern dem Adressaten unmittelbar auszuhändigen sind (Ausführungsbestimmungen zu § 7); und
2. daß den betreffenden Zoll- und Steuerstellen nach § 6 des Regulativs die mit der Post eingegangenen zollpflichtigen Gegenstände gleichzeitig mit den dazu gehörigen Inhaltserklärungen oder Revisionsnoten zum Zweck der zollamtlichen Schlußabfertigung übergeben werden müssen, daß daher eine getrennte Uebergabe der Inhaltserklärungen rc. und der Poststücke nicht stattfinden darf.

Den Postanstalten werden die vorgedachten Bestimmungen zur genauesten Beachtung in Erinnerung gebracht.

Kaiserliches Generalpostamt.
(gez.) Stephan."

bringe ich hiermit zur Kenntniß der betheiligten Thüringischen Steuerstellen.

Erfurt, am 22. April 1875. Der Generalinspector: J. V. Schreck.

№ 9. Bekanntmachung,

eine Ausstellung in Köln betreffend, vom 21. Juni 1875 № 1236.

In Köln wird vom 25. August bis 26. September d. J. eine internationale Gartenbau-Ausstellung veranstaltet und es ist den zu dieser Ausstellung aus dem Auslande ein- und später wieder dahin zurückgehenden Gegenständen unter den bekannten Voraussetzungen Zollfreiheit zugestanden worden, was ich hiermit unter Bezugnahme auf die in ähnlichen Fällen ergangenen Bestimmungen bekannt gebe.

Erfurt, am 21. Juni 1875. Der Generalinspector: Grolig.

№ 10. Cirkularverfügung,

betreffend Ergänzungen zum Thüringischen Steuerstellen- und Ortschaftsverzeichnisse, vom 25. Juni 1875 № 4378.

1. In Steinach (Oberkontrolebezirk Hildburghausen) ist vom 1. Oktober v. J. an eine Bezirkssteuerstelle für Brausteuerwesen mit der Amtsfirma „Herzogl. S. Steuerstelle", welcher auch die Untersuchungskompetenz in Brausteuersachen zusteht, errichtet worden. Im Thüringischen Steuerstellenverzeichnisse ist diese Steuerstelle in Sp. 2—4 und 30 betreffenden Orts nachzutragen und im Vorworte ist auf Seite IV. al. 1 der Nachweis der für einzelne Geschäftsbranchen bestehenden Steuerstellen zu ergänzen, während im Thüringischen Ortschaftsverzeichnisse wegen Zuweisung der zum Brausteuerhebebezirk Steinach gehörigen und sonst vom Steuerhebebezirk Sonneberg ressortirenden Ortschaften, wie in der in der Cirkularverfügung vom 22. März 1873 № 2605 gedachten Weise, vorerst eine Aenderung nicht eintritt.

2. Dem Fürstl. Reuß. Salzsteueramte zu Heinrichshalle ist vom 1. März d. J. an die Befugniß zur Erledigung von Begleitscheinen I. des Königl. Preuß. Salzsteueramts zu Staßfurt und des Herzogl. Anh. Salzsteueramts zu Leopoldshalle über Steinsalz beigelegt worden.

3. Das Herzogl. S. Brausteueramt zu Koburg wird vom 1. Juli d. J. an aufgehoben und werden die Geschäfte desselben dem Herzogl. S. Steueramte daselbst mit übertragen.

Erfurt, am 25. Juni 1875. Der Generalinspector: Grolig.

№ 11. Cirkularverfügung,

postalische Bestimmungen zum Postabfertigungsregulativ betreffend, vom 26. Juni 1875 № 4326.

Mit der nächsten Nummer meines Amtsblatts wird an Stelle der am Schlusse der Cirkularverfügung vom 22. Juli 1868 Nr. 4946 erwähnten eine neue Zusammenstellung der von Seiten des Kaiserlichen General-Postamts zu dem Regulativ über die zollamtliche Behandlung der mit den Posten eingehenden, ausgehenden und durchgehenden Gegenstände erlassenen Ausführungs-Bestimmungen in der Fassung, die sie jetzt haben, veröffentlicht werden. Indem ich die betheiligten Thüringischen Steuerstellen und die Herren Bezirksoberkontroleure hierauf zur Kenntnißnahme und Nachachtung verweise, hebe ich noch besonders die neuerdings erlassene Vorschrift hervor, daß auf den Begleit- bezw. Postpacket-Adressen zu Packeten ohne Werthangabe im Gewicht von 250 Gramm und darunter das Gewicht in Grammen anzugeben ist, so daß der Gewichtsvermerk „½ Kilogramm" nur bei solchen Sendungen ohne den Zusatz des genauen Gewichts in Grammen stehen bleiben wird, welche mehr als 250 Gramm wiegen, also zollamtlicher Behandlung unterliegen. (Cfr. zu § 4 № III.)

Erfurt, den 26. Juni 1875. Der Generalinspector: Grolig.

Ausführungsbestimmungen,

welche von dem Kaiserlichen General-Postamte zu dem Regulativ über die zollamtliche Behandlung der mit den Posten eingehenden, ausgehenden und durchgehenden Gegenstände erlassen sind.

Zu § 1.

(Zu II.) Insofern für einzelne Grenzstrecken das Bedürfniß vorhanden ist, Inhaltserklärungen in Englischer, Holländischer oder Italienischer Sprache zuzulassen, hat die betreffende Ober-Post-Direktion dieserhalb mit der betreffenden Provinzial-Steuerbehörde in Verbindung zu treten und demnächst an die oberste Postbehörde zu berichten.

(Zu III.) Die Zollpapiere (Inhaltserklärungen) werden vom Zollauslande bis zu derjenigen Postanstalt, welche zuerst die Umarbeitung (Umspedition) besorgt, der Postkarte offen beigefügt, an dieselbe mit einer Nadel oder einem Faden befestigt und der Zahl nach am Kopfe der Postkarte nachrichtlich vermerkt. Bei der Weitersendung werden die Zollpapiere den betreffenden Begleitadressen beigeschlossen und mit denselben verpackt.

Zu § 2.

(Zu I.) Zur Sicherung der Zollgefälle dürfen Sendungen mit zollpflichtigem Inhalte im Gewichte von mehr als 250 Gramm, wenn sie nicht etwa zu den in § 2 bezeichneten Sendungen gehören, in den vom Zollauslande herrührenden Brief- und Fahrpostbeuteln, Brief- oder Fahrpostpacketen der Regel nach nicht verpackt sein. Sollte in einzelnen Fällen begründete Vermuthung vorhanden sein, daß dennoch Sendungen mit zollpflichtigem Inhalt in solcher Weise aus dem Zollauslande eingehen, so sind dieselben zur zollamtlichen Behandlung (§ 4 u. f.) vorzulegen.

Es werden die Zoll- und Steuerbeamten zur Ueberwachung und Sicherung des Zoll-Interesses sich hin und wieder unmittelbar nach Ankunft der Posten am Bestimmungsort in die Dienstzimmer der Postanstalten begeben und daselbst dem Oeffnen der Briefbeutel beiwohnen; die innerhalb des Deutschen Zollvereinsgebietes belegenen Postanstalten des Deutschen Postgebiets werden den gedachten Beamten bei Erfüllung ihrer Pflicht in willfähriger Weise begegnen. Bei einem solchen Zusammenwirken werden die Postdienstgeschäfte aus jenem Anlaß nicht gestört werden.

Zu § 3.

(Zu I.) Fehlen im Vergleiche mit der Postkarte oder den Vermerken auf den Begleitadressen Zollpapiere, so muß die Postanstalt, welche solches zuerst wahrnimmt, unverzögert um die Nachsendung derselben ersuchen; deshalb darf aber die Weitersendung der Begleitadressen bez. der Packete, insoweit die Zollvorschriften nicht etwa entgegen sind, keinen Aufenthalt erleiden.

(Zu IV.) Die Postanstalten haben die Vervollständigung oder Berichtigung einer Inhaltserklärung nur auf ausdrückliches Verlangen des Absenders oder des Empfängers zu bewirken.

Zu § 4.

(Zu I.) Die vollständige Abfertigung begreift die zollamtliche Schlußabfertigung in sich. (Siehe § 6).

(Zu II.) Die Deutschen Postanstalten im Zollauslande haben bei Annahme von derartigen Packeten mit Acten oder Schriften den absendenden Behörden zu empfehlen, diesen Inhalt auf den Packeten vermerken zu lassen.

(Zu III.) Auf den Begleitadressen bz. Postpacketadressen zu Packeten ohne Werthangabe im Gewicht von 250 Gramm und darunter ist, soweit es nicht bereits am Aufgabeorte geschehen, seitens der Grenz-Eingangs-Postanstalten das Gewicht in Gramm anzugeben. Der Gewichtsvermerk „½ Kilogramm“ darf nur bei solchen Sendungen ohne den Zusatz des genauen Gewichts in Gramm stehen bleiben, welche mehr als 250 Gramm wiegen.

Die Postanstalten, welchen Sendungen vom Zollauslande unmittelbar zugehen können, sind im Besitze eines Verzeichnisses derjenigen Postanstalten, woselbst sich zur zollamtlichen Schlußabfertigung geeignete Zoll- und Steuerstellen nicht befinden.

In diesem Verzeichnisse sind die betreffenden Leitorte (Speditionsorte) angegeben. Diejenige Postanstalt, welche eine Sendung vom Zollauslande zuerst umarbeitet (umspedirt), prüft, ob die Sendung aus Anlaß der zollamtlichen Schlußabfertigung auf eine andere Postanstalt als diejenige des Bestimmungsorts zu leiten ist. Ist dies der Fall, so vermerkt die Eingangs-Postanstalt den Leitort, in welchem die zollamtliche Schlußabfertigung zu erfolgen hat, auf der Vorderseite der Begleitadresse, unterhalb der Angabe des Bestimmungsorts, mit blauer Tinte unter Voransetzung der Buchstaben Z. O. (Zollort). Bei Postpacket-Adressen ist der Leitort unterhalb des Vordrucks „Post-Leitvermerk“ zu setzen. Die Hinzufügung der Buchstaben Z. O. ist in diesem Falle nicht erforderlich. Derselbe Ort wird in der Aufschrift des Packets, und zwar ebenfalls unterhalb der Angabe des Bestimmungsorts, mit blauer Tinte oder Blaustift, unter Voransetzung der Buchstaben Z. O. angegeben. Die Angabe kann in der Weise erfolgen, daß an der bezeichneten Stelle ein mit dem entsprechenden handschriftlichen Vermerk versehener besonderer Zettel aufgeklebt wird. Die Sendung wird alsdann derart geleitet, als wenn dieselbe nach dem Zollort selbst bestimmt wäre. Für die Beklebung der Packete mit dem Namen der Leit-Postanstalt ist der Zollabfertigungsort maßgebend.

Außer solchen Sendungen, welche im Zollauslande zur Post gegeben sind, unterliegen der zollamtlichen Prüfung auch Sendungen von Orten des Inlandes, sofern sie mit zollamtlichen Begleitscheinen zur Post gelangen. Das Vorhandensein solcher Begleitscheine muß auf den Begleitadressen von den Absendern durch den Zusatz „nebst Begleitschein“ vermerkt sein. Derartige Sendungen sind, wenn nach Orten des Inlandes bestimmt, stets den in den Begleitscheinen genannten Erledigungsämtern zuzuführen und demgemäß zu leiten. Hinsichtlich der Bezeichnung der Begleitadressen und Packete mit dem Namen des Zollorts, sowie hinsichtlich der Beklebung der Packete mit dem Namen der Leit-Postanstalt sind von der Postanstalt, bei welcher die Einlieferung der Sendungen erfolgt, die vorstehend für die Packetsendungen vom Zollauslande gegebenen Bestimmungen zu beachten. Wegen ihrer Behandlung bei der Annahme vergl. die Anm. zum II. Abschnitt (Ueberschrift), deren Bestimmungen gleichmäßig auch bei im Inlande verbleibenden Sendungen dieser Art Anwendung finden.

Zu § 5.

(Zu II.) Zur Prüfung darüber, daß bei einer vom Zollauslande eingehenden Post bis zu ihrer zollamtlichen Abfertigung nicht Postgüter u. s. w. abgeladen werden, kann nach dem Ermessen der Zollbehörde die Begleitung der Post von der Grenze bis zur Grenzstation durch einen Zollbeamten stattfinden.

Wenn der mit Begleitung der Posten beauftragte Zollbeamte nicht beritten ist, so soll demselben ein Platz auf dem Postwagen eingeräumt werden. Sind Beiwagen in Begleitung der Post, so nimmt er seinen Platz auf diesen und zwar auf dem letzten ein.

Zur Verhütung von Einschwärzungen dürfen Postschaffner und Postillone, welche dergleichen einfahrende Posten begleiten und fahren, zwischen der letzten zollausländischen Postanstalt und der zollinländischen Grenzstation selbstständig Reisegepäck weder annehmen, noch abladen lassen.

Gleich nach Ankunft der Posten bz. Bahnposten auf dem Grenzorte werden die Wagen unter den Augen der Zollbeamten abgeladen, welche davon Ueberzeugung nehmen, ob in den Wagen nichts zurückbleibt.

Bei dem Abladen werden bereits gesondert:

a. die im Grenzorte bleibenden Postgüter,
b. die weitergehenden Postgüter, und
c. das etwaige Reisegepäck.

Die eingegangenen Inhaltserklärungen zu den Postgütern und die Postkarten werden den Zollbeamten vorgelegt.

Es ist als Regel anzusehen, daß die Vorlegung der Begleitadressen zu den Packeten, ohne Rücksicht auf die Art der Eintragungsweise, für gewöhnlich unterbleibt. Tritt jedoch wegen mangelhafter Beschaffenheit der Inhaltserklärungen oder wegen sonstiger Umstände für die Zollbeamten die Nothwendigkeit ein, auf die Begleitadressen zurückzugehen, so sind ihnen die Begleitadressen bereitwilligst vorzulegen.

Insofern ein besonderer Raum zur zollamtlichen Abfertigung der Posten auf den Grenzorten erforderlich sein sollte, beschafft denselben die Zollverwaltung. Der Postdienst bedingt, daß derselbe in der Nähe des Posthauses belegen sei. Es entspricht daher dem dienstlichen Interesse am meisten, wenn die Zollverwaltung einen Abfertigungsraum in demselben Gebäude beschaffen oder übernehmen kann, in welchem sich die Post befindet.

Postwartezimmer dürfen niemals zur Zollabfertigung verwendet werden. Die Kosten für Erleuchtung und Heizung des zur Zollabfertigung bestimmten Raumes, sowie für Marken ꝛc. behufs der Zollabfertigung trägt die Zollkasse.

Zur Zeit des Eintreffens einer von dem Zollauslande einfahrenden Post auf der Grenzstation muß das zur zollamtlichen Abfertigung der Post bestimmte Zollpersonal in einer dem Bedürfnisse angemessenen Anzahl bereits im Posthause anwesend sein. Der Zollbehörde ist zu dem Ende von der Postanstalt die gewöhnliche Zeit der Ankunft der betreffenden Posten schriftlich mitzutheilen, damit es nur in den wenigen Fällen, in welchen eine Post früher als gewöhnlich eintrifft, des Herbeirufens der Zollbeamten bedürfen kann.

Das Reisegepäck, welches die vom Zollauslande kommenden Reisenden bei sich führen, wird von den Zollbeamten auf der Grenzstation in Gegenwart der Reisenden, welchen das Gepäck gehört, geöffnet und durchgesehen. Die Zollbeträge dafür, wenn solche zu erlegen sind, werden von den Eigenthümern sogleich baar entrichtet. Die Postanstalten haben mit dem Reisegepäck keine Befassung.

Bei dem Bekleben der Poststücke mit der Zollmarke ist darauf zu sehen, daß die Postzeichen auf den Poststücken dadurch nicht berührt werden. Andererseits dürfen die Beklebungszettel, mit denen das Poststück etwa erst bei der Grenz-Eingangs-Postanstalt versehen wird, nicht auf die Zollmarke geklebt werden.

Von der Postanstalt ist darauf zu halten, daß die Packete nach erfolgter zollamtlicher Verabfertigung zur Weitersendung ordnungsmäßig zurückgeliefert und die Zollpapiere vollständig an die Post überwiesen werden.

Diejenige Postanstalt, welche Sendungen vom Zollauslande zuerst umarbeitet, vermerkt auf die Vorderseite der Begleitadresse mit blauer Tinte ein großes A und die Zahl der zu dem Packete gehörigen Inhaltserklärungen oder Revisionsnoten.

(Zu VII.) Die Postanstalten haben während ihrer postdienstlichen Verrichtungen die Sicherung des Zoll-Interesses mit derselben Pflichttreue und Gewissenhaftigkeit wahrzunehmen, welche sie dem Post-Interesse zuzuwenden verbunden sind. Sie müssen sich bereitwillig zeigen und den Zollbeamten jede mögliche Erleichterung gewähren.

Zu § 6.

(Zu I.) Die Beförderung von der Post- nach der Steuerstelle liegt der Postbehörde ob. In der Regel werden, bei Verwendung der sonstigen Betriebs- und Beförderungsmittel, dadurch besondere Kosten für die Postkasse nicht entstehen. Sollten solche Kosten in einzelnen Fällen nicht zu vermeiden sein, so ist an die vorgesetzte Ober-Postdirektion zu berichten, welche mit möglichster Sparsamkeit in den Ausgaben darüber Bestimmung zu treffen hat. Von den Empfängern wird eine Vergütung dafür nicht erhoben.

Der Empfang der Packete nebst den zugehörigen Zollpapieren wird von der Zollstelle bescheinigt. Insofern die Anlegung eines besonderen Empfangsbuches nothwendig sein sollte, ist dazu das gewöhnliche Formular des Geld-Lagerbuches bz. des vereinigten Lagerbuches für Packete und für Sendungen gegen Postschein zu verwenden. Bei den Postanstalten, bei welchen die Führung eines besonderen Empfangbuches für jenen Zweck nicht im Bedürfniß liegt, kann zu den gedachten Empfangsbescheinigungen das Geld- oder Packet-Lagerbuch selbst bz. das vereinigte Lagerbuch für Packete und für Sendungen gegen Postschein mit verwendet werden. Bei nur einem Stück genügt die Namensunterschrift des Zoll- oder Steuerbeamten, bei mehreren Stücken hat die Angabe der Stückzahl hinzuzutreten.

Um den mit der Musterung der Zollstellen betrauten Ober-Inspektoren und Ober-Controleuren soweit thunlich die Möglichkeit zu gewähren, sich zu überzeugen, ob die mit der Post aus Ländern außerhalb des Zollvereins eingehenden zollpflichtigen Päckereien zur Verzollung gebracht und die Gefälle dafür berechnet werden, ist denselben auf Verlangen die Einsicht der Frachtkarten oder, insofern die Frachtkarten zu dieser Prüfung nicht ausreichen, die Einsicht der Lagerbücher oder der, nach den örtlichen Verhältnissen in deren Stelle tretenden Verzeichnisse zu gewähren.

Damit die auf Grund dieser Bücher rc. auszuübende Prüfung von den Zollbeamten leicht ausgeführt werden kann, ist bei Eintragung der vom Zollauslande eingegangenen Sendungen in jene Bücher rc. in der Spalte „Ort woher“ ein großes A?

mit gewöhnlicher Tinte auf in die Augen fallende Weise zu vermerken und außerdem in der Spalte „Bemerkungen“ ersichtlich zu machen, ob die vom Zollauslande eingegangenen Postsendungen an der Grenze als zollfrei (zllfr.), oder durch Verzollung in freien Verkehr gesetzt (vzllt.), oder noch mit Zollanspruch behaftet (z. v.) sind. Im Weiteren haben die Postanstalten, an deren Orten die Verzollung von Packeten für darauf folgende Orte stattzufinden hat, die Sendung auch in ihr Lagerbuch 2c. mit den oben vorgeschriebenen Vermerken aufzunehmen.

Kommen Poststücke bei der Postanstalt im Innern unter Gesammtverschluß an, so darf dieser nur in Anwesenheit eines Zollbeamten und nach erfolgter Untersuchung des Verschlusses und der Beschaffenheit der Behälter durch denselben abgenommen werden. Die einzelnen Stücke werden sodann nebst den dazu gehörigen Papieren von der Poststelle an die Zollstelle nach den Postkarten bz. nach den Begleitadressen übergeben. Die Zollbehörde hat in Bezug auf die Behandlung dieser Stücke dasjenige Verfahren eintreten zu lassen, welches für die erste Abfertigung an der Grenze vorgeschrieben worden ist, und sich danach bemißt, ob die Poststücke in dem betreffenden Orte verbleiben oder weiter befördert werden sollen.

Wenn Postsendungen vom Zollauslande, in Stelle der Begleitadresse, ein zweites ausgefülltes Formular zu einer Inhaltserklärung beigegeben ist, so muß dieses Formular als Begleitadresse behandelt, darf daher nicht an die Zollbehörde abgeliefert werden.

Zu § 7.

(Zu I.) Bei Sendungen mit Werthangabe ist stets ein Ablieferungsschein auszufertigen, gegen dessen Vollziehung die Begleitadresse dem Empfänger mit der Benachrichtigung zuzustellen ist, daß gegen Vorzeigung der Begleitadresse bei der Zollbehörde das Packet in Empfang zu nehmen sei.

Die Postanstalten haben mit den Zoll- und Steuerstellen eine Vereinbarung dahin zu treffen, daß

dieselben die durch ihre Vermittelung zur Aushändigung kommenden Packete, bei welchen als Begleitadresse eine Post-Packetadresse Anwendung gefunden hat, nur gegen Rückgabe der Post-Packetadresse an den Abholer verabfolgen,

und daß

die von den Abholern zurückgelieferten Post-Packetadressen in entsprechenden Zeiträumen — täglich oder halbwöchentlich u. s. w. — an die Postanstalten abzugeben sind.

Packete, welche auf den Antrag des Absenders an der Grenze geöffnet und abgefertigt worden sind, werden am Bestimmungsorte nicht der Zollbehörde übergeben, sondern bleiben im Verwahrsam der Postanstalt; die Zollbehörde empfängt alsdann nur die am Grenzorte des Eingangs ausgefertigte Revisionsnote gegen Bescheinigung, wogegen die Postanstalt das Packet dem Abholer erst verabfolgen darf, wenn derselbe die Bescheinigung über den bezahlten Eingangszoll vorzeigt. Es kann indeß auch die Postanstalt den Zollbetrag auslageweise entrichten und von dem Empfänger einziehen. Die an der Grenze ohne Bezeichnung mit der Marke (§ 5.) abgelassenen Poststücke mit zollfreiem Inhalt werden den Empfängern ohne Weiteres von der Postanstalt unmittelbar ausgehändigt.

Zu § 8.

(Zu I.) Die Postanstalten, an deren Orten die Verzollung von Packeten für darauf folgende Orte stattzufinden hat, haben die Packete und Inhaltserklärungen oder sonstigen Zollpapiere in Betreff jener Sendungen an die Zollbehörde abzuliefern. Die Begleitadresse wird auf die Postanstalt des Bestimmungsorts weiter gesandt und das Porto für die ganze Sendung bis zu dem in der Aufschrift bezeichneten Bestimmungsorte bemessen bz. auf die Postanstalt des Bestimmungsorts zutaxirt. Bei Bestellung der Begleitadresse soll der Empfänger schriftlich davon benachrichtigt werden, woselbst das Packet behufs der Verzollung und Abholung bereit liege, mit dem Ersuchen, entweder selbst oder durch einen Stellvertreter der Schlußabfertigung des Packets beizuwohnen und die Verzollung desselben zu bewirken; wünscht der Empfänger, daß seine Vertretung durch die Postanstalt wahrgenommen werde, so hat er solches unter Rückgabe der Begleitadresse schriftlich kund zu geben. Die Begleitadresse und die schriftliche Erklärung sind sofort an die Zoll-Leitpostanstalt zu übersenden. Bleibt das Ersuchen an den Empfänger ohne Erfolg, so wird nach 8 Tagen das Packet von der Zollbehörde unter Beisein eines Postbeamten geöffnet und durchgesehen, der Zollbetrag festgestellt, die Sendung von der Postanstalt wieder verpackt und nach erfolgter gemeinschaftlicher Versiegelung zur Post zurückgeschafft. War das Packet am Grenzorte des Eingangs eröffnet und abgefertigt, so hat am vorliegenden Orte nur die Revisionsnote zu verbleiben, während das Packet bis zum wirklichen Bestimmungsort weitergesandt, daselbst dem Empfänger aber erst behändigt wird, nachdem derselbe die Berichtigung des Zollbetrages nachgewiesen hat.

(Zu II.) Die Beförderung des Packets nach erfolgter Schlußabfertigung und Wiederverpackung bis zum Bestimmungsorte geschieht ohne neuen Porto-Ansatz.

Zu § 10.

(Zu I.) Für etwa zerbrochen angekommene Gegenstände findet ein Zollerlaß statt.

Zu § 11.

(Zu I.) Die Poststelle bescheinigt der Zollbehörde den Rückempfang der Sendung.

Falls Sendungen vom Zollauslande von dem ersten Bestimmungsorte dem Empfänger nachgesandt werden, bevor die zollamtliche Schlußabfertigung stattgefunden hat, so wird auf der Begleitadresse der frühere Zollort durchstrichen und die Sendung der Zoll- und Steuerstelle des neuen Bestimmungsorts zugeführt. Sofern die letzte umarbeitende Postanstalt diese Zoll- und Steuerstelle in einzelnen Fällen nicht kennt, ist die Sendung von der Postanstalt des neuen Bestimmungsorts auf die nächst gelegene Zoll- und Steuerstelle zu leiten.

Zu § 12.

(Zu I.) Befindet sich das Packet am Orte einer Zoll-Leitpostanstalt, so ist die Begleitadresse unverzögert an diese Postanstalt zurückzusenden, damit nicht etwa in Folge Ablaufs der achttägigen Frist zu einer Eröffnung des Packets geschritten wird.

(Zu V.) Bleiben zollpflichtige Packete, zu welchen der Empfänger die Begleitadresse angenommen hat, bei der Zollbehörde unabgeholt, so hat die Postanstalt auf die Benachrichtigung der Zollbehörde den Empfänger unter der gewöhnlichen Verwarnung schriftlich an die Abholung des Packets zu erinnern bz. durch Vermittelung der Postanstalt des Bestimmungsorts erinnern zu lassen. Bleibt diese Aufforderung ohne Erfolg, so tritt das gewöhnliche Verfahren ein, wonach die Sendung als unbestellbar zu behandeln ist.

Zum II. Abschnitt.

(Zur Überschrift.) Die Postanstalten, bei denen Packetsendungen nach dem Zollvereinsauslande zur Aufgabe gelangen, welchen entweder eine Empfangsbescheinigung über den bei der Zollbehörde entrichteten Ausgangszoll (§ 13), oder ein Begleitschein (§ 14.), oder ein Musterpaß (§ 15.) beigefügt worden ist, haben die auf den Begleitadressen zu den Sendungen enthaltenen Angaben über das Vorhandensein solcher Zollpapiere mit Rothstift zu unterstreichen und ferner die unter Begleitschein gehenden Poststücke mit einem blauen Zettel mit der Aufschrift „Begleitschein-Stück" zu bekleben.

Die Formulare zu diesen Beklebezetteln, welche in derselben Größe wie das Formular C. 120 auf hellblauem Papier herzustellen und für Rechnung der Postkasse zu beschaffen sind, werden von den Ober-Postdirectionen denjenigen Postanstalten, bei welchen Sendungen unter Begleitschein zur Aufgabe gelangen können, nach Bedarf geliefert.

Diejenigen, nicht unmittelbar an der Ausgangsgrenze belegenen Postanstalten, welche Frachtkartenschlüsse auf zollvereinsausländische Postanstalten abfertigen, haben sämmtliche zu den ausgehenden Poststücken gehörige Zollpapiere, mithin auch die oben bezeichneten Empfangsbescheinigungen über Ausgangszoll, Begleitscheine und Musterpässe, behufs Abnahme am Orte der Ausgangs-Zollstelle offen der Postkarte beizufügen, an dieselbe mit einer Nadel oder einem Faden zu befestigen und der Zahl nach am Kopfe der Postkarte nachrichtlich zu vermerken. Beim Vorkommen einer großen Zahl von Zollpapieren ist gestattet, die Zollpapiere in einen Umschlag zu legen und diesen Umschlag an die Karte zu heften.

Wenn die Beklebung eines Packets mit dem Zettel unterblieben sein oder der Zettel sich unterwegs losgelöst haben sollte, so ist das Fehlende zu ergänzen.

Zu § 13.

(Zu II.) Bei Annahme von Sendungen nach dem Zollauslande ist insbesondere auch auf die Anforderungen der ausländischen Zollverwaltung Rücksicht zu nehmen.

Es ist darauf zu sehen, daß die von den ausländischen Behörden zur Sicherung ihrer Zollgefälle hinsichtlich der Verpackung, Werthangabe u. s. w. gestellten Anforderungen von den Absendern erfüllt werden. (Siehe die Vorschriften in dem Fahrposttarife für das Ausland).

Werden Sendungen zur Post gebracht, deren Inhalt in Gegenständen besteht, die in das Ausland nach den dort geltenden Vorschriften nicht eingeführt werden dürfen, so hat der Annahmebeamte, insofern er von dem Einfuhrverbote Kenntniß hat, den Absender auf dasselbe aufmerksam zu machen.

Zu § 14.

(Zu II.) Wenn in den Begleitscheinen zu Packetsendungen nach dem Zollauslande bestimmte Erledigungsämter bezeichnet sind, so müssen die Sendungen stets diesen Aemtern zugeführt werden. Sind bestimmte Erledigungsämter nicht vorgezeichnet, so hat die Zuführung der Sendungen an dasjenige Erledigungsamt der Ausgangsgrenze zu erfolgen, welches nach Maßgabe der postalischen Leitung für die Abfertigung das gelegenste ist. Diese Bestimmungen sind auch bei der Bezeichnung der Begleitadressen und Packete mit dem Namen des Zollorts bz. bei der Beklebung der Packete mit dem Namen der Leitpostanstalt zu beachten.

Muß ein unter Begleitschein eingetroffenes Packet nach dem Abgangsorte zurückgesandt werden, so hat die Postanstalt vor der Rücksendung die Ertheilung eines neuen Begleitscheins bei der Zollbehörde zu beantragen.

Zu § 15.

(Zu I.) Auf der Begleitadresse ist das Vorhandensein eines Musterpasses von der Postanstalt nöthigenfalls nachträglich zu vermerken. Der Musterpaß wird der Zollstelle an der Ausgangsgrenze mit vorgelegt.

Bei dem Wiedereingange von Sendungen mit Mustern in das Zollvereinsgebiet haben die Postanstalten für gewöhnlich keine Befassung mit dem Eingangs- oder Musterpasse, da derselbe nicht offen, sondern in den Begleitbriefen verpackt eingehen wird. Sollte indeß in einzelnen Fällen der Musterpaß offen beigefügt sein, so haben die Postanstalten in der für den Ausgang vorgeschriebenen Art zu verfahren. Die zollamtliche Abfertigung der mit der Post wiedereingeführten Mustersendungen erfolgt in gewöhnlicher Weise.

Die Sendungen müssen mit der allgemein für die vom Auslande eingehenden Poststücke vorgeschriebenen Inhaltserklärung versehen sein und sind der Zollstelle, bei welcher die Abfertigung stattfinden soll, vorzulegen. Zugleich ist der Musterpaß, falls derselbe offen den Begleitpapieren beigefügt war, der betreffenden Zollstelle zu übergeben.

Zu § 16.

(Zu II.) Die zu den transitirenden Poststücken gehörigen Zollpapiere sind von derjenigen Postanstalt ab, welche den betreffenden Kartenschluß auf die zollvereinsausländische Postanstalt anfertigt, wiederum offen bei der Postkarte (siehe Ausfuhr-Bestimm. III. zu § 1.) zu versenden.

Zu § 17.

(Zu II.) Wo die Interessen des Verkehres oder des Postbetriebes es wünschenswerth erscheinen lassen, daß bei verhältnißmäßig kurzem Transit durch das Zollausland von dem zollamtlichen Verschluß Abstand genommen werde, haben die Ober-Postdirectionen mit den betreffenden Provinzial-Steuerbehörden sich dieserhalb in Verbindung zu setzen und nöthigenfalls an die oberste Postbehörde zu berichten.

№ 12. Cirkularverfügung,

Abänderung des amtlichen Waarenverzeichnisses betreffend, vom 26. Juni 1875 № 4375.

I. Im Bundesrathsausschuß für Zoll- und Steuerwesen hat man sich zur Herbeiführung eines übereinstimmenden Verfahrens und im Interesse der erleichterten Abfertigung dahin verständigt, daß

> **Fußdecken** aus zerkleinerten animalischen oder vegetabilischen Stoffen (einschließlich der Haare und Fasern), welche durch Kautschuck, Guttapercha oder oxydirtes Leinöl gebunden, sowie mit einer Unterlage von grobem Zeugstoff versehen sind, gleich dem **Kamptulicon** (Seite 49 des amtlichen Waarenverzeichnisses) und **Linoleum** der Nr. 13 d oder e des Tarifs zugewiesen werden, jenachdem sie sich als ungefärbt, oder unbedruckt, beziehentlich gefärbt oder bedruckt darstellen.

Die erforderliche Ergänzung des amtlichen Waarenverzeichnisses ist vorbehalten worden.

II. Ferner hat der Bundesrath beschlossen, die auf Seite 198 des amtlichen Waarenverzeichnisses enthaltene Bestimmung:

Rosinen, verdorbene, sofern sie unter Controle eingestampft und durch einen Zusatz von zwei Pfund Kohlenstaub, Porzellanerde, Sand oder Lehm auf den Zentner für andere als Brennereizwecke untanglich gemacht worden sind 1.b (zollfrei)

durch folgende:

Rosinen, verdorbene, sofern sie unter Aufsicht eingestampft und durch einen Zusatz von zwei Pfund Kohlenstaub, Porzellanerde, Sand oder Lehm auf den Zentner für andere als Brennereizwecke untauglich gemacht worden sind, unter Controle der Verwendung 1.b (zollfrei)

zu ersetzen.

Das amtliche Waarenverzeichniß ist hiernach zu berichtigen.

III. Endlich hat der Bundesrath beschlossen, daß

Syphons (Glasflaschen mit Hebevorrichtungen von unedlem Metall) nicht unter die Flaschen und Krüge zu rechnen sind, welche das amtliche Waarenverzeichniß auf Seite 157 zu der Position „Mineralwasser" anführt, und daß dieselben daher, auch wenn sie mit Mineralwasser gefüllt eingehen, nach Maßgabe der geltenden Bestimmungen über die Tara mit dem Satze der Nr. 10e des Zolltarifs

zu belegen sind.

Erfurt, am 26. Juni 1875. Der Generalinspector. Grolig.

№ 13. Bekanntmachung,

betreffend Branntweinsteuerrückvergütung, vom 2. Juli 1875 № 4694.

Unter Bezugnahme auf die, Seite 130 des Amtsblatts vom Jahre 1870 abgedruckte Bekanntmachung mache ich hiermit bekannt, daß nach einem neueren Beschlusse des Bundesraths

unter denselben Maßgaben, unter welchen nach dem Bundesrathsbeschlusse vom 31. März 1870 die steuerfreie Verwendung des Branntweins zur Gewinnung von Alkaloiden zulässig erklärt ist, eine Steuerrückvergütung auch für den zur Herstellung von Anilinfarben verwendeten Spiritus gewährt werden darf.

Erfurt, am 2. Juli 1875. Der Generalinspector: Grolig.

№ 14. Bekanntmachung,

eine Ausstellung kunstgewerblicher Erzeugnisse in Frankfurt a/M. betreffend, vom 24. Juli 1875 № 5097.

In den Monaten August bis October d. J. wird in Frankfurt a/M. eine historische Ausstellung kunstgewerblicher Erzeugnisse veranstaltet und es ist unter den bekannten Voraussetzungen für diejenigen an sich zollpflichtigen Gegenstände, welche zu der gedachten Ausstellung vom Auslande eingeführt und nach beendeter Ausstellung nach dem Auslande zurückgesendet werden, die Befreiung vom Eingangszolle zugestanden worden, was ich hiermit unter Bezugnahme auf die in ähnlichen Fällen ergangenen Bestimmungen bekannt gebe.

Erfurt, den 24. Juli 1875. Der Generalinspector: J. V.: Schreck.

№ 15. Cirkularverfügung,

eine Ausstellung in Böhmisch Leipa betreffend, vom 26. Juli 1875 № 5143.

In Böhmisch Leipa wird vom 1. August d. J. ab eine Gewerbe-Ausstellung veranstaltet werden und es soll für diejenigen Gegenstände, welche zu der gedachten Ausstellung aus dem Vereinsinlande ausgehen, beim Wiedereingange die Zollfreiheit zugestanden werden, wenn die in der Cirkularverfügung vom 24. Januar 1865 № 131 bekannt gegebenen Bedingungen erfüllt sind.

Sofern etwa zu dieser Ausstellung bestimmte inländische Gegenstände zum Zweck der steuerlichen Vorabfertigung bei den Thüringischen Steuerstellen vorgeführt werden, sind die betreffenden Aussteller auf die Bedingungen, unter welchen seiner Zeit die zollfreie Wiedereinfuhr der Ausstellungsgegenstände von mir gestattet werden wird, aufmerksam zu machen.

Erfurt, den 26. Juli 1875. Der Generalinspector: Grolig.

Personalien.

A. Preußen.

1.) Die durch das Ableben des Steuereinnehmers Walter in Suhl erledigte Stelle des Vorstandes des dasigen Königl. Untersteueramtes wurde dem Steuereinnehmer Schmitz in Cölleda verliehen.

2.) Nach Entlassung des Hauptsteueramtsdieners Müller in Erfurt aus seiner Dienststelle wurde die letztere dem ehemaligen Chausseegelderheber Frankenhäuser in Ried übertragen.

B. S. Weimar.

1.) An Stelle des früheren Rechnungsamts-Assistenten Knoblauch ist dem Rechnungsamts-Assistenten Schirmer die Mitbesorgung der Geschäfte bei der Großherzl. Steuerreceptur in Blankenhain übertragen worden.

Ministerialrescript d. d. Weimar vom 25. März 1875.

2.) In Folge Ablebens des Rechnungsamtmanns Reuß ist die Leitung der Geschäfte bei der Großherzl. Steuerreceptur in Kaltennordheim dem dasigen Rechnungsamts-Assistenten Reuß und die Mitbesorgung derselben dem Rechnungsamts-Accessisten Volk bis auf Weiteres kommissarisch überwiesen worden.

Ministerialrescript d. d. Weimar vom 24. Mai 1875.

C. S. Meiningen.

1.) Nach dem Ableben des Steueraufsehers Burkardt in Schweina ist der Steueraufseher Bießmann in Streufdorf nach Schweina, der Steueraufseher Keller II. in Hildburghausen nach Streufdorf versetzt und der neu eingetretene Steueraufseher Schramm in Hildburghausen stationirt worden.

Mittheilung des Herzogl. Feldjägerkommandos d. d. Meiningen vom 11. Oktober 1874 bez. Ministerialrescript d. d. Meiningen vom 29. Januar 1875.

2.) Die Aufsichtsstation in Immelborn ist nach Allendorf verlegt worden und wurde der Steueraufseher Hermann von Walldorf nach Allendorf, der Steueraufseher Müllich von Immelborn nach Themar und der Steueraufseher Hodermann von Themar nach Walldorf versetzt.

Mittheilung des Herzogl. Feldjägerkommandos d. d. Meiningen vom 5. März 1875.

3.) Die Station des Steueraufsehers Koch in Sonneberg ist nach Oberlind verlegt worden.

Mittheilung des Herzogl. Feldjägerkommandos d. d. Meiningen vom 23. März 1875.

4.) Dem Amtsverwalter Johannes in Römhild ist von Sr. Hoheit dem Herzog von S. Meiningen das Prädikat als „Rath" ertheilt worden.

Regierungsblatt für das Herzogthum S. Meiningen Nro. 75 de 1875.

5.) Die Station des Steueraufsehers Carl in Naundorf wurde nach Unterwellenborn zurückverlegt.
Mittheilung des Herzogl. Feldjägerkommandos d. d. Meiningen vom 18. April 1875.

6.) Die Steueraufseher Horn in Obermaßfeld und Schübel in Opfershausen haben mit ihren Stationen gewechselt; der Steueraufseher Schübel wurde indessen weiter in Einhausen stationirt, bis sich für denselben in Obermaßfeld ein passendes Quartier findet.
Mittheilungen des Herzogl. Feldjägerkommandos d. d. Meiningen vom 28. April und 5. Mai 1875.

7.) Der Steueraufseher Schmidt III. in Hildburghausen wurde zur lediglichen Ausübung des Polizeidienstes in seiner Eigenschaft als Feldjäger aus dem Steueraufsichtsdienste entfernt. Der Steueraufseher Heil in Molau wurde nach Hildburghausen, der Steueraufseher Schramm in Hildburghausen nach Hoheneiche (Arnsgereuth) und der Steueraufseher Frank in Hoheneiche (Arnsgereuth) nach Hildburghausen versetzt, letzterer um die Aufsichtsstation des abgegangenen Steueraufsehers Schmidt III. zu übernehmen. Die Aufsichtsstation in Molau bleibt bis auf Weiteres unbesetzt und wird der Aufsichtsdienst von den benachbarten Steueraufsehern mit ausgeübt.
Mittheilung des Herzogl. Feldjägerkommandos d. d. Meiningen vom 16. Mai 1875.

D. S. Altenburg.

Mit Aufhebung des Herzogl. Steuer- und Rentamts zu Lucka und der Vereinigung des Bezirks mit dem des Herzogl. Hauptsteueramts zu Altenburg ist der Finanzkassirer Meyer in Lucka aus dem gemeinschaftlichen Steuerdienste geschieden und der Steueraufseher Beundorf von Lucka nach der neuen Aufsichtsstation zu Meuselwitz versetzt worden.
Ministerialrescript d. d. Altenburg vom 1. März 1875.

E. S. Gotha.

Der Feldwebel Hübschmann wurde als Steueraufseher in Gotha an Stelle des dienstunfähig gewordenen Steueraufsehers Popp angestellt.
Ministerialrescript d. d. Gotha vom 3. Juni 1875.

F. Schwarzb. Rudolstadt.

1.) An Stelle des in Ruhestand getretenen Steueraufsehers Sauerbrey in Stadtilm wurde der bisherige Gensdarm Schirmer als Steueraufseher daselbst angestellt.
Ministerialrescript d. d. Rudolstadt vom 29. Januar 1875.

2.) Der zeitherige Accessist Meßner ist unter Ernennung zum Assistenten als dritter Beamter beim Fürstl. Steueramte zu Königsee angestellt worden.
Ministerialrescript d. d. Rudolstadt vom 6. April 1875.

G. Schwarzb. Sondershausen.

1.) Dem Obersteuerkontroleur, Assessor Berger in Arnstadt wurde von Sr. Durchlaucht dem Fürsten von Schwarzb. Sondershausen das Prädikat als „Steuerrath" verliehen.
Ministerialrescript d. d. Sondershausen vom 21. März 1875.

2.) Der Steueramtsassistent und Kassenschreiber Hoppe in Arnstadt wurde von Höchstdemselben zum „Kalkulator" ernannt.
Ministerialrescript d. d. Sondershausen vom 8. Mai 1875.

H. Reuß jüngerer Linie.

1.) An Stelle des aus dem gemeinschaftlichen Steuerdienste geschiedenen Hauptsteueramts-Rendanten Neumeister in Gera ist der Steueramts-Rendant Zschäck in Schleiz zum Hauptsteueramts-Rendanten in Gera ernannt worden.
Ministerialrescript d. d. Gera vom 22. Januar 1875.

2.) Die hiernach erledigte Stelle des Rendanten bei dem Fürstl. Steueramte in Schleiz wurde dem Steueramts-Assistenten Tenzler daselbst verliehen.
Ministerialrescript d. d. Gera vom 7. April 1875.

3.) Die Stelle des Assistenten bei dem vorgenannten Steueramte wurde dem Amtskopisten und Hypothekenbuchführer Fröhlich übertragen.
Ministerialrescript d. d. Gera vom 10. April 1875.

Schnellpressendruck von Otto Conrad in Erfurt

Amtsblatt

des General-Inspectors des Thüringischen Zoll- und Handels-Vereins.

2tes Stück vom Jahre 1875.

№ 16. Cirkularverfügung,

Ergänzung des amtlichen Waarenverzeichnisses betr., vom 2. Aug. 1875 № 5063 I.

Der Bundesrath hat beschlossen, auf Seite 73 des Waarenverzeichnisses hinter „Fleischextrakt" einzuschalten:

Fleischguano (Viehfutter-Fleischmehl), ein aus getrockneten und gemahlenen thierischen Abfällen unter Zusatz von Chlorkalium und phosphorsaurem Natron hergestelltes Fabrikat — Artikel 44 (zollfrei.),

was zu beachten ist.

Erfurt, am 2. August 1875. Der Generalinspector: Grolig.

№ 17. Bekanntmachung,

eine Ausstellung in Luxemburg betr., vom 18. August 1875 № 5669.

Im Monat October d. J. wird in Luxemburg eine allgemeine Ackerbauausstellung veranstaltet, und es ist den zu dieser Ausstellung aus dem Auslande ein- und nach beendeter Ausstellung wieder dahin zurückgehenden Gegenständen unter den bekannten Voraussetzungen Zollfreiheit zugestanden worden, was ich hiermit unter Bezugnahme auf die in ähnlichen Fällen ergangenen Bestimmungen bekannt gebe.

Erfurt, den 18. August 1875. Der Generalinspector: J. V. Schreck.

№ 18. Cirkularverfügung,

betr. die Veröffentlichung allgemeiner Verwaltungsvorschriften in Zoll- und Steuersachen vom 9. September 1875 № 5982.

Nachdem von dem Bundesrathe beschlossen worden ist, die zeither erfolgte Herausgabe der „Jahrbücher der Zollgesetzgebung und Verwaltung des Deutschen Zoll- und Handelsvereins" als jetzt entbehrlich mit dem Schlusse des laufenden Jahres einzustellen, werden in Zukunft alle von dem Bundesrathe beschlossenen allgemeinen Verwaltungsvorschriften in Zoll- und Steuersachen durch das „Centralblatt des Deutschen Reichs" veröffentlicht werden.

Erfurt, am 9. September 1875. Der Generalinspector: J. V. Schreck.

№ 19. Bekanntmachung,
eine Abänderung des Eisenbahnabfertigungs-Regulativs betreffend,
vom 28. October 1875 № 7472.

Der Bundesrath hat beschlossen, das **Alinea** 3 des § 43 des Regulativs, betreffend die zollamtliche Behandlung des Gütertransportes auf den Eisenbahnen, zu streichen und dem **Alinea** 2 desselben Paragraphen folgenden Zusatz zu geben:

„Die Zuladung anderer, aus dem freien Verkehr stammender, gleichfalls zum unmittelbaren Ausgang bestimmter Güter in diese Räume ist gestattet; die Eisenbahnverwaltung hat jedoch der Zollbehörde ein Verzeichniß derselben unter Angabe der Zahl, Verpackungsart, Bezeichnung des Bruttogewichts und des Inhalts zu übergeben, welches bei der Verladung zu prüfen und demnächst dem betreffenden Begleitscheine anzustempeln ist. Bei Wagen, in welche Güter des freien Verkehrs mit zollpflichtigen Gütern verladen sind, dürfen auf dem Transporte bis zum Ausgangsorte, soweit nicht Verschlußverletzungen oder Unfälle eine Umladung erforderlich machen, Zu- und Abladungen nicht stattfinden."

Im vierten **Alinea** des § 43 ist statt „solcher Waaren" zu setzen: „„derjenigen Waaren, deren Ausgang amtlich zu bescheinigen ist.""

Dies wird den betheiligten Thüringischen Steuerstellen hiermit zur Kenntnißnahme und zur Berichtigung der im Dienstgebrauche befindlichen Exemplare des Regulativs bekannt gegeben.

Erfurt, den 28. October 1875. Der Generalinspector: Grolig.

№ 20. Cirkularverfügung,
Berichtigung ꝛc. des amtlichen Waarenverzeichnisses betreffend,
vom 10. November 1875 № 7738.

Nachstehende Bundesrathsbeschlüsse sind zu beachten und im amtlichen Waarenverzeichnisse treffenden Orts zu notiren:

I. Durch die unter Ziffer 55 und 93 des Nachtrags zum amtlichen Waarenverzeichnisse getroffenen Aenderungen hat die früher auf Seite 58 des amtlichen Waarenverzeichnisses in der Anmerkung zu „Eisenbahnschienen" enthaltene Bestimmung, wonach alte gebrauchte Eisenbahnschienen, welche zersprungen, zerbrochen oder in Folge von Abnutzung, Spalten, Zersplittern ꝛc. zur Verwendung als Eisenbahnschienen ungeeignet geworden, als altes Brucheisen zu behandeln sind, nicht aufgehoben werden sollen.

II. Ferner:

1., auf Seite 32 des amtlichen Waarenverzeichnisses ist hinter dem Artikel „**Boules colorantes**" aufzunehmen:

Boulinikon (Deckenstoff von zerkleinerten Haaren, Wollabfällen, Lederabfällen und dergl. und Kautschuk oder Guttapercha) siehe Decken (Fußdecken);

2., auf Seite 49 ist der Artikel: Decken (Fußdecken) aus geraspeltem Kork ꝛc. zu fassen:

— (Fußdecken) aus zerkleinerten animalischen oder vegetabilischen Stoffen und Kautschuk, Guttapercha oder oxydirtem Leinöl (Bonilimikon, Kamptulikon, Linoleum), auch mit Unterlagen von grobem Zeugstoffe:

1., ungefärbte, unbedruckte . . . . 13 d (zollfrei).

2., gefärbte oder bedruckte . . . . 13 e.

3., Auf Seite 146 ist hinter dem Artikel „liniirtes Papier" aufzunehmen:

Linoleum (Deckenstoff von zerkleinertem Kork und oxydirtem Leinöl) siehe Decken (Fußdecken).

III. Auf Seite 43 des amtlichen Waarenverzeichnisses ist hinter dem Artikel „Cigarrenmaschinen" aufzunehmen:

Cigarrenspitzen von Holz oder anderen vegetabilischen oder animalischen Schnitzstoffen (mit Ausnahme von Schildpatt) . . . 13 f.

— andere nach Beschaffenheit des Materials.

Erfurt, den 20. November 1875. Der Generalinspector: Grolig.

№ 21. Bekanntmachung,

betreffend eine Molkereiausstellung in Frankfurt a./M., vom 10. November 1875 № 7745.

Der landwirthschaftliche Verein in Frankfurt a./M. beabsichtigt, daselbst in den Tagen vom 4.—6. Decbr. d. J. eine internationale Molkereiausstellung im Zusammenhange mit den das Molkereiwesen betreffenden größeren Maschinen, Geräthen, Requisiten des Molkereibetriebs, einer vollständigen Molkereieinrichtung und Molkereiprodukten zu veranstalten, und es ist demselben die nachgesuchte Befreiung vom Eingangszolle für die zu dieser Ausstellung vom Auslande eingehenden und nach Beendigung derselben dahin zurückgehenden Gegenstände unter den bekannten Voraussetzungen zugestanden worden, was ich hierdurch unter Bezugnahme auf die in ähnlichen Fällen ergangenen Bestimmungen bekannt gebe.

Erfurt, den 10. November 1875. Der Generalinspector: Grolig.

№ 22. Cirkularverfügung,

Musterpässe betreffend, vom 18. November 1875 № 7885.

Unter Bezugnahme auf die Cirkularverfügungen vom 17. April 1834 Nr. 1775 und vom 8. September 1865 Nr. 5335 mache ich zu weiterer entsprechender Veranlassung hiermit bekannt, daß durch Bundesrathsbeschluß die Vorschrift, nach welcher die Zollfreiheit der von deutschen Handlungsreisenden ausgeführten Musterstücke bei der Wiedereinfuhr unter Anderem von dem Nachweise der stattgehabten Ausfuhr abhängig gemacht ist, als entbehrlich aufgehoben worden ist, und daß der § 15 des Regulativs über die zollamtliche Behandlung der mit den Posten eingehenden, ausgehenden oder durchgehenden Gegenstände hiernach keine Anwendung mehr findet.

Einer Angabe in den Berichten, womit die Ausfertigung eines Musterpasses beantragt wird, darüber, ob die Ausfuhr der Musterstücke durch Handlungsreisende persönlich bewirkt werden soll, bedarf es nicht weiter.

Erfurt, den 18. November 1875. Der Generalinspector: Grolig.

№ 23. Cirkularverfügung

in Betreff der Uebergangsabgabensätze für Branntwein in den Hohenzollernschen Landen,
vom 8. December 1875 № 8218.

Nach einem Beschlusse des Bundesraths ist

1., die Steuervergütung, welche bei der vom 1. Januar k. J. an stattfindenden Ausfuhr von Branntwein gewährt wird, in den Hohenzollernschen Landen auf 1 Mark 50 Pfg. für das Hektoliter bei einer Stärke des Branntweins bis zu 65% Tr. und auf 3 Mark für das Hektoliter bei einer Stärke des Branntweins von mehr als 65% Tr. bestimmt und in gleicher Weise die Übergangsabgabe von dem aus dem übrigen Reichsgebiete eingehenden Branntweine bei einer Stärke bis zu 65% Tr. auf 1½ Mark pro Hektoliter, bei einer Stärke von mehr als 65% Tr. auf 3 Mark vom Hektoliter festgesetzt;

2., die seitherige Vorschrift, nach welcher in den gedachten Landen die Ausfuhrvergütung nur gewährt werden soll, wenn die auf einmal ausgeführte Menge sich auf mindestens 20 Maß = 37 Liter beläuft, dahin abgeändert worden, daß dieser Mindestbetrag vom 1. Januar k. J. an auf 30 Liter herabgesetzt wurde.

Hiernach ist die mit der Cirkularverfügung vom 8. August 1872 Nr. 4687 ausgegebene Übersicht unter Nr. 23 in den letzten 3 Spalten abzuändern.

Erfurt, den 8. December 1875. Der Generalinspector: Grolig.

№ 24. Cirkularverfügung,

den Minimalbetrag bei Erhebung und bezw. Vergütung von Zoll- und Steuergefällen betreffend, vom 8. December 1875 № 8247.

Der Bundesrath hat mit Rücksicht auf die bevorstehende Einführung der Reichsgoldwährung beschlossen, daß bei Erhebung der in die Reichskasse fließenden Zölle und Steuern, sowie bei Rückvergütung dieser Abgaben für Rechnung des Reichs künftig allgemein Beträge unter 5 Pfennigen Reichswährung außer Betracht gelassen, höhere Pfennigbeträge aber nur, soweit sie durch 5 ohne Rest theilbar sind, unter Weglassung der überschießenden Pfennige erhoben oder vergütet werden sollen.

Es wird solches mit dem Hinzufügen zur Kenntniß gebracht, daß bezüglich der Branntweinsteuervergütung die Abrundung der Bonifikationsbeträge für jede einzelne Position in der hierher einzureichenden Nachweisung des ausgeführten oder zu Fabrikzwecken verwendeten denaturirten Branntweins zu erfolgen hat, sowie daß gegentheilige Register-Revisions-Entscheidungen in Bezug auf die Steuerpflichtigkeit der in kleineren Mengen zur Verwendung angemeldeten Braustoffsurrogate durch obigen Beschluß als aufgehoben zu betrachten sind.

Erfurt, den 8. December 1875. Der Generalinspector: Grolig.

№ 25. Cirkularverfügung,

die Denaturirung des Salzes mit Schwefelsäure und Kienöl betreffend,
vom 18. December 1875 № 8363.

Der Bundesrath hat in der Sitzung vom 13. v. M. beschlossen:

1., „zuzulassen, daß das Bestellsalz für zuverlässige Gewerbtreibende mit Genehmigung der Zolldirektivbehörde auf den Salzwerken mit nur 1 Procent Schwefelsäure und 1 Procent Wasser denaturirt werde, wenn ein anderes Denaturirungsmittel als Schwefelsäure für das betreffende Gewerbe nicht anwendbar ist;

2., daß künftig die Anwendung von Kienöl nur bei Herstellung desjenigen sogenannten Gewerbebestellsalzes (Ziff. 2. B. der Bestimmungen, betreffend die Befreiung des zu landwirthschaftlichen und gewerblichen Zwecken bestimmten Salzes von der Salzabgabe, Amtsblatt Nr. 41 pro 1872) gestattet sein solle, welches in den Gewerberäumen des Empfängers denaturirt wird."

Die Anwendung von 1 Procent Schwefelsäure und 1 Procent Wasser ist gemäß Nr. 1 der Verfügung vom 27. Juli 1872 Nr. 4467 an meine Bewilligung geknüpft Selbstverständlich ist Schwefelsäure von 66° B. zu verwenden.

Erfurt, den 18. December 1875. Der Generalinspector: Grolig.

№ 26 Bekanntmachung,

betr. den künftigen Verkehr mit Branntwein zwischen Luxemburg und den Staaten der Deutschen Branntweinsteuergemeinschaft vom 27. December 1875 № 8626.

Das unter dem 31. December 1868 zwischen dem Norddeutschen Bunde und dem Großherzogthum Luxemburg bezüglich des Verkehrs mit Branntwein geschlossene Abkommen tritt mit Ablauf dieses Jahres außer Kraft und es treten mit dem 1. Januar 1876 wieder die in den Protokollen vom $\frac{31\ \text{März}}{11\ \text{April}}$ 1858 und $\frac{20.}{25.}$ October 1865 getroffenen Verabredungen in Wirksamkeit. Demzufolge wird zur öffentlichen Kenntniß gebracht,

1., daß beim Uebergange von Branntwein aus den in Branntweinsteuer-Gemeinschaft stehenden Staaten nach Luxemburg und umgekehrt, denjenigen, welche den Branntwein überführen, eine Rückvergütung an Branntweinsteuer auch ferner nicht gewährt wird;

2., daß vom 1. Januar 1876 ab von dem aus Luxemburg nach den in Branntweinsteuer-Gemeinschaft stehenden Staaten zu versendenden Branntwein nur eine Ausgleichungsabgabe von $4,_{50}$ Mark für das Hektoliter zu 50°/₀ Alkohol nach Tralles erhoben werden wird, sofern die Betheiligten über den zu versendenden Branntwein innerhalb des Großherzogthums Luxemburg einen Uebergangsschein entnehmen und die daraus erwachsenden Verpflichtungen erfüllen. Der ohne Entnahme eines Uebergangsscheins in der bezeichneten Richtung versendete Branntwein unterliegt vom 1. Januar 1876 ab der Uebergangsabgabe von $13,_{10}$ Mark für das Hektoliter zu 50°/₀ Alkohol nach Tralles;

3., daß von dem Branntwein, welcher aus den in Branntweinsteuer-Gemeinschaft stehenden Staaten nach Luxemburg versendet wird, eine Uebergangsabgabe auch fernerhin nicht erhoben wird, sofern die Betheiligten im Lande der Versendung einen Uebergangsschein entnehmen und die daraus sich ergebenden Verpflichtungen erfüllen.

Wegen Erlangung von Uebergangsscheinen haben sich die Betheiligten an die zur Ausfertigung solcher Bezettelungen ermächtigten Steuerstellen zu wenden.

Erfurt, den 27 December 1875. Der Generalinspector: Grolig.

№ 27. Cirkularverfügung,

die Stempelpflichtigkeit der vom Auslande auf das Inland gezogenen, im Auslande domicilirten Wechsel nach erfolgtem Accepte ꝛc. betreffend, vom 28. December 1875 № 8623.

Den Bezirkssteuerstellen wird hiermit zur Nachachtung bekannt gegeben, daß nach einem Bundesrathsbeschlusse vom 13. Oktober d. J. vom Auslande auf das Inland gezogene, im Auslande domicilirte Wechsel nach erfolgtem Accepte, auch wenn ein Umlauf derselben im Inlande nicht Statt findet, nach § 7 des Gesetzes über die Wechselstempelsteuer vom 10. Juni 1869 als stempelpflichtig anzusehen sind.

Erfurt, den 28. December 1875. Der Generalinspector: Grolig.

Personalien.

A. Generalinspection.

Dem Bureauvorsteher, zeitherigen Kanzleirath Ulrich wurde von Sr. Durchlaucht dem Fürsten von Schwarzburg-Rudolstadt das Prädikat als „Steuer-Rath" verliehen.

B. S. Weimar.

1.) Der Steueraufseher Engau in Eisenach wurde an Stelle des mit Tode abgegangenen Steueraufsehers Witschel nach Bürgel versetzt und von der Wiederanstellung eines zweiten Steueraufsehers in Eisenach bis auf Weiteres Abstand genommen

2.) Dem Steueraufseher Kräuter in Geisa wurde die Stelle eines Verwiegungsbeamten bei der Rübenzuckerfabrik in Allstedt übertragen und der Dienstanwärter Pabst mit der Verwaltung der Steueraufseherstelle in Geisa vorerst probeweise und widerruflich betraut.

Ministerialrescripte d. d. Weimar vom 30. Juli u. 20. Aug. 1875.

3.) Dem Steuerrecepturverwalter Mirus in Remda wurde von Sr. Königl. Hoheit dem Großherzog von Sachsen das Dienstprädikat als „Steuerkommissar" verliehen.

Ministerialrescript d. d. Weimar vom 8. September 1875.

C. S. Meiningen.

1.) Der bisher bei der Herzogl. Amtseinnahme in Camburg beschäftigt gewesene Amtsassistent Braun wurde an das Herzogl. Steueramt in Saalfeld versetzt, um an Stelle des zum Amtsrechnungsrevisor ernannten Revisionsassistenten Recknagel den zweiten Beamten beim gedachten Steueramte in Verhinderungsfällen zu vertreten.

2., Der Vorstand des Herzogl. Steueramts zu Gräfenthal, Rath Unger ist in Ruhestand getreten und dessen Stelle dem Amtsassistenten Ley in Sonneberg mit dem Prädikate als „Amtsverwalter" übertragen worden. Der bisher bei dem letzteren Steueramte beschäftigte Revisionsassistent Frank wurde mit den Functionen des zweiten Beamten an Stelle des vormaligen Amtsassistenten Ley ständig betraut. Zur Vertretung des zweiten Beamten bei dem Steueramte zu Sonneberg ist nach wie vor der Amtsassistent Kemlein bestimmt und beim Steueramte zu Gräfenthal der Amtsassistent Wetzel zu gleicher Verwendung eingetreten.

Ministerialrescripte d. d. Meiningen vom 4. August und 24. September. 1875.

3., Die Versetzung des Steueraufsehers Heil von Molau nach Hildburghausen (s. Personalien im 1. Stück des Amtsblatts de 1875 sub C No. 7) ist nicht zur Ausführung gekommen.

Mittheilung des Herzogl. Feldjägerkommando's d. d. Meiningen vom 12. August 1875.

4.) Der Vorstand des Herzogl. Steueramts zu Salzungen, Rath Köhler wurde in Ruhestand versetzt und dessen Stelle dem bisherigen Amtsverwalter, Rath Sachse von Meiningen übertragen. Nach der demnächst erfolgten Combinirung der Herzogl. Amts-Einnahme in Meiningen mit dem dasigen Herzogl. Steueramte wurde der Steuerrath Abesser daselbst zum gemeinschaftlichen Amtsvorstande für beide Behörden ernannt und dem Steueramte der Revisionsassistent Meffert bis auf Weiteres zur Hülfsleistung überwiesen.

Ministerialrescripte d. d. Meiningen vom 24. Juli u. 22. November 1875.

5.) Der Verwiegungsbeamte Keller in Tümpling ist in Ruhestand getreten und dessen Stelle dem bisherigen Salzsteueraufseher Gerlach von Oberneusulza übertragen worden. Der Steueraufseher Kiesewetter zu Wasungen wurde demnächst als Salzsteueraufseher nach Oberneusulza versetzt und die Aufsichtsstation Wasungen vorläufig noch unbesetzt belassen.

Ministerialrescript d. d. Meiningen vom 20. September 1875.

6.) Der Amtsassistent Bießmann in Hildburghausen wurde aus seiner Dienststellung entfernt und die Stelle des zweiten Beamten bei dem Herzogl. Steueramte daselbst dem Amtsassistenten Kobles zu Römhild verliehen Der Revisionsassistent Sonntag wurde als zweiter Beamter an das Steueramt in Römhild versetzt.

Ministerialrescript d. d. Meiningen vom 1. Oktober 1875.

D. S. Altenburg.

1.) Die Steueraufseher Graichen in Schmölln und Günther in Ehrenhain haben mit ihren Stationen gewechselt.

Ministerialrescript d. d. Altenburg vom 3. September 1875.

2.) Nachdem der Vorstand des Herzogl. Steuer- und Rentamts zu Kahla, Rechnungsrath Vater mit Tode abgegangen, werden dessen Dienstgeschäfte bis auf Weiteres von dem zweiten Beamten des gedachten Amtes, Finanzcontroleur Kratzsch, mit besorgt.

Ministerialrescript d. d. Altenburg vom 18. November 1875.

E. S. Coburg-Gotha.

1.) Der Assistent und Steueraufseher Heß in Coburg wurde bis auf Weiteres zur Dienstleistung an das Herzogl. Hauptsteueramt in Gotha versetzt und der Accessist Otto von dem Letzteren zur Dienstleistung an Stelle des p. Heß nach Coburg kommittirt.

Ministerialrescript d. d. Gotha vom 6. December 1875.

2.) Der Steueraufseher Popp in Gotha wurde in den Ruhestand versetzt.

Ministerialrescript d. d. Gotha vom 31. August 1875.

3.) Der Vorstand des Herzogl. Steueramts zu Tenneberg, Rentamtmann Brückner ist mit Tode abgegangen.

F. Schwarzb. Sondershausen.

Der Vorstand des Fürstl. Steueramts zu Arnstadt, Steuerrath Kumpenhans ist in den Ruhestand versetzt und sind dessen Geschäfte vorläufig dem zweiten Beamten des Steueramts, Rendanten Heimbürger übertragen worden.

Ministerialrescript d. d. Sondershausen vom 17. Oktober 1875.

Druck von Otto Conrad in Erfurt

Amtsblatt

des

General-Inspectors

des

Thüringischen Zoll- und Handelsvereins.

Jahrgang

1876.

Erfurt.

Register

zum Jahrgang 1876 des Amtsblatts des General-Inspectors des Thüringischen Zoll- und Handelsvereins.

I. Chronologisches Register.

Laufende Nummer.	Der Cirkularverfügung rc. Datum.	Journal-№	Inhalt.	Zu finden unter №	Seite.
	1876.				
1.	5. Januar	283	Bekanntmachung, betr. Branntweinsteuerrückvergütung . .	1.	1.
2.	13. ejd.	516	Dgl., eine Aenderung des Postabfertigungsregulativs betr.	2.	1.
3.	14. ejd.	505	Cirkularverfügung, Taravergütung für Südfrüchte in doppelter Umschließung und Berichtigung des amtlichen Waarenverzeichnisses betreffend	3.	1.
4.	10. Februar	1212	Bekanntmachung, betr. eine landwirthschaftliche Ausstellung in Breslau	4.	3.
5.	17. ejd.	1421	Cirkularverfügung, Zoll- und Steuervergütung für Taback betr.	5.	3.
6.	eod.	1422	Dgl., die Ausstellung in Philadelphia betr.	6.	4.
7.	3. März	1788	Dgl., Tarif- und Tarabestimmungen betr.	7.	5.
8.	6. ejd.	1862	Bekanntmachung, Ausstellungen in Königsberg (Ostpreußen) und Nürnberg betr.	8.	5.
9.	21. ejd.	2039	Dgl., Branntweinverkehr mit Luxemburg betreffend . . .	9.	6.
10.	5. April	2488	Dgl., eine Ausstellung in München betr.	10.	8.
11.	11. ejd.	2837	Cirkularverfügung, eine Ausstellung in Utrecht betreffend .	11.	8.
12.	1. Mai	3261	Bekanntmachung, eine Ausstellung in Halle a. S. betreffend	12.	8.
13.	3. ejd.	3276	Cirkularverfügung, die Spielkarten-Uebergangsscheinkontrole betr.	13.	9.
14.	24. ejd.	3871	Dgl., eine Ausstellung in Brüssel betr.	14.	9.
15.	12. Juni	4184	Bekanntmachung, eine Ausstellung in Köln betr. . . .	15.	9.
16.	14. ejd.	4145	Cirkularverfügung, die Brüsseler Ausstellung betr. . . .	16.	10.
17.	24. ejd.	4391	Verfügung, betr. die Tarifirung von Kautschuckplatten mit eingewalztem Drahtgewebe	17.	10.
18.	28. ejd.	4459	Cirkularverfügung, das Einfuhrverbot für Reben zum Verpflanzen betr.	18.	11.
19.	13. Juli	4873	Bekanntmachung, eine Ausstellung in Frankfurt a. M. betr.	19.	11.
20.	26. Septemb.	6322	Dgl., die Postsendungen an die Kaiserlichen Vertretungen im Auslande betr.	20.	15.
21.	28. Oktober	7499	Cirkularverfügung, die Ausstellung in Philadelphia betr. .	21.	15.
22.	4. Novemb.	7622	Dgl., die Ergänzung und Berichtigung der Begleitscheinangaben am Bestimmungsorte betr.	22.	15.
23.	6. ejd.	7620	Bekanntmachung, betr. die Denaturirung von Branntwein zur Anilinfarbenfabrikation	23.	16.
24.	18. ejd.	7956	Cirkularverfügung, Tarif- und Tarabestimmungen betr. .	24.	16.
25.	25. ejd.	8009	Bekanntmachung, betr. Steuerbegünstigung bei der Anilinfarbenfabrikation	25.	17.
26.	29. ejd.	7931	Cirkularverfügung, die Denaturirung von Gewerbesalz durch Petroleum, Kienöl rc. betr.	26.	17.
27.	eod.	8088	Dgl., betr. die Abfertigung zollpflichtigen ausländischen Salzes	27.	18.

Laufende Nummer.	Der Cirkularverfügung 2c. Datum.	Journal-№	Inhalt.	Zu finden unter №	Seite.
28.	1876. 7. Decemb.	8401	Cirkularverfügung, Taravergütung für Rohzucker in leichter Sackverpackung betr.	28.	19.
29.	21. ejd.	8643	Dgl., Klassifikation von Halskragen und die Auslegung der Anmerkung zu pos. 18 des Zolltarifs betr. . . .	29.	19.
30.	Ohne	Ohne	Personalien	.	12.
31.	Dgl.	Dgl.	Dgl.	.	20.

II. Sachregister.

Bemerkung. Die beigesetzten Ziffern bedeuten die Seitenzahlen.

A.

B.

D.

E.

G.

H.

K.

L.

P.

R.

S.

T.

U.

W.

Z.

Amtsblatt
des General-Inspectors des Thüringischen Zoll- und Handels-Vereins.

1tes Stück vom Jahre 1876.

№ 1. Bekanntmachung,

betr. Branntweinsteuerrückvergütung, vom 5. Januar 1876 № 283.

Der Bundesrath hat beschlossen, vom 1. Januar d. J. ab die Steuer für den zur Fabrikation von Bleizucker und Bleiweiß verwendeten Branntwein unter denselben Maßgaben und Controlen zu vergüten bezw. zu erlassen, unter welchen die steuerfreie Verwendung des Branntweins zur Alkaloidenfabrikation zugelassen ist — vergl. das Regulativ Seite 130 des Amtsblattes vom Jahre 1870 —, jedoch dabei zu bestimmen, daß „die zuvorige Denaturirung des Branntweins mit 1 Kilo Campher auf je 1000 Liter Spiritus zu 50 pro Cent Tralles zu erfolgen hat."

Erfurt, den 5. Januar 1876. Der Generalinspector: Grolig.

№ 2. Bekanntmachung,

eine Aenderung des Postabfertigungsregulativs betr., vom 13. Januar 1876 № 516.

Der Bundesrath hat beschlossen, die Fortführung des bei den Ausgangsämtern geführten Annotationsregisters über den Durchgangsverkehr mit den Fahrposten einzustellen und die zollamtliche Abfertigung darauf zu beschränken, daß die zum Ausgange gestellten Poststücke mit den Inhaltserklärungen bezw. Revisionsnoten verglichen und letztere nach erfolgtem Ausgange der Stücke abgestempelt und gesammelt werden.

Erfurt, den 13. Januar 1876. Der Generalinspector: Grolig.

№ 3. Cirkularverfügung,

Taravergütung für Südfrüchte in doppelter Umschließung und Berichtigung des amtlichen Waarenverzeichnisses betr., vom 14. Januar 1876 № 505.

Nachstehende Beschlüsse des Bundesraths werden hierdurch zur Beachtung und bez. zur Berichtigung des amtlichen Waarenverzeichnisses bekannt gemacht.

I. Bezüglich der Taravergütung für frische und getrocknete Südfrüchte (Nummer 25 h 1 und 2 x des Tarifs) in doppelter Umschließung.

1. Gehen Südfrüchte in inneren Umschließungen ein, so kann, wenn diese inneren Umschließungen in Säckchen oder Bällchen bestehen, für dieselben eine zusätzliche Tara von 2%, und wenn sie in Schachteln, Körbchen oder Kistchen bestehen, eine

zusätzliche Tara von 10% neben der tarifmäßigen Tara für die äußere Umschließung bewilligt werden.

2. Gehen Südfrüchte in Säckchen, Bällchen, Schachteln, Körbchen oder Kistchen ohne äußere Umschließung ein, so ist für erstere nur die sogenannte zusätzliche Tara von 2 beziehungsweise 10% zu gewähren; ebenso darf

3. auch in denjenigen Fällen, in welchen die äußere Umschließung der Südfrüchte vor der Verwiegung entfernt wird, sofern nicht Nettoverwiegung eintritt, für die obenbezeichneten inneren Umschließungen nicht die tarifmäßige, sondern nur die zusätzliche Tara gewährt werden.

4. Auf Südfrüchte, welche in durchgeschnittenen (halben) Fässern eingehen, findet die tarifmäßige Faßtara Anwendung.

Nach vorstehenden Bestimmungen wird sich also die Taravergütung für doppelte Umschließung in folgender Weise herausstellen bez. zusammenstellen:

Innere Umschließung.	Aeußere Umschließung.										Bemerkung.
	Säcke.		Ballen		Körbe.		Kisten.		Fässer.		
	frische.	getrocknete.	frische.	getrocknete.	frische.	getrocknete.	frische.	getrocknete.	frische	getrocknete.	
Säckchen oder Bällchen.	2+2	2+2	2+6	2+6	2+18	2+13	2+20	2+16	2+20	2+13	Die erste Ziffer ist die Taravergütung für die innere, die zweite Ziffer für die äußere Umschließung.
Schachteln, Körbchen oder Kistchen.	10+2	10+2	10+6	10+6	10+13	10+18	10+20	10+16	10+20	10+13	

II. Bezüglich der Fassung des amtlichen Waarenverzeichnisses.

1. Auf Seite 169 ist die Anmerkung 1 zu „Oel" zu fassen:

Oel in Blechkisten wird wie Oel in Flaschen behandelt (s. auch Ricinusöl).

2. Auf Seite 195 ist der Artikel „Ricinusöl" zu fassen:

Ricinusöl (Springkörneröl, Castoröl, oleum palmae christi s. ricini) in Fässern, dergleichen in Blechdosen von mindestens 30 Pfd. Bruttogewicht und in Flaschen oder Kruken von mindestens einem Centner Bruttogewicht 26 a 2;

— in kleineren Blechdosen, Flaschen oder Kruken 26 a 1.

3. Die Anmerkung zu Zeug- rc. Waaren, 3. Leinenwaaren auf Seite 271 und 272 des amtlichen Waarenverzeichnisses ist durch Annahme nachstehender Fassung abzuändern:

Anmerkung zu 3.

Graue Packleinwand (Sackleinwand), gebleichtes oder ungebleichtes Segeltuch, ungebleichte Leinwand, dergleichen Zwillich oder Drillich, welche der Länge nach von einem nicht über 5 ctm. breiten oder zwei zusammen nicht über 5 ctm. breiten Streifen von farbigem Leinengarn durchzogen sind, werden nicht als gefärbte Waaren behandelt. Dasselbe gilt von leinenen (ungebleichten oder gebleichten) Gurten, Schläuchen und Tragbändern, welche der Länge nach von einem nicht über 2 ctm. breiten oder von 2 zusammen nicht über 2 ctm. breiten Streifen von farbigem Leinengarn durchzogen sind. Ferner bleiben Streifen von farbigem Leinengarn, welche nur an den oberen oder unteren Enden über die Breite des Gewebes hinweggehen, außer Betracht.

Streifen von verschiedenfarbigem Leinengarn, zwischen welchen das ungefärbte Grundgewebe nicht hervortritt, sind als ein Streifen anzusehen.

Erfurt, den 14. Januar 1876. Der Generalinspector: J. B. Schreck.

№ 4. Bekanntmachung,

betr. eine landwirthschaftliche Ausstellung in Breslau, vom 10. Februar 1876 № 1212.

Der landwirthschaftliche Verein in Breslau wird daselbst in den Tagen vom 6—8 Juni d. J. eine Ausstellung und einen Markt land-, forst- und hauswirthschaftlicher Maschinen und Geräthe veranstalten, und es ist demselben die nachgesuchte Befreiung vom Eingangszolle für diejenigen Gegenstände zugestanden worden, welche aus dem Auslande zu dieser Ausstellung ein- und nach Beendigung der letzteren wieder dahin zurückgehen. Ich mache dies mit dem Bemerken bekannt, daß auch auf diese Ausstellung die in früheren ähnlichen Fällen ergangenen Bestimmungen Anwendung finden.

Erfurt, den 10. Februar 1876. Der Generalinspector: Grolig.

№ 5. Cirkularverfügung,

Zoll- und Steuervergütung für Tabak betr., vom 17. Februar 1876 № 1421.

Der Bundesrath hat beschlossen, unter Abänderung der §§. 7. 20 des Regulativs, betreffend die Gewährung der Zoll- und Steuerrückvergütung für in das Ausland versandten Tabak und unter Aufhebung beziehungsweise Ergänzung der Bundesrathsbeschlüsse vom 19. Juni 1871 und vom 12. Novbr. 1874 (§§. 345 und 474 der Protokolle) nachstehende Bestimmungen zu treffen:

1. In den Anmeldungen zur Ausfuhr von Rohtabacken und Tabacksfabrikaten, für welche Zoll- oder Steuervergütung in Anspruch genommen wird, ist von den Declaranten außer dem Brutto- und Nettogewicht der einzelnen Kolli auch die Art der äußeren und etwaigen inneren Umschließungen anzugeben.
2. Bei der Abfertigung darf das Nettogewicht statt durch Nettoverwiegung festgestellt werden durch Abrechnung eines Tarasatzes von:

a. bei unbearbeiteten Tabacksblättern und bei entrippten Blättern in Ballen von einfacher Leinwand	2	p. C.	des	Bruttogew.
b. bei dergleichen in Ballen von doppelter Leinwand	4	„	„	— „
c. bei dergleichen in Kisten	22	„	„	— „
d. bei Rauchtaback in Papierpacketen und Kisten	25	„	„	— „
e. bei Cigarren lose in großen Holzkisten . . .	28	„	„	— „
f. bei dergleichen in Papierpacketen und großen Holzkisten	34	„	„	— „
g. bei dergleichen in kleinen Kistchen und großen Holzkisten	47	„	„	— „
h. bei Schnupftaback lose in Fässern	10	„	„	— „
i. bei dergleichen in Blei- und Papierumhüllung und Holzkisten	20	„	„	— „
k. bei Carotten und Stangen zu Schnupftaback in Fässern	8	„	„	— „
l. bei dergleichen in Kisten	12	„	„	— „

3. Das durch Abrechnung der vorgedachten Tarasätze berechnete Nettogewicht wird jedoch nur dann der Feststellung der Zoll- beziehungsweise Steuervergütung zu Grunde gelegt, wenn es nicht mehr beträgt, als das von dem Versender in der Anmeldung angegebene; das letztere wird zu Grunde gelegt, wenn es geringer ist, als das durch Berechnung ermittelte.
4. Der Abfertigungsstelle steht in jedem Falle die Befugniß zu, statt der Berechnung des Nettogewichts nach den obigen Tarasätzen die Ermittelung des Nettogewichts durch wirkliche Verwiegung eintreten zu lassen. Die Befugniß Nettoverwiegung zu verlangen, steht auch dem Exportanten zu.
5. Wo das Nettogewicht durch Verwiegung ermittelt wird, kann Probeverwiegung eintreten, wenn Kolli von nahezu gleichem Gewichte, gleicher Beschaffenheit und gleichem Inhalt vorliegen und sonst keine Bedenken bestehen. Abweichungen von nicht mehr als 5 p. C. des Bruttogewichts sollen dabei die Probeverwiegungen nicht ausschließen.

   Beim Vorhandensein innerer Umschließungen, z. B. bei der Verpackung von Cigarren in Kistchen, von Rauchtaback in Papierpacketen, von Schnupftaback in Packeten in Blei- und Papierumhüllungen rc. darf, sofern die inneren Umschließungen augenscheinlich von gleicher Größe und gleicher Beschaffenheit sind, das Gesammtgewicht der inneren Umschließung durch probeweise Verwiegung einzelner Kistchen, Packete rc. ermittelt werden.
6. In dem Revisionsbefunde ist auch die Art der äußeren und etwaigen inneren Umschließungen, sowie die Art der Ermittelung des Nettogewichts (ob durch Abzug eines Tarasatzes oder vollständige oder probeweise Verwiegung) anzugeben.

Hiernach ist sich ergeblichen Falles zu achten.

Erfurt, den 17. Februar 1876. Der Generalinspector: Grolig.

№ 6. Cirkularverfügung,

die Ausstellung in Philadelphia betr., vom 17. Februar 1876 № 1122.

Nachstehenden Bundesrathsbeschluß, zollfreie Wiedereinfuhr der in Philadelphia ausgestellt gewesenen deutschen Gegenstände betr.

„I. Wenn diesseitigen, zur Abfertigung auf Ansagezettel oder Begleitschein befugten Zollstellen an der Grenze oder im Innern Ausstellungsgegenstände mit dem Antrage angemeldet werden, dieselben Behufs der Versendung zu der Ausstellung in Philadelphia unter Verschluß zu setzen, so ist diesem Antrage ohne vorherige Revision der Sendungen zu entsprechen und die Anlegung des Verschlusses auf der Anmeldung zu bescheinigen.

II. Für die zollfreie Wiedereinlassung der zur Rücksendung bestimmten Ausstellungsgüter genügt es, wenn von den Bevollmächtigten der deutschen Reichskommission für die Weltausstellung unter der die Sendungen begleitenden Declaration die Herstammung der Güter aus dem Zollvereine und ihre wirkliche Ausstellung bescheinigt wird, wenn ferner die zurückzusendenden Ausstellungsgegenstände unter Verschluß gesetzt sind und hiervon Seitens der gedachten Bevollmächtigten in der Declaration entsprechender Vermerk gemacht ist.

III. Sendungen dieser Art, welche mit unverletztem Verschlusse ein diesseitiges Grenzamt erreichen, sind daselbst, sofern kein Verdacht obwaltet, ohne Revision mit Abnahme des Verschlusses zollfrei in den freien Verkehr zu setzen

Die bescheinigten Declarationen dienen dem Grenzamte als Belag für das Declarationsregister.

Ergeben sich dagegen bei der Abfertigung an der Grenze Anstände, welche eine Revision der Sendungen erforderlich machen, so sind dieselben unter gewöhnlicher Zollcontrole dem zuständigen Amte des Bestimmungsortes zuzuführen, welchem die schließliche Abfertigung obliegt."

mache ich mit dem Bemerken zur ergeblichen Nachachtung bekannt, daß noch bestimmt und, wenn nicht in den öffentlichen Blättern 2c. eine Nachricht erfolgt, meinerseits dorthin mitgetheilt werden wird, von welchen Bevollmächtigten der deutschen Reichscommission Behufs des zollfreien Wiedereingangs der ausgestellten Gegenstände die Bescheinigung über die Herstammung der eingehenden Güter aus dem Zollvereine ertheilt und in welcher Weise der amtliche Verschluß in Philadelphia angelegt werden soll.

Erfurt, den 17. Februar 1876. Der Generalinspector: Grolig.

№ 7. Cirkularverfügung,

Tarif- und Tarabestimmungen betr., vom 3. März 1876 № 1788.

Nachstehende Bundesrathsbeschlüsse sind entsprechend zu notiren und zu beachten.

Es hat der Bundesrath beschlossen:

1. daß Schiefertuch, bestehend aus grauer, mit einem Ueberzuge von mit Leinölfirniß angerührtem, gemahlenem Schiefer versehener Leinwand, der Nummer 40a, und die aus solchem Schiefertuch gefertigten Wandtafeln mit hölzernen Rahmen der Nummer 21c des Tarifs zu unterstellen sind, daß aber die zu den Schiefertuchtafeln gehörenden hölzernen Kasten, sofern sie nicht in fester Verbindung mit den Wandtafeln eingehen, den Bestimmungen über die Tarifirung der Holzwaaren unterliegen;

2. daß Kartons aus Pappe, in welchen sogenannte Herrenklapphüte eingehen, nicht zum Nettogewicht der Hüte zu rechnen, sondern nach Maßgabe der bestehenden Bestimmungen entweder für sich zur Verzollung zu ziehen oder zollfrei zu belassen sind.

Endlich hat der Bundesrath beschlossen:

3. daß sogenanntes Kindermehl, ein aus Weizenmehl unter Zusatz von Zucker und condensirter Milch bereitetes Nahrungsmittel für Kinder der Nummer 25 p 1 β des Tarifs zuzuweisen ist.

Erfurt, den 3. März 1876. Der Generalinspector: Grolig.

№ 8. Bekanntmachung,

Ausstellungen in Königsberg (Ostpreußen) und Nürnberg betr., vom 6. März 1876 № 1862.

In Königsberg (Ostpreußen) wird vom 27. bis 31. Mai d. J. ein Maschinenmarkt, und in Nürnberg vom 13. bis 27. August d. J. eine internationale Ausstellung von Maschinen, Geräthen und Produkten der Müllerei, Bäckerei und Landwirthschaft veranstaltet.

Den zu diesen Ausstellungen aus dem Auslande ein- und nach beendigter Ausstellung wieder dahin zurückgehenden Gegenständen ist unter den bekannten Voraussetzungen Zollfreiheit zugestanden worden, was ich hierdurch unter Bezugnahme auf die in früheren Fällen ergangenen Bestimmungen bekannt mache.

Erfurt, den 6. März 1876. Der Generalinspector: Grolig.

№ 9. Bekanntmachung,

Branntweinverkehr mit Luxemburg betreffend, vom 21. März 1876 № 2039.

Die nachstehende, an einzelne Steuerstellen ergangene Verfügung:

Erfurt, den 21. März 1876 № 2039.

Die Königliche Großherzogliche Zolldirektion zu Luxemburg hat mich um Anweisung auch der diesseitigen Abfertigungsstellen ersucht, daß bei Abfertigung von zum Durchgange durch das Großherzogthum Luxemburg bestimmten Branntwein stets vollständig spezielle Revision eintreten und das Ergebniß (Litermenge, Alkoholgehalt) in den Uebergangsscheinen vermerkt werden möge, da sonst bei Berechnung der privativen luxemburgischen Uebergangsabgabe, wenn Anstände die Uebergangsscheinerledigung hindern und insbesondere, wie vorgekommen, der Nachweis des Wiederausgangs des Branntweins aus dem Großherzogthume Luxemburg mangelt, die höchste im Handel vorkommende Alkoholstärke zum Grunde gelegt werden würde; ich mache daher darauf aufmerksam, daß für solche, bei der Länge des Transports leicht eintretende Eventualitäten die Rücksicht auf das Verkehrsinteresse allerdings die vollständige spezielle Revision des Branntweins ꝛc. geboten erscheinen läßt.

Der Generalinspector: Grolig.

An
die p. Aemter zu Erfurt, Altenburg, Gera, Koburg, Eisenach, Meiningen, Lichtenfels.

und sub A. ein bezügliches Uebergangsstellenverzeichniß bringe ich hiermit zur allgemeinen Kenntniß.

Erfurt, den 21. März 1876. Der Generalinspector: Grolig.

A. **Verzeichniß** der Uebergangsstraßen für den Verkehr mit Branntwein zwischen Preußen resp. den mit Preußen in Branntweinsteuergemeinschaft stehenden Staaten und Luxemburg, sowie der an diesen Straßen bestehenden Abfertigungsstellen.

Bezeichnung der Uebergangsstraßen.	Hebe- und Anfertigungsstellen			
	in	Ort.	in	Ort.
a. Zwischen Luxemburg und Preußen.				
Von Luxemburg über Ettelbrück, Wiltz nach St. Vith.	Luxemburg	Luxemburg, Ettelbrück, Wiltz.	Preußen.	St. Vith.
Von Luxemburg über Ettelbrück, Dickirch, Ufflingen, Weiswampach nach St. Vith.	Luxemburg	Luxemburg, Ettelbrück, Dickirch, Weiswampach, Ufflingen.	Preußen.	St. Vith.

Bezeichnung der Uebergangsstraßen.	Hebe- und Ausfertigungsstellen			
	in	Ort.	in	Ort.
	Ferner a. Zwischen Luxemburg und Preußen.			
Von Luxemburg über Ettelbrück, Dickirch, Vianden nach Bittburg über Roth oder nach Neuerburg über Roth.	Luxemburg	Luxemburg, Ettelbrück, Dickirch, Vianden.	Preußen.	Bittburg, Neuerburg.
Von Luxemburg über Ettelbrück, Echternach, Dickirch, Ufflingen, Weiswampach nach St. Vith.	Luxemburg	Luxemburg, Echternach, Dickirch, Weiswampach, Ufflingen.	Preußen.	St. Vith.
Von Luxemburg über Echternach, Dickirch, Vianden nach Bittburg.	Luxemburg	Luxemburg, Echternach, Dickirch, Vianden.	Preußen.	Bittburg.
Von Luxemburg über Grevenmacher nach Trier. Eisenbahn von Luxemburg über Wasserbillig nach Trier. Eisenbahn von Luxemburg über Ettelbrück, Dickirch, Echternach, Wasserbillig nach Trier.	Luxemburg	Luxemburg, Grevenmacher, Ettelbrück, Dickirch, Echternach, Wasserbillig.	Preußen.	Trier.
Von Luxemburg über Remich, Mertzig nach Trier.	Luxemburg	Luxemburg, Remich.	Preußen.	Trier.
Von Luxemburg über Remich, Mertzig nach Saarbrücken. Eisenbahn von Luxemburg über Wasserbillig nach Saarbrücken.	Luxemburg	Luxemburg, Remich, Wasserbillig.	Preußen.	Saarbrücken.
	b. Zwischen Luxemburg und Elsaß-Lothringen.			
Eisenbahn von Bettemburg über Großhettingen nach Diedenhofen.	Luxemburg	Bettemburg.	Elsaß-Lothringen.	Diedenhofen.
Landstraße von Luxemburg über Bettemburg, Esch a. d. Alz. nach Audin le Tiche.	Luxemburg	Bettemburg. Esch a. d. Alz.	Elsaß-Lothringen.	Audin le Tiche.

Außer den vorgedachten Stellen zu Bettemburg und Esch a. d. Alzette bleiben auf Luxemburger Gebiete auch das Hauptzollamt zu Luxemburg und die Zoll-Expedition am Central-Bahnhofe mit der Ausfertigung und Erledigung von Uebergangsscheinen für den Branntweinverkehr mit Elsaß-Lothringen betraut.

Die Uebergangsschein-Ausfertigungs- und Erledigungsstellen zu Obertetingen und Schengen sind bis auf Weiteres aufgehoben.

№ 10. Bekanntmachung,

eine Ausstellung in München betr., vom 5. April 1876 № 2488.

In der Zeit vom 15. Juni bis 15. Oktober d. J. wird in München von dem dasigen Kunstgewerbe-Verein eine Ausstellung von Kunst- und kunstgewerblichen Erzeugnissen, sowie von Arbeiten und Lehrmitteln an Kunstgewerbeschulen veranstaltet, und es ist den zu dieser Ausstellung aus dem Auslande ein- und später wieder dahin zurückgehenden Gegenständen unter den bekannten Voraussetzungen Befreiung vom Eingangszoll zugestanden worden, was ich hiermit unter Bezugnahme auf die in ähnlichen Fällen ergangenen Bestimmungen bekannt gebe.

Erfurt, den 5. April 1876. Der Generalinspector: Grolig.

№ 11. Cirkularverfügung,

eine Ausstellung in Utrecht betr., vom 11. April 1876 № 2837.

In Utrecht wird in den Monaten August und September d. J. eine Ausstellung für Kunstgewerbe veranstaltet werden, und es soll für diejenigen Gegenstände, welche zu der gedachten Ausstellung aus dem Vereinslande ausgehen, beim Wiedereingange Zollfreiheit zugestanden werden, wenn die in der Cirkularverfügung vom 24. Januar 1865 Nr. 131 bekannt gegebenen Bedingungen erfüllt sind.

Sofern etwa zu dieser Ausstellung bestimmte inländische Gegenstände zum Zwecke der steuerlichen Vorabfertigung bei den Thüringischen Steuerstellen vorgeführt werden, sind die betreffenden Aussteller auf die Bedingungen, unter welchen seiner Zeit die zollfreie Wiedereinfuhr der Ausstellungsgegenstände von mir gestattet werden wird, aufmerksam zu machen.

Erfurt, den 11. April 1876. Der Generalinspector: Grolig.

№ 12. Bekanntmachung,

eine Ausstellung in Halle a. d. S. betr., vom 1. Mai 1876 № 3261.

In Halle a. d. S. wird in den Tagen vom 28. Juni bis incl. 2. Juli d. J. eine Ausstellung und ein Markt von Maschinen, Apparaten und Geräthen veranstaltet, zu welchem auch aus dem Auslande unter den bekannten Voraussetzungen Gegenstände zollfrei ein- und nach beendigter Ausstellung wieder zurückgehen können, was ich hiermit unter Bezugnahme auf die in ähnlichen Fällen ergangenen Bestimmungen bekannt gebe.

Erfurt, den 1. Mai 1876. Der Generalinspector: Grolig.

Druck von Otto Conrad in Erfurt.

Amtsblatt

des General-Inspectors des Thüringischen Zoll- und Handels-Vereins.

2tes Stück vom Jahre 1876.

№ 13. Cirkularverfügung,

die Spielkarten-Uebergangsscheinkontrole betr., vom 3. Mai 1876 № 3276.

Nachdem das Großherzogliche Staatsministerium, Departement der Finanzen zu Weimar dem Großherzoglichen Steueramte zu Jena die Ermächtigung zur Erledigung von Uebergangsscheinen über aus anderen Zollvereinsstaaten eingehende, mit dem Großherzoglich Sächsischen Stempel noch nicht versehene Spielkarten, sowie zur Stempelung von unter dieser Controle eingehenden Spielkarten ertheilt hat, mache ich solches in weiterem Verfolg der in der Cirkularverfügung vom 22ten Februar 1868 № 1631 enthaltenen Nachrichten in Bezug auf den Spielkartenverkehr und zur ergeblichen gleichen Beachtung der in dem Schlußsatze derselben enthaltenen Anweisung bekannt.

Die bezüglichen Stellenverzeichnisse sind hiernach zu berichtigen.

Erfurt, den 3. Mai 1876. Der Generalinspector: Grolig.

№ 14. Cirkularverfügung,

eine Ausstellung in Brüssel betr., vom 24. Mai 1876 № 3871.

In Brüssel wird vom 15. Juni bis zum 1. Oktober d. J. eine Ausstellung für Gesundheitspflege und Rettungswesen veranstaltet werden und es soll für diejenigen Gegenstände, welche zu der gedachten Ausstellung aus dem Zollvereinsgebiete ausgehen, beim Wiedereingange unter den in der Cirkularverfügung vom 24. Januar 1865 № 131 bekannt gegebenen Bedingungen Zollfreiheit zugestanden werden.

Bei Vorführung etwa zu dieser Ausstellung bestimmter Gegenstände zum Zwecke der steuerlichen Vorabfertigung sind die betr. Aussteller auf jene Bedingungen aufmerksam zu machen.

Erfurt, den 24. Mai 1876. Der Generalinspector: J. B. Schreck.

№ 15. Bekanntmachung,

eine Ausstellung in Köln betr., vom 12. Juni 1876 № 4184.

In Köln wird vom 1. Juli d. J. ab eine kunsthistorische Ausstellung veranstaltet, rücksichtlich welcher auch aus dem Auslande an sich zollpflichtige Gegenstände zollfrei ein- und wieder zurückgeführt werden können, was hierdurch unter Bezugnahme auf die in ähnlichen Fällen ergangenen Bestimmungen bekannt gegeben wird.

Erfurt, den 12. Juni 1876. Der Generalinspector: Grolig.

№ 16. Circularverfügung,

die Brüsseler Ausstellung betr., vom 14. Juni 1876 № 4145.

In Bezug auf die zur diesjährigen Ausstellung für Gesundheitspflege und Rettungswesen in Brüssel (conf. Circularverfügung vom 24ten Mai c. № 3871) gesandten und von da zurückkommenden Gegenstände ertheile ich hierdurch den Thüringischen Hauptsteuerämtern, sowie den mit der Befugniß zur Ausfertigung und Erledigung von Begleitscheinen I versehenen Steuerämtern die Ermächtigung, die zollfreie Abfertigung der betreffenden Gegenstände, bezüglich deren bei der Ausfuhr die zollamtlich vorgeschriebenen Formalitäten nicht erfüllt sind, dann selbstständig eintreten zu lassen, wenn von dem deutschen Ausstellungscommissar ihre Herstammung aus dem deutschen Zollgebiete und ihre erfolgte Ausstellung bescheinigt wird, auch die Gegenstände unter Verschluß gesetzt sind, und hiervon Seitens des gedachten Commissars in den Begleitpapieren entsprechender Vermerk gemacht worden ist.

Die mit unverletztem Verschlusse eingehenden Gegenstände können, wenn kein Verdacht obwaltet, ohne Revision nach Abnahme des Verschlusses zollfrei abgelassen werden.

Alle anderen Steuerstellen haben über einen etwa an sie gerichteten Antrag auf zollfreie Abfertigung zurückgekommener Ausstellungsgegenstände seiner Zeit unter Vorlegung der Abfertigungspapiere an mich Bericht zu erstatten.

Erfurt, den 14. Juni 1876. Der Generalinspector: Grolig.

№ 17. Verfügung,

betreffend die Tarifirung von Kautschuckplatten mit eingewalztem Drahtgewebe, vom 24. Juni 1876 № 4391.

Berlin, den 15. Juni 1876.

Es ist in Frage gekommen, wie Kautschuckplatten, welche durch eingewalztes Gewebe von Stahldraht verstärkt worden, zu verzollen sind. Nach der Anmerkung zu Kautschuckplatten S. 115 des amtlichen Waarenverzeichnisses bleibt nur die Verstärkung von Kautschuckplatten durch eingewalzten Draht bei der Tarifirung außer Rücksicht. Da indeß nach den angestellten Ermittelungen Kautschuckplatten, bei denen die Verstärkung durch eingewalzten, nicht zu einem Drahtgewebe verbundenen Draht bewirkt wurde, überhaupt nicht fabricirt, vielmehr stets Drahtgewebe eingewalzt werden, so unterliegt es keinem Bedenken, die gedachte Bestimmung des amtlichen Waarenverzeichnisses auf Kautschuckplatten mit eingewalztem Drahtgewebe in Anwendung zu bringen und derartige Platten demnach zollfrei zu lassen.

Euer Hochwohlgeboren veranlasse ich, die Aemter des dortigen Verwaltungsbereichs hiernach mit Anweisung zu versehen. Ich bemerke hierbei, daß das Kaiserliche

Reichskanzleramt auf eine Anfrage des Herrn Generaldirektors der Zölle und indirekten Steuern zu Straßburg gleiche Entscheidung getroffen hat.

An
sämmtliche Herren Provinzialsteuer-Directoren rc.

Der Finanzminister.
Im Auftrage:
(gez.) Hasselbach.

Berlin, den 15. Juni 1876.

Abschrift zur gleichmäßigen Beachtung.

An
den Königl. General-Inspector,
Geheimen Oberfinanzrath
Herrn Grolig
Hochwohlgeboren in Erfurt.

Der Finanzminister.
Im Auftrage:
(gez.) Hasselbach.

III. 6894.

Abschrift zur Nachachtung.

An
das Königl. Hauptsteueramt
hier.

Erfurt, den 24. Juni 1876.
Der Generalinspector: Grolig.

№ 18. Cirkularverfügung,

das Einfuhrverbot für Reben zum Verpflanzen betr., vom 28. Juni 1876 № 4459.

Mit Rücksicht auf das durch die Verordnung vom 11. Februar 1873 (Reichsgesetzblatt S. 43) erlassene Verbot der Einfuhr von Reben zum Verpflanzen weise ich aus besonderem Anlaß auch die Thüringischen Steuerstellen zur verschärften Sorgfalt bei der Durchführung des gedachten Einfuhrverbots an. Insbesondere ist auf alle für die Besitzer größerer Rebschulen aus dem Auslande eingehenden Sendungen das besondere Augenmerk zu richten.

Erfurt, den 28. Juni 1876. Der Generalinspector: Grolig.

№ 19. Bekanntmachung,

eine Ausstellung in Frankfurt a. M. betreffend, vom 13. Juli 1876 № 4873.

In Frankfurt a. M. wird in den Tagen vom 29. Juli bis 6. August d. J. eine Ausstellung von Gegenständen, welche sich auf die Fabrikation und den Consum von Bier beziehen, veranstaltet, und es ist den zu dieser Ausstellung aus dem Auslande ein- und später dahin zurückgehenden Gegenständen unter den bekannten Voraussetzungen Zollfreiheit zugestanden worden, was ich hiermit unter Bezugnahme auf die in ähnlichen Fällen ergangenen Bestimmungen bekannt gebe.

Erfurt, den 13. Juli 1876. Der Generalinspector: J. B. Schreck.

Personalien.

A. General-Inspection.

Dem Sekretär und Registrator, Großherzogl. S. Archiv-Sekretär Henzold wurde von Sr. Königl. Hoheit dem Großherzog von Sachsen-Weimar das Prädikat „Archivar" verliehen.

B. Preußen.

1.) Der Hauptsteueramts-Rendant von Quell zu Erfurt ist in gleicher Eigenschaft nach Nordhausen und der Hauptsteueramts-Rendant Schellenberg in Salzwedel ebenso nach Erfurt versetzt worden.

2.) Der Hauptsteueramts-Kontroleur Benekendorf zu Erfurt wurde in gleicher Eigenschaft nach Wittenberg und der Hauptsteueramts-Kontroleur Rother daselbst ebenso nach Erfurt versetzt.

3.) Der Hauptsteueramts-Assistent Pflugmacher zu Erfurt wurde unter Beförderung zum Obersteuerkontroleur nach Soldin versetzt und in dessen Stelle trat der berittene Steuer-Aufseher Leopold zu Erfurt. Der Steueraufseher Kahler zu Naumburg a. d. S. übernahm demnächst die erledigte Steueraufseherstelle zu Erfurt.

4.) Der Steueraufseher Ehrhardt in Schmalkalden wurde in gleicher Eigenschaft nach Helmsdorf bei Gerbstädt im Hauptamtsbezirke Halle a. d. S. versetzt und bleibt bis auf Weiteres der dort erledigte Aufsichtsposten unbesetzt.

5.) Der Steueraufseher Trillhase in Ranis ist auf seinen Antrag aus dem Königl. Steueraufsichtsdienste entlassen und dessen Stelle dem Steueraufseher Hinze zu Minsleben im Hauptamtsbezirke Halberstadt übertragen worden.

C. S. Weimar.

Der Steuerrecepturverwalter, Rechnungs-Amtmann Säuberlich in Blankenhain ist mit Tode abgegangen und die interimistische Verwaltung der Großh. Steuerreceptur daselbst dem Rechnungsamts-Assistenten Schirmer übertragen worden.

Ministerialrescript d. d. Weimar vom 3. Mai 1876.

D. S. Meiningen.

1.) Der Lehrer Sauermilch ist als Uebergangsstellenverwalter in Probstzella angenommen worden.

Ministerialrescript d. d. Meiningen vom 22. Februar 1876.

2.) Der Verwiegungsbeamte Gärtner in Tümpling wurde in die durch das Ableben des berittenen Steueraufsehers Witter in Hildburghausen erledigte Stelle versetzt.

Mittheilung des Herzogl. Feldjägerkommando's d. d. Meiningen vom 26. März 1876.

3.) Der bisherige Sergeant Keller wurde als Steueraufseher in Frauenbreitungen mit dermaligem Wohnsitz in Wernshausen an Stelle des nach Judenbach mit dermaligem Wohnsitz in Heinersdorf versetzten Steueraufsehers Voigt provisorisch angestellt und der Steueraufseher Seidenzahl in Judenbach in den bereits früher erledigten Aufsichtsposten in Wasungen versetzt.

Mitth. des Herzogl. Feldj.-Commando's d. d. Meiningen vom 2. März 1876.

4.) Den Amtsverwaltern, Rath Treiber in Wasungen und Rath Klug in Hildburghausen wurde von Sr. Hoheit dem Herzog von S. Meiningen das dem Herzogl. S. Ernestinischen Hausorden affiliirte Verdienstkreuz verliehen.

Regierungsblatt für S. Meiningen Nr. 78 de 1876.

E. S. Altenburg.

1.) An Stelle des beim Herzogl. Hauptsteueramte zu Altenburg als Büreau- und Revisionsaufseher angestellten Steueraufsehers Kluge wurde der Steueraufseher Meuschke in Gößnitz unter Verleihung des Prädikats als „Hauptsteueramtsassistent“ versetzt und der Steueraufseher Benndorf in Meuselwitz in die Stelle des Letzteren übergeführt, während der Steueraufseher Reichenbach in Altenburg nach Meuselwitz versetzt wurde. Der hiernach erledigte Aufsichtsposten in Altenburg bleibt bis auf Weiteres unbesetzt.

2.) Der vorgedachte Steueraufseher Kluge wurde als Assistent beim Herzogl. Steuer- und Rentamte in Altenburg angestellt und der bisherige Inhaber dieser Stelle, frühere Steueraufseher Diezmann zum zweiten Beamten des Herzogl. Steuer- und Rentamts zu Eisenberg unter Verleihung des Dienstprädikats „Finanzkontroleur“ an Stelle des mit dem Prädikate als „Finanzrevisor“ in das Rechnungsdepartement der Kanzlei der Finanz-Ministerialabtheilung eingetretenen bisherigen Assistenten Mittelhäuser ernannt.

Ministerialrescripte d. d. Altenburg vom 13. Januar und 10. Februar 1876.

3.) Die Stelle des ersten Beamten beim Herzogl. Steuer- und Rentamte zu Kahla ist dem bisherigen zweiten Beamten beim Steuer- und Rentamte zu Ronneburg, Finanzkontroleur Gundermann unter Ernennung zum „Finanzkassirer“ übertragen und zu dessen Nachfolger der Finanzkontroleur Kratzsch in Kahla ernannt worden. An Stelle des Letzteren ist der bisherige Gerichtsamts-Sporteleinnehmer Rudolph daselbst unter Verleihung des Dienstprädikats „Finanzkontroleur“ getreten.

Ministerialrescript d. d. Altenburg vom 15. Juni 1876.

F. S. Koburg-Gotha.

1.) Dem Hauptsteueramtsvorstande und Bezirks-Oberkontroleur, Steuerrath von Schauroth in Gotha wurde von Sr. Hoheit dem Herzog von S. Koburg-Gotha das Dienst-Prädikat „Obersteuerrath“ mit dem Range eines vortragenden Raths im Herzogl. Staatsministerium verliehen.

Regierungsblatt für das Herzogthum S. Gotha Nr. 13 de 1876.

2.) Dem Kontroleur Müller beim Herzogl. Steueramte zu Koburg ist das Dienstprädikat „Steueramts-Rendant“ ertheilt worden.

Ministerialrescript d. d. Gotha vom 7. Juni 1876.

3.) Der Assistent Kohlstock beim Herzogl. Hauptsteueramte zu Gotha ist in Ruhestand getreten.

Ministerialrescript d. d. Gotha vom 10. April 1876.

4.) Die erledigte Stelle des Oberbeamten beim Herzogl. Rent- und Steueramte zu Tenneberg ist dem bisherigen Rent- und Steueramts-Assessor Möller zu Gotha unter dessen Ernennung zum „Rentamtmann“ und die Stellvertretung für denselben dem zum Assessor beim Rent- und Steueramte zu Tenneberg ernannten bisherigen Rentamts-Commissär Reuschel zu Gotha übertragen worden.

Ministerialrescripte d. d. Gotha vom 5. und 30. Mai 1876.

G. Schwarzb. Sondershausen.

1.) Der bisherige zweite Beamte des Fürstl. Steueramts zu Arnstadt, Rendant Heimbürger ist unter Belassung seines gegenwärtigen Prädikats nunmehr zum Vorstande des gedachten Steueramtes ernannt worden.

Ministerialrescript d. d. Sondershausen vom 14. Januar 1876.

2.) Der bisherige Kasseschreiber Keil ist als dritter Assistent beim Fürstl. Steueramte zu Arnstadt eingetreten.

Ministerialrescript d. d. Sondershausen vom 31. Januar 1876.

3.) Der Steueraufseher Machleb in Gehren ist wegen hervorgetretener körperlicher Untüchtigkeit seines Amtes enthoben und durch den Steueraufseher Stahn in Arnstadt ersetzt worden. An des Letzteren Stelle ist der Wachtmeister Oppel getreten und wurde demselben das Prädikat „Steuerkontroleur" verliehen.

Ministerialrescripte d. d. Sondershausen vom 18. Februar u. 30. März 1876.

K. Reuß j. L.

Die Steueraufseher Behr in Lobenstein und Rahr in Gera haben mit ihren Stationen gewechselt.

Ministerialrescript d. d. Gera vom 27. December 1875.

Amtsblatt

des General-Inspectors des Thüringischen Zoll- und Handels-Vereins.

3tes Stück vom Jahre 1876.

№ 20. Bekanntmachung,

die Postsendungen an die Kaiserlichen Vertretungen im Auslande betr.,
vom 26. September 1876 № 6322.

In Folge höherer Veranlassung bringe ich hiermit zur Kenntniß, daß in Zukunft Postsendungen an die Kaiserlichen Vertretungen im Auslande stets frankirt abzusenden sind. Soweit diese Sendungen nicht in reinen Staats- oder Reichsdienst-Angelegenheiten, sondern im Interesse von Parteien oder einzelnen Privatpersonen erfolgen, ist für die Wiedereinziehung der Portoauslagen von den zum Ersatz Verpflichteten Sorge zu tragen.

Erfurt, am 26. September 1876. Der Generalinspector: Grolig.

№ 21. Cirkularverfügung,

die Ausstellung in Philadelphia betr., vom 28. October 1876 № 7499.

Der Bundesrath hat in Abänderung seines mit der Cirkularverfügung vom 17. Februar d. J. Nr. 1422 mitgetheilten Beschlusses anderweit beschlossen,

von dem Anlegen eines Zollverschlusses an die von Philadelphia zurückzusendenden Ausstellungsgegenstände Umgang zu nehmen,

dagegen

die Zollfreiheit der letzteren davon abhängig zu machen, daß die betreffenden Kolli mit von der Deutschen Ausstellungscommission zu liefernden Zetteln beklebt werden, auf welchen der Name des Empfängers, der Bestimmungsort, Zeichen und Gewicht angegeben ist.

Die Uebersendung von Proben der vorstehend bezeichneten Zettel bleibt — ergeblich kurzer Hand — vorbehalten.

Erfurt, den 28. October 1876. Der Generalinspector: Grolig.

№ 22. Cirkularverfügung,

die Ergänzung und Berichtigung der Begleitscheinangaben am Bestimmungsorte betr.,
vom 4. November 1876 № 7622.

Nachstehender Beschluß des Bundesraths vom 5. Oktober d. J.:

„Wenn von dem Waarenführer oder dem Waarenempfänger auf Grund des § 46 Absatz 2 des Vereinszollgesetzes vom 1. Juli 1869 vor der schließlichen Abfertigung am Bestimmungsorte und bevor eine spezielle Revision stattgefunden hat, eine Ergänzung oder Berichtigung der Angaben des Begleitscheins vorgenommen wird, so ist dieselbe entsprechend den Vorschriften für die spezielle Deklaration im § 22 Absatz 4 jenes Gesetzes nach den Benennungen und Maßstäben des Tarifs zu bewirken."

wird hierdurch zur Nachachtung bekannt gegeben.

Erfurt, den 4. November 1876. Der Generalinspector: Grolig.

№ 23. Bekanntmachung,

betr. die Denaturirung von Branntwein zur Anilinfarben-Fabrikation, vom 6. November 1876 № 7620.

Der Bundesrath hat unterm 5. October d. J. beschlossen,

daß für die Denaturirung des zur Anilinfarben-Fabrikation zu verwendenden Branntweins auch Benzylchlorid und zwar in der Menge von 1 Prozent des Gewichts des Branntweins zugelassen werden darf,

was hierdurch mit Bezug auf § 7 des Regulativs vom 13. Juni 1870 (Amtsblatt S. 130 von 1870) wegen Gewährung einer Steuervergütung für den zur Gewinnung von Alkaloiden zu verwendenden Branntwein bekannt gemacht wird.

Erfurt, den 6. November 1876. Der Generalinspector: Grolig.

№ 24. Cirkularverfügung,

Tarif- und Tarabestimmungen betr., vom 18. November 1876 № 7956.

Der Ausschuß des Bundesraths für Rechnungswesen hat sich aus Anlaß eines besonderen Falles damit einverstanden erklärt, daß eine bereits im Jahre 1834 erlassene, diesseits den damaligen vier Hauptsteuerämtern mit Verfügung vom 16. April 1834 Nr. 1677 bekannt gegebene Vorschrift, wonach in Bezug auf die Taravergütung unter Ballen solche Waarenkolli zu verstehen sind, deren Umschließung wenigstens in doppelt zusammengelegter Packleinwand, oder in Segeltuch, Schilf-, Rohr-, Bastgeflecht, oder in ähnlichen groben schwer ins Gewicht fallenden Stoffen besteht, wogegen als Säcke diejenigen Umgebungen anzusehen sind, die nur aus einfacher Packleinwand oder Sackdrell oder auch aus doppeltem Material von leichter Beschaffenheit, wie z. B. gewöhnlicher Leinwand bestehen, sie mögen die Form eines Sackes oder eine andere haben, auch jetzt noch als maßgebend angesehen wird. Insbesondere ist daher darauf aufmerksam zu machen, daß für unbedruckte gewalkte wollene Waaren in einer Verpackung von doppeltem leichten Leinen nur die in der dritten Abtheilung des Zolltarifs unter III d. 2. für einfache Säcke vorgeschriebene Taravergütung von 2 Pfund vom Centner bewilligt werden kann, sofern nicht der Zollpflichtige auf Ermittelung des Nettogewichts durch Verwiegung anträgt.

Ferner hat der Bundesrath beschlossen,

die Bestimmungen des amtlichen Waarenverzeichnisses unter dem Artikel „Fußkissen", beziehungsweise „Kissen" seien dahin auszulegen, daß Fußkissen, gepolsterte ꝛc., welche als Fußschemel anzusehen, d. h. mit einem hölzernen ꝛc. Gestell verbunden sind, als überzogene Möbel nach Tarifposition 13 g., dergleichen Fußkissen ohne ein solches Gestell wie ausgefüllte Kissen nach Maßgabe des an der Schauseite vorherrschenden Zeugstoffes, sofern sie aber mit einer schwer ins Gewicht fallenden Füllung von Sand, Blei, Gußeisen, Stein ꝛc. versehen sind, wie überzogene Möbel zu behandeln sind.

Weiter hat der Bundesrath beschlossen,

daß Feld- oder Spannstühle, bestehend aus einem sägebockartigen Gestell von rohem gebeizten oder polirten Holze mit einem auf den beiden oberen Querstäben desselben festgenagelten Sitze aus Segeltuch, als Holzwaaren in Verbindung mit anderen Materialien der Tarifposition 13 f zu unterstellen seien.

Vorstehendes hat zur Nachachtung zu dienen.

Erfurt, den 18. November 1876. Der Generalinspector: J. V. Schreck.

№ 25. Bekanntmachung,

betr. Steuerbegünstigung bei der Anilinfarbenfabrikation, vom 25. November 1876 № 8009.

Der Bundesrath hat beschlossen:

1., dem Gesuche, die für die Herstellung der Anilinfarben zugestandene Steuerbegünstigung (Amtsblatt S. 14 vom Jahre 1875) auch für den zur Auflösung der fertigen Anilinfarben zu verwendenden Spiritus zu gewähren, keine Folge zu geben;

2., die Rückvergütung, beziehungsweise den Erlaß der Branntweinsteuer für den zur Herstellung der Anilinfarben verwendeten Branntwein in dem Falle für unzulässig zu erklären, wenn mit der Fabrikation derselben zugleich eine Lösung der fertigen Farben mittelst Branntweins verbunden wird.

Erfurt, den 25. November 1876. Der Generalinspector: J. V. Schreck.

№ 26. Cirkularverfügung,

die Denaturirung von Gewerbesalz durch Petroleum, Kienöl ꝛc. betr.,
vom 29. November 1876 № 7931.

Vom Bundesrathe ist in der Sitzung vom 18. v. M. in Erweiterung der Beschlüsse vom 12. November 1874 und 18. November 1875 (Amtsbl. von 1874 S. 13 und von 1875 S. 20) genehmigt worden, daß die Denaturirung von Gewerbebestellsalz mit Petroleum, Kienöl oder mit jenen Denaturirungsmitteln, deren Anwendung nach den Bestimmungen vom Jahre 1872 (Amtsbl. von 1872 S. 47 ff.) über die Befreiung des Vieh- und Gewerbesalzes von der Salzabgabe Ziffer 2 C. ausnahmsweise mit Genehmigung der Direktivbehörden erfolgen kann, — unter der Bedingung in den Salinen zugelassen werde, daß das auf die angegebene Weise denaturirte Gewerbebestellsalz schon auf der Saline steueramtlich verschlossen und mit einem von dem betreffenden Salzsteueramte auszufertigenden Transportscheine, in welchem Anzahl, Verpackungsart, Gewicht der Kolli und thunlichst kurze Gestellfrist anzugeben ist, versehen und daß am Bestimmungsorte die Prüfung und Abnahme des Verschlusses durch einen Steuerbeamten bewirkt werde, unter dessen Aufsicht das Salz in den Gewerberäumen des Empfängers ausgeschüttet werden muß.

Die Genehmigung des Denaturirungsmittels durch die Direktivbehörde, in deren Bezirke die Gewerbsanlage des Bestellers belegen ist, ist hiernach Voraussetzung für die Zulässigkeit des durch den Beschluß genehmigten Verfahrens. Der Transportschein ist mit der Bescheinigung des richtigen Eingangs des Salzes und der Aufnahme in den Gewerbsräumen des Empfängers dem Ausfertigungsamte zurückzusenden und eventuell von dem letztern beim Ausbleiben desselben das Erforderliche zu veranlassen.

Zu Transportscheinen ist bis auf Weiteres das Formular zu Salzbegleitscheinen I unter entsprechender Abänderung des Vordrucks zu benutzen und über Ausfertigung resp. Erledigung derselben ein mit der Feder anzulegendes besonderes Register zu führen.

Die Transportscheine müssen die Sendung bis zum Bestimmungsorte begleiten und sind dem Ausfertigungsregister anzuschließen, nachdem sie erledigt zurückgekommen sind.

Die Einhaltung der Transportfrist hat das betreffende Salzsteueramt zu überwachen und im Falle ein Transportschein nicht innerhalb dieser Frist erledigt zurückkommt, über dessen Verbleib Nachforschung anzustellen.

Wird eine solche Salzsendung mit verletztem Verschlusse gestellt, so ist der Transportant hierüber zu Protokoll zu vernehmen und Letzteres von dem Erledigungsamte unter gleichzeitiger Benachrichtigung des Ausfertigungsamtes nebst den über die Verschlußverletzung etwa weiter gepflogenen Verhandlungen berichtlich zur geeigneten Beschlußfassung anher vorzulegen.

Die Abnehmer von Bestellsalz der oben gedachten Gattung sind behufig über die Bedingungen der Abgabe rücksichtlich über die zu beachtenden Controlemaßregeln zu belehren.

Erfurt, den 29. November 1876. Der Generalinspector: Grolig.

№ 27. Cirkularverfügung,

betr. die Abfertigung zollpflichtigen ausländischen Salzes,

vom 29. November 1876 № 8068.

Der Bundesrath hat in der Sitzung vom 2. d. M. bezüglich der Einfuhr zollpflichtigen ausländischen Salzes beschlossen:

„Wenn Salz in Säcken eingeht, deren Beschaffenheit darauf schließen läßt, daß das Gewicht derselben erheblich unter dem tarifmäßigen Tarasatze von ein Procent zurückbleibt, so ist künftighin von dem Rechte der Nettoverwiegung Gebrauch zu machen; es kann jedoch von dieser Nettoverwiegung Umgang genommen werden, sofern der Zollpflichtige sich mit einer Taravergütung von ½ Procent begnügen will."

Ich bemerke hierbei, daß eine Entfernung des Gewichts der Umschließung von dem tarifmäßigen Tarasatze namentlich bei dem aus Frankreich in Säcken eingehenden Salze wahrgenommen worden ist.

Auch mache ich darauf aufmerksam, daß bei Extrahirung von Begleitscheinen II. über fremdes Salz die Frist für Abgabe derselben so kurz als möglich zu bemessen ist.

Erfurt, den 29. Novembrr 1876. Der Generalinspector: Grolig.

№ 28. Cirkularverfügung,

Taravergütung für Rohzucker in leichter Sackverpackung betr.,
vom 7. December 1876 № 8401.

Nachstehender Beschluß des Bundesraths wird hierdurch zur Beachtung bekannt gegeben:

„Geht Rohzucker in Säcken ein, deren Beschaffenheit darauf schließen läßt, daß das Gewicht derselben erheblich hinter dem tarifmäßigen Tarasatze von 2 % zurückbleibt, so ist von dem Rechte der Nettoverwiegung Gebrauch zu machen. Von dieser Nettoverwiegung kann jedoch dann Umgang genommen werden, wenn sich der Zollpflichtige mit einer Taravergütung von 1 % begnügen will."

Erfurt, den 7. December 1876. Der Generalinspector: Grolig.

№ 29. Cirkularverfügung,

Klassifikation von Halskragen und die Auslegung der Anm. 18 des Zolltarifs betr.,
vom 21. December 1876 № 8643.

Der Bundesrath hat beschlossen:

die in Bezug auf Halskragen aus Leinen und Papier hervorgetretene Verschiedenheit des Klassifikationsverfahrens dahin zu entscheiden, daß

Halskragen mit einer Zwischen- oder Unterlage von Papier, deren Schauseite aus leinenem Zeugstoff besteht, nach

№ 18 e des Tarifs mit 30 Mark für den Centner

zu verzollen sind,

ferner die Anmerkung zu Position 18 des Tarifs,

wonach Kleider, getragene oder gebrauchte, wenn sie nicht zum Verkaufe eingehen, zollfrei einzulassen sind, dahin auszulegen,

daß dieselbe sich auf alle Gegenstände, welche zur Bekleidung des Menschen dienen, auch wenn solche im Falle der Verzollung nicht unter die Tarifposition 18 fallen, also z. B. auch auf Hüte von Filz oder Stroh, lederne Handschuhe, Umschlagetücher ꝛc. bezieht,

was ich hiermit zur Nachachtung bekannt gebe.

Erfurt, den 21. December 1876. Der Generalinspector: Grolig.

Personalien.

A. General-Inspection.

Der erste Kanzlist, Fürstlich Schwarzb. Kanzlei-Inspector Sprengpfeil ist vom 1. Januar 1877 ab auf sein Ansuchen in den Ruhestand versetzt worden. Demselben wurde hierüber von Sr. Durchlaucht dem Fürsten von Schwarzburg-Sondershausen das Prädikat „Kanzleirath“ verliehen.

B. Preußen.

1.) Der Steueraufseher Müller in Walschleben wurde nach Roßleben im Haupt-Amts-Bezirke Langensalza versetzt und dem in den Königl. Steueraufsichtsdienst wieder zurückgetretenen vormaligen Steueraufseher Trillhase zu Ranis die hiernach vakant gewordene Stelle eines Verwiegungsbeamten in der Rübenzuckerfabrik zu Walschleben verliehen.

2.) Der Steueraufseher Krämer in Ziegenrück wurde als Salzsteueraufseher nach Staßfurt und der Salzsteueraufseher Fischer daselbst als Steueraufseher nach Ziegenrück versetzt.

3.) Der Steueraufseher Hinze in Ranis wurde nach Neugattersleben im Haupt-Amts-Bezirke Magdeburg versetzt und dem Steuersupernumerar Raß vom Königl. Hauptsteueramte Erfurt bis zur definitiven Wiederbesetzung der Stelle die Verwaltung des Aufsichtspostens in Ranis kommissarisch übertragen.

C. S. Weimar-Eisenach.

1.) An Stelle des mit Tode abgegangenen Rechnungsamtmanns Zäuberlich wurde der bisherige Ministerialrevisor Leser zum Vorstande der Großh. Steuerreceptur bez. des Rechnungs-Amts zu Blankenhain unter Verleihung des Titels „Rechnungsamtmann“ ernannt.

Ministerialrescript d. d. Weimar vom 3. August 1876.

2.) Der Steueraufseher Meisezahl in Weimar wurde als Verwiegungsbeamter an die Rüben-Zuckerfabrik in Oldisleben und der bisherige Verwiegungsbeamte Morgenroth daselbst als Steueraufseher nach Weimar versetzt.

Ministerialrescript d. d. Weimar vom 6. September 1876.

3.) Dem Obersteuerkontroleur Werner in Weida wurde das Dienstprädikat „Steuer-Inspector“ verliehen und derselbe als Bezirks-Oberkontroleur vom 1. Januar 1877 ab nach Eisenach versetzt, nachdem der daselbst stationirte Steuer-Inspector Pezold wegen andauernder Kränklichkeit zur Disposition gestellt worden ist. Der erste Steuer-Amtsassistent Flinzer in Apolda wurde zum Obersteuerkontroleur in Weida ernannt.

Ministerialrescript d. d. Weimar vom 12. September 1876.

4.) Der zweite Assistent beim Großherzogl. Steuer-Amte zu Apolda, Klinck wurde demnächst zum ersten Assistenten und der Steuer-Aufseher Wölfl in Weimar zum zweiten Assistenten bei dem gedachten Amte ernannt.

Ministerialrescript d. d. Weimar vom 19. December 1876.

5.) Dem Vicefeldwebel Compter wurde die hiernach erledigte Steueraufseherstelle in Weimar bis auf Weiteres zur Probedienstleistung überwiesen.

Ministerialrescript d. d. Weimar vom 26. December 1876.

D. S. Meiningen.

1.) Der Steueraufseher Bucklisch, welcher nach Verlegung der Station Mengersgereuth nach Steinheid zeither mit höherer Genehmigung in Alsbach (Schwarzburg-Rudolstadt) gewohnt hat, ist nach Steinheid übergesiedelt.

Mittheilung des H. Feldjägerkommando's d. d. Meiningen vom 16. Juli 1876.

2.) Der Steueraufseher Hodermann in Walldorf ist als Verwiegungsbeamter an die Rüben-Zuckerfabrik in Tümpling in provisorischer Eigenschaft versetzt worden und wurde in dessen Stelle der Steueraufseher Hermann von Allendorf eingewiesen; der frühere Sergeant Brachmann wurde hiernächst als Steueraufseher in Allendorf provisorisch angestellt.

Der Feldjäger Stuckardt in Sonneberg, welcher daselbst bisher nur mit der Ausübung des Polizeidienstes betraut war, wurde nach Steinach und der Steueraufseher Hofmann daselbst nach Sonneberg zur lediglichen Ausübung des Polizeidienstes als Feldjäger versetzt.

Mittheilung des H. Feldjägerkommando's d. d. Meiningen vom 19. August 1876.

3.) Zur ausschließlichen Ausübung des Steuer-Aufsichtsdienstes im Steuerhebebezirk Saalfeld ist der Steueraufseher Horn in Oepfershausen nach Saalfeld versetzt und der Steuer-Aufseher Braumann daselbst in die Stelle und die Functionen des Ersteren eingetreten.

Mittheilung des H. Feldjägercommando's d. d. Meiningen vom 4. November 1876.

4.) Nachdem der nicht mehr als Steueraufseher functionirende Feldjäger Hofmann in Sonneberg (s. o. unter Ziff. 2.) mit dem 1. December d. J. in Ruhestand versetzt worden, trat an dessen Stelle der Steueraufseher Voigt von Heinersdorf ebenfalls zur lediglichen Wahrnehmung des Polizeidienstes. Nachdem die Aufsichtsstation Heinersdorf nach Judenbach verlegt worden, wurde der neu angestellte Steueraufseher, vormalige Vicefeldwebel Dantz an Stelle des nach Judenbach versetzten Steueraufsehers Keller I. in Streufdorf stationirt.

Mittheilungen des H. Feldjägerkommando's d. d. Meiningen vom 14. u. 19. November 1876.

5.) Der Salzsteueramts-Vorstand, Rendant Trinks in Salzungen ist mit Tode abgegangen und wird dessen Stelle bis zur Wiederbesetzung von dem Salzsteueraufseher Langguth versehen.

Ministerialrescript d. d. Meiningen vom 6. December 1876.

6.) Dem Verwiegungsbeamten Friedrich in Camburg wurde von Sr. Hoheit dem Herzog von S. Meiningen die dem Herzogl. S. Ernest. Hausorden affiliirte Verdienst-Medaille in Silber verliehen.

Regierungsblatt für das Herzogthum S. Meiningen № 297 de 1876.

E. S. Altenburg.

1.) Dem zum Vorstande des Herzogl. Steuer- und Rentamts in Altenburg ernannten bisbisherigen Bezirksoberkontroleur, Steuerinspector Wagner daselbst wurde das Prädikat „Steuerrath" verliehen und der Obersteuerkontroleur Hartmann in Roda unter Ertheilung des Prädikats „Steuerinspector" als Bezirksoberkontroleur nach Altenburg versetzt. Die hiernach erledigte Stelle des Bezirksoberkontroleurs in Roda wurde dem bisherigen Haupt-Steuer-Amts-Assistenten Fritzsche in Altenburg unter Verleihung des Prädikats „Ober-Kontroleur" übertragen und der bisherige Revisionsaufseher beim Kaiserl. Hauptzollamte in Hamburg, Dietzsch zum Hauptsteueramts-Assistenten in Altenburg ernannt.

Ministerialrescripte d. d. Altenburg vom 7. und 15. September 1876.

2.) Bei Gelegenheit der Feier des 50jährigen Gedenktags des Uebergangs der Regierung des Herzogthums S. Altenburg an das Herzogl. Haus ist dem Finanzkassirer Kramer in Schmölln und dem Hauptsteueramts-Rendanten Ulrich in Altenburg das Prädikat „Rechnungsrath" und dem Finanzkassirer Dr. jur. Reichardt in Ronneburg das Prädikat „Steuerrath" ertheilt worden.

H. S. Altenburgisches Amts- und Nachrichts-Blatt № 142 de 1876.

F. Sachsen-Koburg-Gotha.

1.) Zwischen dem Accessisten Otto beim Herzogl. Steueramte zu Coburg und dem Controleur Schreiner beim Uebergangssteueramte zu Lichtenfels hat vom 1. September 1876 ab ein Stellentausch zur provisorischen Dienstleistung Statt gefunden.

Ministerialrescript d. d. Gotha vom 24. August 1876.

2.) An Stelle des wegen andauernder Kränklichkeit in den Dispositionsstand versetzten Hauptsteuer-Amts-Rendanten, Finanzrath Aneck zu Gotha wurde der bisherige Hauptsteueramtskontroleur Hartmann daselbst zum Hauptsteueramts-Rendanten und der bisherige Assistent, Oberkontroleur Clauder ebendaselbst zum Hauptsteueramtskontroleur ernannt.

Ministerialrescripte d. d. Gotha vom 5. Juli und 17. Aug. 1876.

8. Schwarzburg-Sondershausen.

Dem Steueramtsvorstande, Rendanten Heimbürger in Arnstadt wurde das Prädikat „Rent-Amtmann" beigelegt. Der erste Assistent beim dasigen Fürstl. Steueramte, Kassenkontroleur Pabst wurde an die Fürstl. Bezirks-Kasse in Sondershausen versetzt; der bisherige zweite Assistent, Kalkulator Hoppe wurde zum ersten Assistenten mit dem Prädikate „Kassenkontroleur," der bisherige Kassenschreiber Keil zum zweiten Assistenten und der vormalige Hülfsarbeiter Wiedling beim Fürstl. Justizamte in Gehren zum Kassenschreiber bei dem Steuer-Amte in Arnstadt ernannt.

Ministerialreseript d. d. Sondershausen vom 17. November 1876.

K. Reuß ä. L.

1.) Der mit der Verwaltung der Fürstl. Steuerreceptur in Burgk betraute Justiz-Amtsassessor Trögel ist mit dem 1. August 1876 an das Fürstl. Justizamt I. in Greiz versetzt und die Stelle des Steuerreceptur-Vorstandes in Burgk dem dasigen Justizamts-Expedienten, Aktuar Jahn mit übertragen worden.

Rescript der F. Landesregierung d. d. Greiz vom 22. Juli 1876.

2.) Der mit der Ausübung des Steueraufsichtsdienstes im Bezirk Burgk betraute Justiz-Amts-Kopist Siegert ist an das Fürstl. Justizamt I. in Greiz versetzt und an dessen Stelle dem bei dem Justizamte in Burgk angestellten Kopisten Bethmann die Besorgung des Aufsichtsdienstes mit übertragen worden.

Rescript der F. Landesregierung d. d. Greiz vom 28. September 1876.

Amtsblatt

des

General-Inspectors

des

Jahrgang

1877.

Erfurt.

Register

zum Jahrgang 1877 des Amtsblatts des General-Inspectors des Thüringischen Zoll- und Handelsvereins.

I. Chronologisches Register.

Laufende Nummer.	Der Cirkularverfügung rc. Datum.	Journal-№	Inhalt.	Zu finden unter №	Seite.
	1877.				
1.	31. Januar	836	Cirkularverfügung, eine Ausstellung in Hamburg betr. .	1.	1.
2.	10. Februar	1198	Dgl., die Uebergangsabgabensätze betr.	2.	1.
3.	12. ejd.	1178	Bekanntmachung, eine Ausstellung in Breslau betr. . .	3.	1.
4.	16. ejd.	1164	Cirkularverfügung, die processualische Verfolgung von Wechselstempelkontraventionen gegen Acceptanten unvollständiger Wechsel rücksichtlich gegen mehrere betheiligte Personen betreffend	4.	2.
5.	17. ejd.	1391	Dgl., Evidenthaltung des Thüringischen Stellenverzeichnisses betr.	5.	2.
6.	16. März	2053	Bekanntmachung, einen Maschinenmarkt in Leipzig betr. .	6.	3.
7.	5. Mai	3001	Dgl., eine Ausstellung für Leder, Lederwaaren und Eichenkultur in Berlin betr.	7.	3.
8.	11. ejd.	3404	Cirkularverfügung, Berichtigung des Thüringischen Stellenverzeichnisses betreffend	8.	3.
9.	5. Juni	3826	Dgl., Aenderung in der Organisation von Steuerhebe- und Aufsichtsbezirken im Großherzogthum S. Weimar betr.	9.	4.
10.	25. ejd.	4174	Dgl., Ausstellungen in Amsterdam und Bremen betr. . .	10.	4.
11.	7. Juli	4616	Dgl., die anderweite Abgrenzung der Steuerbezirke von Altenburg, Schmölln und Ronneburg betr. . . .	11.	7.
12.	11. ejd.	4692	Dgl., Erlaß der Tabaksteuer wegen Beschädigung durch Unglücksfälle betr.	12.	7.
13.	eod.	4730	Dgl., die Verzollung der im sogenannten Veredelungsverkehr eingeführten Waaren bei inzwischen eingetretenen Tarifveränderungen betr.	13.	8.
14.	2. August	5168	Dgl., Liqueurexport in Gebinden betreffend	14.	8.
15.	4. ejd.	5167	Bekanntmachung, eine Ausstellung in Stuttgart betreffend	15.	8.
16.	14. ejd.	5311	Dgl., eine Ausstellung in Bremen betreffend	16.	9.
17.	15. ejd.	5408	Cirkularverfügung, einen neuen Verbleiungsapparat betreffend	17.	9.
18.	25. ejd.	5600	Bekanntmachung, eine Ausstellung in Luxemburg betreffend	18.	9.
19.	eod.	5615	Cirkularverfügung, die Ausstellung von Ursprungszeugnissen über Waarensendungen nach Spanien betreffend . .	19.	10.
20.	28. Septemb.	6468	Dgl., die Ausstellung von Ursprungszeugnissen über Waarensendungen nach Spanien betreffend	20.	11.
21.	eod.	6494	Dgl., die Berichtigung von Stellenverzeichnissen betr. . .	21.	11.
22.	24. Novemb.	7601	Cirkularverfügung, den Handelsvertrag mit Portugal betr.	22.	12.
23.	3. Decemb.	8082	Dgl., anderweite Bestimmung über die Ausstellung von Ursprungszeugnissen zu Waarensendungen nach Spanien betreffend	23.	12.
24.	11. ejd.	8261	Dgl., die Nachweisung des Posteingangs in den Waarenverkehrsübersichten und bez. die Vorabfertigung von Poststücken betr.	24.	12.

Laufende Nummer.	Der Cirkularverfügung ꝛc. Datum.	Journal-№	Inhalt.	Zu finden unter №	Seite.
	1877.				
25.	15. Decemb.	8345	Cirkularverfügung, Taravergütung für saucirte Tabaksblätter in Thierhäuten betr.	25.	13.
26.	Ohne	Ohne	Personalien		4.
27.	Dgl.	Dgl.	Desgl.,		14.

II. Sachregister.

Bemerkung. Die beigesetzten Ziffern bedeuten die Seitenzahlen.

A.

B.

E.

H.

L.

M.

O.

P.

S.

T.

U.

V.

W.

Amtsblatt

des General-Inspectors des Thüringischen Zoll- und Handels-Vereins.

1tes Stück vom Jahre 1877.

№ 1. Cirkularverfügung,

eine Ausstellung in Hamburg betr., vom 31. Januar 1877 № 836.

In Hamburg wird vom 28. Februar bis 4. März d. J. eine internationale Molkerei-Ausstellung stattfinden.

Es wird auf die Cirkularverfügung vom 24. Januar 1865 № 131 zur ergeblichen Beachtung verwiesen.

Erfurt, den 31. Januar 1877. Der Generalinspector: Grolig.

№ 2. Cirkularverfügung,

die Uebergangsabgabensätze betr., vom 10. Februar 1877 № 1198.

Unter Verweisung auf Seite 9 des diesjährigen Reichsgesetzblattes wird beifolgend zur Vervollständigung der Generalacten (Cirkularverfügung vom 8. August 1872 № 4617) ein Exemplar der anderweiten Uebersicht der Uebergangsabgaben und Ausfuhrvergütungen mitgetheilt, welche von Staaten, wo innere Steuern auf die Hervorbringung oder Zubereitung gewisser Erzeugnisse gelegt sind, erhoben bezw. bewilligt werden.

Erfurt, den 10. Februar 1877. Der Generalinspector: Grolig.

№ 3. Bekanntmachung,

eine Ausstellung in Breslau betr., vom 12. Februar 1877 № 1178.

In Breslau wird am 7. 8. und 9. Juni d. J. eine Ausstellung und ein Markt land-, forst- und hauswirthschaftlicher Maschinen und Geräthe veranstaltet, rücksichtlich welcher auch aus dem Auslande an sich zollpflichtige Gegenstände zollfrei ein- und nach beendeter Ausstellung wieder ausgeführt werden können, was ich hierdurch unter Hinweisung auf die in ähnlichen Fällen ergangenen Bestimmungen bekannt gebe.

Erfurt, am 12. Februar 1877. Der Generalinspector: Grolig.

№ 4. Cirkularverfügung,

die prozessualische Verfolgung von Wechselstempelkontraventionen gegen Acceptanten unversteuerter unvollständiger Wechsel, rücksichtlich gegen mehrere betheiligte Personen betr.,

vom 16. Februar 1877 № 1164.

Es ist durch Entscheidungen eines höchsten Gerichtshofes, des Königlichen Obertribunals, anerkannt und folgt aus der Natur der Sache, sowie aus der Fassung des §. 16 des Wechselstempelgesetzes vom 10. Juni 1869, daß die in diesem letzteren §. enthaltene Vorschrift nur Anwendung finden kann, wenn der zur Zeit der Acceptation, resp. der Aushändigung mangelhaft gewesene Wechsel später die Eigenschaft eines vollständigen Wechsels im gesetzlichen Sinne erlangt und in dieser Gestalt zur Beurtheilung bezüglich der Frage seiner Stempelpflichtigkeit kommt.

Daher mache ich die zur Führung von Zoll- und Steuerprozessen befugten Steuerstellen meines Geschäftsbereiches unter Deklaration der Vorschrift sub Ziffer 7 lit. b Abs. 3 der Bekanntmachung vom 7. Januar 1870 № 125 zur sorgfältigen Beachtung darauf aufmerksam, daß ein Strafverfahren wegen Wechselstempelkontravention nicht einzuleiten ist, wenn Wechselaccepte vorliegen, welche eines der wesentlichen Erfordernisse eines Wechsels (Art. 4 und 96 der allgemeinen deutschen Wechselordnung vom 15. Februar 1850), insbesondere der Unterschrift des Ausstellers entbehren.

Aus Veranlassung eines besonderen Falles weise ich ferner die betreffenden Steuerstellen an, bei Wechselstempelcontraventionen, an welchen mehrere Unterzeichner einer Wechselerklärung Theil genommen haben, das Verfahren gegen jeden für sich und besonders in Anspruch zu nehmenden Betheiligten einzuleiten, ohne daß durch diese Bestimmung die durch Cirkularverfügung vom 24. April 1871 № 2818 ertheilte Vorschrift abgeändert werden soll.

Erfurt, den 16. Februar 1877. Der Generalinspector: Grolig.

№ 5. Cirkularverfügung,

Evidenthaltung des Thüringischen Stellenverzeichnisses betr.,

vom 17. Februar 1877 № 1391.

I. In Spalte 26 und beziehungsweise 31 des Thüringischen Steuerstellenverzeichnisses ist bei den Herzoglichen Steuerämtern zu Salzungen und Eisfeld, sowie bei der Königlichen Steuerreceptur zu Schleusingen die diesen Stellen ertheilte Vorabfertigungsbefugniß für Bierexporte nach §. 9 der Vorschriften betreffend die Rückvergütung der Brausteuer zu vermerken. (Cfr. Amtsblatt 1869 S. 69 Spalte 3.)

II. Der Großherzoglichen Steuerreceptur zu Kaltennordheim ist vom 1. April d. J. an die Befugniß ertheilt worden, Branntwein, der mit dem Anspruche auf Steuervergütung ausgeführt wird, zum Ausgange abzufertigen und den Ausgang zu bescheinigen.

III. Zur Ergänzung der Acten wird hier noch besonders (Centralblatt für das deutsche Reich 1875 S. 458. 468) darauf hingewiesen, daß dem Herzoglichen Steuerамte zu Hildburghausen die Befugniß zusteht, Begleitscheine I. über Waaren der pos. 25 zu erledigen.

Erfurt, den 17. Februar 1877. Der Generalinspector: Grolig.

№ 6. Bekanntmachung,

einen Maschinenmarkt in Leipzig betr., vom 16. März 1877 № 2053.

In der Zeit vom 4. bis mit 6. Mai dieses Jahres soll von dem landwirthschaftlichen Kreisverein in Leipzig daselbst ein internationaler Markt landwirthschaftlicher Maschinen abgehalten werden und es ist für diejenigen Maschinen, welche zu dem fraglichen Markte vom Auslande eingehen und nachher als unverkauft dahin zurückgelangen werden, die Befreiung vom Eingangszolle bei vorausgesetzter Anwendung der vorgeschriebenen Controlemaßregeln zugestanden worden.

Erfurt, den 16. März 1877. Der Generalinspector: Grolig.

№ 7. Bekanntmachung,

eine Ausstellung für Leder, Lederwaaren und Eichencultur in Berlin betr., vom 5. Mai 1877 № 3001.

In der Zeit vom 8. bis 29. September dieses Jahres wird in Berlin eine internationale Special-Ausstellung für Leder, Lederwaaren und Eichencultur veranstaltet und es ist für diejenigen Gegenstände, welche zu dieser Ausstellung vom Auslande ein- und nach Beendigung derselben wieder zurückgehen, insoweit sie tarifmäßig einem Eingangszolle unterliegen, die Befreiung von Letzterem zugestanden worden.

Erfurt, den 5. Mai 1877. Der Generalinspector: Grolig.

№ 8. Cirkularverfügung,

Berichtigung des Thüringischen Stellenverzeichnisses betr., vom 11. Mai 1877 № 3401.

Dem Herzoglichen Steueramte zu Sonneberg ist die Befugniß zur unbeschränkten Ausfertigung und Erledigung von Begleitscheinen I. und II. ertheilt worden. Abfertigung mit Wagenverschluß auf dasselbe ist ausgeschlossen.

Diese Befugniß tritt am 1. Juli d. J. in Kraft.

Erfurt, den 11. Mai 1877. Der Generalinspector: Grolig.

№ 9. Cirkularverfügung,

Aenderung in der Organisation von Steuerhebe- und Aufsichtsbezirken im Großherzogthum S. Weimar betr., vom 5. Juni 1877 № 3826.

Behufs Berichtigung des Thüringischen Ortschaftsverzeichnisses wird hierdurch bekannt gegeben, daß die Ortschaften Ollendorf und Bieselbach mit dem 1. Juli d. J. aus dem Steuerbezirke Louisenhalle in den Steuerbezirk Weimar übergehen.

Erfurt, den 5. Juni 1877. Der Generalinspector: Grolig.

№ 10. Cirkularverfügung,

Ausstellungen in Amsterdam und Bremen betr., vom 25. Juni 1877 № 4174.

In Amsterdam wird in den Monaten Juni, Juli und August d. J. eine kunstgewerbliche Ausstellung, in Bremen dagegen in der Zeit vom 3. bis 6. Juli d. J. eine Ausstellung von Maschinen und Geräthschaften, welche für das Fleischergewerbe von Interesse sind, veranstaltet werden.

Wegen des zollfreien Wiedereingangs der zu diesen Ausstellungen ausgegangenen inländischen Gegenstände wird auf die Cirkularverfügung vom 24. Januar 1865 № 131 verwiesen.

Erfurt, den 25. Juni 1877. Der Generalinspector: Grolig.

Personalien.

A. General-Inspection.

Die Stelle des ersten Kanzlisten wurde dem bisherigen zweiten Kanzlisten Knösel von den hohen Thüringischen Vereinsregierungen verliehen und die Stelle des zweiten Kanzlisten dem bisherigen Assistenten beim Herzogl. Hauptsteueramte zu Gotha Heß von Wichdorff vorerst auf einjährigen Widerruf von den genannten Regierungen übertragen.

B. Preußen.

1.) Die vakante Steueraufseherstelle in Kanis wurde dem bisherigen Grenzaufseher Kohl zu Hemelingen verliehen.

2.) Der Steueraufseher Hartmann in Gefell wurde in gleicher Eigenschaft nach Mühlberg a./E. und der Grenzaufseher Czeike in Cuxhafen als Steueraufseher nach Gefell versetzt.

3.) Der Hauptsteueramts-Assistent Vetter in Erfurt wurde auf seinen Antrag wegen andauernder Kränklichkeit in den Ruhestand versetzt und der bisherige berittene Steuer-Aufseher Kahler in Erfurt zum Hauptsteueramts-Assistenten daselbst ernannt. An Stelle des Letzteren trat der bisherige provisorische Grenzaufseher Reppin zu Kaldenkirchen als berittener Steueraufseher zu Erfurt.

4.) Der Steueraufseher Reimann in Steinbach-Hallenberg wurde nach Artern versetzt und die hiernach erledigte Stelle dem bisherigen Supernumerar Hoße in Halle a./S. auf sechsmonatliche Probe verliehen.

8.) Dem Salzsteueraufseher Damm zu Erfurt ist von Seiner Majestät dem König von Preußen bei der Feier des diesjährigen Krönungs- und Ordensfestes das Allgemeine Ehrenzeichen verliehen worden.

C. S. Weimar.

1.) Der Salzsteueraufseher Fleischmann in Louisenhalle ist wegen andauernder Krankheit und in Folge dessen eingetretener Dienst-Unfähigkeit vom 1. Juli d. J. ab in Ruhestand versetzt und dem Dienstanwärter Kassel die hiernach erledigte Stelle provisorisch übertragen worden.
Ministerialrescripte d. d. Weimar vom 15. März und 27. April 1877.

2.) Nachdem der berittene Steueraufseher Platzbasch in Buttstedt aus dem Großherzogl. Staatsdienste entlassen worden, ist der berittene Steueraufseher Zapf in Stotternheim vom 1. Juli c. an in gleicher Eigenschaft in jene Stelle versetzt und dem zur Zeit mit der Vertretung der Steueraufseherstelle in Buttstedt beauftragten Dienstanwärter Rößler der nunmehr in eine Fußsteueraufseherstelle umgewandelte Aufsichtsposten zu Stotternheim provisorisch übertragen worden.

3.) Der Fußsteueraufseher Faulwetter in Ilmenau wurde in gleicher Eigenschaft nach Weimar versetzt und der bisher mit der Verwaltung des daselbst erledigten Aufsichtspostens betraute Vicefeldwebel Compter vom 1. Juli c. an als Fußsteueraufseher in Ilmenau provisorisch angestellt.
Ministerialrescripte d. d. Weimar vom 14. März, 12. und 27. April 1877.

D. S. Meiningen.

1.) Dem Obersteuerkontroleur, Hauptmann Garß in Meiningen ist von Sr. Hoheit dem Herzog von S. Meiningen das Prädikat „Steuerrath" verliehen worden.
Ministerialrescr. d. d. Meiningen v. 31. März 1877.

2.) Der Salzsteueramts-Rendant Neukauf in Oberneusulza ist als Vorstand des Herzogl. Salzsteueramts nach Salzungen versetzt und der bisherige Inspector z. D. Sonnekalb in provisorischer Diensteigenschaft zum Salzsteueramts-Rendanten in Oberneusulza ernannt worden.
Ministerialrescripte d. d. Meiningen vom 31. März und 12. Mai 1877.

3.) Der Steueraufseher Zielfelder in Poesneck trat mit dem 1. Juni c. in Ruhestand. Es wurden hiernach versetzt die Steueraufseher Scheller von Kranichfeld nach Poesneck, Heil von Molau nach Kranichfeld, Ulrich von Lehesten nach Molau, Schübel von Einhausen (Obermaßfeld) nach Lehesten und Keller II. von Wernshausen nach Einhausen (Obermaßfeld). Ferner wurden die Sergeanten Sickert und Heusing als provisorische Steuer-Aufseher eingestellt. Sickert wurde vorläufig in Hildburghausen und Heusing in Sonneberg zur Instruction und Aushülfe stationirt, Letzterer um demnächst die Station Wernshausen zu übernehmen und Ersterer später in Sonneberg stationirt zu werden.
Mittheilungen des Herzogl. Feldjägerkommando's zu Meiningen vom 30. April und 5. Juni 1877.

4.) Mit der Erweiterung der Abfertigungsbefugnisse des Herzogl. Steueramts zu Sonneberg wurde der Amtsvorstand, Rath Linßer von den steueramtlichen Functionen entbunden und die Besorgung der Geschäfte des ersten Beamten dem derzeitigen Amtsassistenten Frank daselbst und des zweiten Beamten dem bisher beim Herzogl. Rechnungs-Büreau zu Meiningen beschäftigten Revisions-Assistenten Groß übertragen.
Ministerialrescript d. d. Meiningen vom 16. Juni 1877

E. S. Altenburg.

1.) An Stelle des in Ruhestand versetzten Finanzkassirers, Rechnungsraths Hemmann wurde der zeitherige zweite Beamte beim Herzogl. Steuer- und Rentamte in Roda, Finanzkontroleur Buchmann zum ersten Beamten daselbst unter Verleihung des Dienstprädikats „Finanzkassirer" ernannt; die Stelle des zweiten Beamten wurde dem bisherigen Steueraufseher Thieme zu Ronneburg mit dem Prädikate „Steuer- und Rentamts-Assistent" verliehen.

2.) Nachdem der erste Beamte bei dem Herzogl. Steuer- und Rentamte zu Ronneburg, Steuerrath Dr. jur. Reichardt unter Ernennung zum Mitglied der Direction der Herzogl. Landesbank zu Altenburg mit dem Prädikate „Finanzrath" aus der gemeinschaftlichen Steuerverwaltung ausgeschieden, ist der bisherige zweite Beamte des gedachten Amts, Finanzkontroleur Kratzsch mit dem Dienstprädikate „Finanzkassirer" in die Stelle des ersten Beamten daselbst getreten und der bisherige zweite Beamte beim Herzogl. Steuer- und Rentamte zu Eisenberg, Finanzkontroleur Dietzmann in gleicher Diensteigenschaft an das H. Steuer- und Rentamt in Ronneburg versetzt worden. Zum zweiten Beamten des H. Steuer- und Rentamts zu Eisenberg wurde der zeitherige Steuer- und Rentamts-Assistent Kluge zu Altenburg unter Belassung seines jetzigen Dienstprädikats ernannt und der bisherige Steueraufseher Naundorf daselbst dem Herzogl. Steuer- und Rent-Amte Altenburg als Hülfsarbeiter überwiesen.

Ministerialrescript d. d. Altenburg vom 20. März 1877.

3.) Der Steuerdienstaspirant Pfeiffer ist in unwiderruflicher, vorerst jedoch provisorischer Diensteigenschaft zum Steueraufseher ernannt und in Ronneburg stationirt worden.

Ministerialrescript d. d. Altenburg vom 26. April 1877.

4.) Der Steuerdienstaspirant Kunze ist in gleicher Diensteigenschaft zum Steueraufseher ernannt und in Ehrenhain an Stelle des Steueraufsehers Graichen, welcher in den in Altenburg erledigten Aufsichtsposten versetzt wurde, stationirt worden.

Ministerialrescript d. d. Altenburg vom 16. Mai 1877.

F. S. Koburg-Gotha.

1.) Der Steueraufseher, Kontroleur Buschmann in Koburg ist zum Assistenten beim Herzogl. Hauptsteueramte in Gotha ernannt worden.

Ministerialrescript d. d. Gotha vom 25. Januar 1877.

2.) Dem Vorstande des Herzogl. Steueramts und Bezirksoberkontroleur, Steuerrath Krzizek zu Koburg ist von Sr. Hoheit dem Herzog von Sachsen-Koburg-Gotha das Ritterkreuz II. Klasse des Herzogl. S. Ernestinischen Hausordens verliehen worden.

Regierungsblatt für das Herzogthum S. Koburg 22. Stück de 1877.

G. Schwarzburg-Rudolstadt.

Dem Rent- und Steueramts-Assistenten Hungeröther in Königsee ist das Dienst-Prädikat „Steuerkommissar" und dem Rent- und Steueramts-Assistenten Kirchner in Rudolstadt das Dienstprädikat „Kassen-Rendant" verliehen worden.

Ministerialrescript d. d. Rudolstadt vom 18. Januar 1877.

H. Reuß j. L.

Die bisher von dem Hauptmann a. D. Wille provisorisch verwaltete Stelle des Salzsteueramts-Rendanten in Heinrichshalle ist demselben definitiv übertragen worden.

Ministerialrescript d. d. Gera vom 28. August 1876.

Druck von Otto Conrad in Erfurt.

Amtsblatt
des General-Inspectors des Thüringischen Zoll- und Handels-Vereins.

2tes Stück vom Jahre 1877.

№ 11. Cirkularverfügung,
die anderweite Abgrenzung der Steuerbezirke von Altenburg, Schmölln und Ronneburg betr.,
vom 7. Juli 1877 № 4616.

1.) Mit dem 1. Juli d. J. scheiden Stadt und Flur Gößnitz, ingleichen die Ortschaften und Fluren Bernshain mit Neidamühle, Naundorf, Ponitz, Drensen, Gosel Altenburgschen Antheils, Guteborn, Merlach, Schönhain, Zschöpel, Hainichen, Kauritz Altenburgschen Antheils, Koblenz, Köthel, Untergötzenthal und Waldsachsen Altenburgschen Antheils aus dem Bezirke des Herzoglichen Hauptsteueramts zu Altenburg aus und werden zum Bezirk des Herzoglichen Steuer- und Rentamts zu Schmölln hinzugeschlagen.
2.) Dagegen scheiden gleichzeitig aus dem Bezirke der letztgenannten Behörde aus und werden zu dem Bezirke des Herzoglichen Steuer- und Rentamts zu Ronneburg geschlagen die Ortschaften und Fluren Großstechau, Beerwalde, Drosen, Falkenau, Ingramsdorf, Löbichau, Kleinstechau mit Tannefeld, Mannichswalde mit Nußdorf Altenburgschen Antheils, Nischwitz, Heukewalde, Jonaswalde, Großpillingsdorf, Kleinpillingsdorf, Röbdenitz, Raudenitz und Posterstein.

Das Thüringsche Ortschaftsverzeichniß ist hiernach zu berichtigen.

Erfurt, am 7. Juli 1877. Der Generalinspector: Grolig.

№ 12. Cirkularverfügung,
Erlaß der Tabaksteuer wegen Beschädigung durch Unglücksfälle betr.,
vom 11. Juli 1877 № 4692.

Die durch Beschluß des Bundesraths des Zollvereins vom 19. Mai 1869 festgestellten Bestimmungen (Cirkularverfügung vom 27. Juli 1869 № 4344) über den Erlaß der Tabaksteuer wegen Mißwachses oder anderer Unglücksfälle enthalten im letzten Alinea des §. 5. die Anordnung, daß ein Anspruch auf Steuererlaß nicht mehr stattfindet, wenn die Anzeige der Beschädigung länger als drei Tage nach ihrem Entstehen unterlassen worden ist.

Nachdem der Bundesrath des Deutschen Reichs am 9. Mai d. J. beschlossen hat, daß, wenn der Steuerpflichtige aus entschuldbarem Versehen die Anzeige der Beschädigung länger als drei Tage nach ihrem Entstehen unterlassen hat und wenn trotz der Fristversäumniß die Beschädigung noch ermittelt werden kann, die obersten Landesfinanzbehörden aus Billigkeits-Rücksichten einen Erlaß der Tabaksteuer gewähren können, so ist in derartigen Fällen über die etwaigen Gesuche um Steuererlaß behufs Einholung höherer Entscheidung anher zu berichten.

Erfurt, den 11. Juli 1877. Der Generalinspector: Grolig.

№ 13. Cirkularverfügung,

die Verzollung der im sogen. Veredelungsverkehr eingeführten Waaren bei inzwischen eingetretenen Tarifveränderungen betr., vom 11. Juli 1877 № 1730.

Der Bundesrath des Deutschen Reiches hat in der Sitzung vom 29. Mai d. J. beschlossen:

„Wenn in den Fällen des sog. Veredelungsverkehrs die Wiederausfuhr der eingeführten Waaren innerhalb der bestimmten Frist nicht stattfindet, so hat die Verzollung nach demjenigen Tarifsatz, welcher zur Zeit der für die Eingangsabfertigung abgegebenen Anmeldung in Geltung stand, zu erfolgen."

Hiernach ist in vorkommenden Fällen zu verfahren.

Erfurt, den 11. Juli 1877. Der Generalinspector: Grolig.

№ 14. Cirkularverfügung,

Liqueurexport in Gebinden betr., vom 2. August 1877 № 5168.

Wird Liqueur in Gebinden ausgeführt, die bezüglich ihres Inhalts amtlich geeicht sind, und werden diese Gebinde bei der Revision spundvoll gefunden, so kann die Steuervergütung unter Zugrundelegung der amtlichen Inhaltseiche der Fässer festgestellt werden, sofern die Eichung derselben vorschriftlich erfolgt ist und gegen die Richtigkeit des Ergebnisses der Eichung Zweifel nicht bestehen.

Hiernach modificirt sich die Vorschrift unter Ziffer 4 der Cirkularverfügung vom 31. Juli 1867 № 4101, wonach bei Versendung von Liqueur in Gebinden die bonifikationsfähige Menge desselben lediglich durch Vermessung der Gebinde mittelst des Längen- und Höhenmessers, oder bei zu kleinen Fässern durch Nachmessung auf nassem Wege festgestellt werden soll (Cirk. vom 15. Mai 1871 № 3123 sub II), und es hat folglich auch das Revisionsattest ergeblich den ausdrücklichen Vermerk „nach amtlicher Litereiche de(s) spundvollen Gebinde(s)" anstatt, wie bisher vorgeschrieben war, „unter vorschriftlicher Anwendung des Längen- und Höhenmessers" zu enthalten.

Erfurt, den 2. August 1877. Der Generalinspector: J. V. Schreck.

№ 15. Bekanntmachung,

eine Ausstellung in Stuttgart betr., vom 4. August 1877 № 5167.

In Stuttgart findet in den Tagen vom 11. bis 13. August d. J. aus Veranlassung des dort veranstalteten X. deutschen Feuerwehrtags eine Ausstellung von Feuerlöschgeräthschaften und sonstigen mit dem Feuerlöschwesen in Verbindung stehenden Einrichtungen und Apparaten statt, rücksichtlich welcher auch aus dem Auslande zollpflichtige Gegenstände unter den bekannten Voraussetzungen zollfrei eingeführt und nach beendigter Ausstellung wieder ausgeführt werden können, was ich hiermit unter Verweisung auf die in ähnlichen Fällen ergangenen Bestimmungen bekannt gebe.

Erfurt, den 4. August 1877. Der Generalinspector: Grolig.

№ 16. Cirkularverfügung,

eine Ausstellung in Bremen betr., vom 14. August 1877 № 5311.

Die Ausstellungs-Kommission der Weißbäcker-Innung zu Bremen beabsichtigt am 19. und 20. September d. J. daselbst eine Ausstellung von allen in der Bäckerei und Konditorei anwendbaren Maschinen, Geräthschaften, Rohmaterialien und dergl. zu veranstalten.

Wegen des zollfreien Wiedereingangs der zu dieser Ausstellung ausgehenden vereinsländischen Gegenstände wird auf die Cirkularverfügung vom 24. Januar 1865 № 131 verwiesen.

Erfurt, den 14. August 1877. Der Generalinspector: J. V. Schreck.

№ 17. Cirkularverfügung,

einen neuen Verbleiungs-Apparat betr., vom 15. August 1877 № 5408.

Von dem Ingenieur Riemann in Berlin ist ein Verbleiungs-Apparat konstruirt worden, welcher versuchsweise bei den Hauptzollämtern zu Danzig, Aachen, Hamburg, Lübeck und Bremen, sowie bei den Hauptsteuerämtern zu Stettin, Magdeburg, Hannover, Breslau, Cöln und Berlin für ausländische Gegenstände in Gebrauch genommen werden soll.

Indem ich bemerke, daß die mit dem neuen Apparat ausgeprägten Bleie kein Randgepräge haben, auf der einen Seite die Firma des ausfertigenden Amtes und auf der anderen Seite den deutschen Reichsadler tragen, weise ich die Revisionsbeamten am Sitze der Erledigungsämter, bei welchen Colli, die mittelst des neuen Verbleiungs-Apparates unter Verschluß gesetzt worden sind, etwa zur Revision und schließlichen Abfertigung gelangen, hiermit an, diesen Colloverschluß vor dessen Abnahme einer sorgfältigen Besichtigung zu unterziehen und demnächst solchergestalt abzunehmen, daß die Schnur dicht am Blei einmal durchgeschnitten und sodann vollständig aus dem Collo gezogen wird, worauf mittelst Durchziehens derselben durch die Finger genau zu prüfen ist, ob sie keine Nahtstelle oder Verknotung hat. Etwa entdeckte Ungehörigkeiten sind protokollarisch zur Anzeige zu bringen.

Die abgenommenen Bleie sind bis auf Weiteres von den Empfangsämtern besonders zu sammeln.

Erfurt, am 15. August 1877. Der Generalinspector: J. V. Schreck.

№ 18. Bekanntmachung,

eine Ausstellung in Luxemburg betr., vom 25. August 1877 № 5600.

Im Monat September d. J. wird in Luxemburg eine Ausstellung von Feuerlösch-Requisiten ꝛc. veranstaltet, bezüglich welcher auch aus dem Auslande unter den bekannten

Voraussetzungen Gegenstände zollfrei ein- und wieder ausgeführt werden können, was ich hiermit unter Bezugnahme auf die in ähnlichen Fällen ergangenen Bestimmungen bekannt gebe.

Erfurt, den 25. August 1877. Der Generalinspector: J. V. Schreck.

№ 19. Cirkularverfügung,

die Ausstellung von Ursprungszeugnissen über Waaren-Sendungen nach Spanien betr., vom 25. August 1877 № 5615.

In Spanien ist vor Kurzem ein schon am 1. d. M. in Wirksamkeit getretener neuer Zolltarif verkündet worden, durch welchen einerseits die Abgabensätze des bisherigen Spanischen Zolltarifs vom 12. Juli 1869 mehrfach erhöht, andererseits aber für diejenigen Nationen, welche im Verkehre mit Spanien der Meistbegünstigungsklausel sich erfreuen, vielfach ermäßigte Zollsätze festgestellt worden. In Folge dieser Einführung von Differenzialzöllen in dem neuen Spanischen Zolltarif wird für diejenigen Waaren, welche mit dem Anspruche auf Behandlung nach dem Fuße der am meisten begünstigten Nationen aus Deutschland und aus dem Großherzogthume Luxemburg, so lange dasselbe dem Deutschen Zoll- und Handelssysteme angehören wird, nach Spanien gesendet werden, die Beibringung von Ursprungszeugnissen nothwendig, zu deren Ausstellung u. A. die Zoll- und Steuerbehörden am Orte der Versendung und die Vorstände der Ausgangszollämter befugt sind.

Die Ausstellung der Ursprungszeugnisse Seitens der Zoll- und Steuerämter hat nach dem untenstehenden Formulare zu erfolgen. Betheiligte Gewerbtreibende sind hiervon zu benachrichtigen.

Erfurt, den 25. August 1877. Der Generalinspector: J. V. Schreck.

Ursprungs-Zeugniß.

A. Anmeldung.

Der Unterzeichnete . . . .
wohnhaft zu . . . .
erklärt hiermit, daß die nachstehend angegebenen, zur Einfuhr in das Königreich Spanien bestimmten Waaren

deutschen (luxemburgischen) Ursprungs sind.
. . . . den . . . . 18 . .
Unterschrift.

B. Beglaubigung des Ursprungs.

Die Abstammung der vorstehend bezeichneten Waaren aus dem freien Verkehr Deutschlands (Luxemburgs) wird hiermit bescheinigt.
. . . . den . . . . 18 . .
(Stempel) Firma des Zoll- (Steuer-)Amts.
Unterschrift.

№ 20. Cirkularverfügung,

die Ausstellung von Ursprungszeugnissen über Waaren-Sendungen nach Spanien betr.,
vom 28. September 1877 № 6468.

Nach neuerer Nachricht hat das Königlich Spanische Finanzministerium in Madrid angeordnet:

1.) daß das Ursprungszeugniß, welches die Waaren der vertragsmäßigen Nationen zu begleiten hat, in einer Bescheinigung des Fabrikanten oder Weiterverkäufers der betreffenden Waaren bestehen soll, in welcher die Klasse, Abzeichen und der Ort der Produktion derselben aufgeführt sind;

2.) daß diese Certifikate von der Lokalbehörde des Wohnortes des Verkäufers oder Fabrikanten, sowie von dem Spanischen Konsul daselbst, oder im Falle, daß am Ort der Fabrikation oder des Kaufsgeschäfts ein Spanisches Konsulat nicht existirt, von demjenigen am Orte der Exportation visirt werden sollen.

3.) ꝛc.

4.) daß, was die Produkte aus dem Deutschen Reiche anlangt, die von den Handels- und Schifffahrts-Deputationen (Deputaciones del comercio y navegacion) des genannten Reiches ausgestellten Zeugnisse nach Visirung durch die Spanischen Konsuln als Ursprungszeugnisse zugelassen werden sollen, sofern der Handel nicht lieber sich den erwähnten ersten beiden Vorschriften unterwerfen will.

Hiernach sind betheiligte Gewerbtreibende in gleicher Weise, wie nach der Cirkularverfügung vom 25. August d. J. № 5615 zu geschehen hatte, zu benachrichtigen, und beziehentlich ist zu beachten, daß für die nach Spanien gehenden deutschen Waaren Ursprungszeugnisse fortan nicht mehr von den Zollstellen des betreffenden Landes, sondern unter Betheiligung der Ortsbehörden, beziehungsweise der Handels- und Schifffahrts-Deputationen auszustellen sind.

Erfurt, am 28. September 1877. Der Generalinspector: Grolig.

№ 21. Cirkularverfügung,

Berichtigung von Stellenverzeichnissen betr., vom 28. September 1877 № 6491.

I.) Am 1. November d. J. wird in Heinersdorf (Steuerhebebezirk Sonneberg) eine neue Uebergangsstelle mit der Befugniß zur Ausfertigung und Erledigung von Uebergangsscheinen (vorerst nicht über Spielkarten, sonst aber unbeschränkt) errichtet, und gleichzeitig eine Uebergangsstraße Kronach-Heinersdorf zur Einfuhr übergangsabgabepflichtiger Gegenstände aus Bayern eröffnet werden. Für den Verkehr mit Bier, Branntwein und geschrotetem Malze aus Thüringen nach Bayern ist auf dieser Uebergangsstraße bis auf Weiteres die Uebergangsscheinbezettelung nothwendig, die also event. in Heinersdorf beantragt und nachgeholt werden muß.

II.) Die Orte Weißen mit Gut Weißenburg und ferner Weißbach sind aus dem Steuerhebebezirk Saalfeld zum Steuerhebebezirk Pößneck überwiesen worden.

Die betreffenden Stellenverzeichnisse sind hiernach zu ergänzen und zu berichtigen.

Erfurt, am 28. September 1877. Der Generalinspector: Grolig.

№ 22. Cirkularverfügung,

den Handelsvertrag mit Portugal betr., vom 24. November 1877 № 7801.

Die Portugiesische Regierung hat in Bezug auf Beibringung von Ursprungszeugnissen bei der Einfuhr von Waaren neuerdings nachstehende beide Artikel bekannt gemacht:

Art. 1. Es wird Nachlaß ertheilt von der Beibringung von Ursprungszeugnissen in Betreff der Waaren, welche unmittelbar aus Frankreich, sowie unmittelbar aus irgend einem derjenigen Länder eingeführt werden, auf welche Tarif B des Vertrags vom 11. Juli 1866 Anwendung findet, oder künftighin finden mag.

Art. 2. Ebenso wird die Beibringung von Ursprungszeugnissen nicht mehr verlangt rücksichtlich der mittelbar aus einem der im vorhergehenden Artikel gedachten Länder eingeführten Waaren, sofern deren Ursprung in der besonderen Kolumne des Manifestes — dessen Formular den Konsular-Regulativen angeschlossen ist — verzeichnet, und diese Bezeichnung zur Beglaubigung ihrer Richtigkeit mit der Unterschrift des zuständigen Konsuls versehen ist.

Vorstehendes Dekret der Königlich Portugiesischen Regierung findet gemäß Art. 4 und 8 des Handels- und Schifffahrtsvertrags zwischen Deutschland und Portugal vom 2. März 1872 auch auf die Waaren-Einfuhr aus Deutschland Anwendung, und erleiden insoweit meine Cirkular-Verfügungen vom 20. August 1872 № 4961 bez. vom 20. März 1866 № 1752 in Betreff der Beibringung von Ursprungszeugnissen eine Aenderung.

Betheiligte Gewerbtreibende sind hiervon bei passender Gelegenheit in Kenntniß zu setzen.

Erfurt, am 24. November 1877. Der Generalinspector: Grolig.

№ 23. Cirkularverfügung,

anderweite Bestimmung über die Ausstellung von Ursprungszeugnissen zu Waaren-Sendungen nach Spanien, betr., vom 3. Dezember 1877 № 8082.

In Bezug auf die Ursprungszeugnisse für die nach Spanien gehenden deutschen Waaren soll es einer neueren Benachrichtigung zu Folge fortan im Belieben der Handelstreibenden stehen, die Beglaubigung des Ursprungs der Waaren entweder nach Maßgabe der Cirkular-Verfügung vom 25. August d. J. № 5615, oder nach den Vorschriften des Cirkular-Erlasses vom 28. September d. J. № 6468 bewirken zu lassen.

Die Gewerbtreibenden sind wie früher, so auch von dieser Notifikation entsprechend zu benachrichtigen.

Erfurt, den 3. December 1877. Der Generalinspector: Grolig.

№ 24. Cirkularverfügung,

die Nachweisung des Posteingangs in den Waarenverkehrsübersichten und bez. die Vorabfertigung von Poststücken betr., vom 11. Dezember 1877 № 8261.

In den Uebersichten der Waareneinfuhr aus dem Auslande wurde zeither in Gemäßheit der mittelst Cirkularverfügung vom 14. Januar 1872 № 550 mitgetheilten Vorschrift des §. 9 der Anleitung zur Aufstellung der Waarenverkehrs-Uebersichten die Einfuhr mit der Post auf einer besonderen Linie mit der Bezeichnung „Postverkehr" ohne Unterscheidung der Grenzstrecken des Eingangs summarisch aufgeführt. Der Bundesrath hat jedoch neuerdings beschlossen, daß

1.) vom kommenden Jahre an in den Uebersichten der Waareneinfuhr aus dem Auslande die Einfuhr mit der Post nicht mehr besonders und summarisch, sondern der übrigen Waareneinfuhr zugerechnet, mit Unterscheidung der Grenzstrecken aufzuführen ist, und daß

2., in den Fällen des §. 5 Absatz 6 des durch die Cirkularverfügung vom 22. Juli 1868 № 4946 mitgetheilten Regulativs über die zollamtliche Behandlung der mit den Posten ein-, aus- oder durchgehenden Gegenstände die im Innern belegene Vorabfertigungsstelle auf der Inhaltserklärung oder Revisionsnote neben dem Vermerke über die geschehene Besichtigung noch die Grenzstrecke des Eingangs zu verzeichnen hat.

Hiernach ist bei Aufstellung der Uebersicht über die Waaren-Einfuhr (Muster 1), der statistischen Uebersichten über Ein- und Ausfuhr von Zucker und Tabak (Muster 6 und 13) und bei den statistischen Monatsausweisen, sowie in den etwa vorkommenden Fällen des Eingangs von zollpflichtigen Poststücken in verschlossenen Wagenabtheilungen zum Zwecke der Vorabfertigung bei den unter 4 sub 2 meiner Cirkularverfügung vom 22. Juli 1868 № 4946 genannten Thüringischen Hauptämtern zu verfahren.

Wenn hiernach schon bei der Notirung des mit der Post erfolgenden Waaren-Eingangs in die Kommerzial-Register das Erforderliche wegen Trennung der Anschreibung nach den verschiedenen Grenzen wahrzunehmen ist, so empfiehlt es sich zur Ersparung von Formular für diejenigen Zollabfertigungsstellen, welche bisher nur das Kommerzial-Register I. D zu führen hatten, diesem Letzteren entweder eine zweckdienliche Einrichtung zum Gebrauch für den verschiedenen Grenzeingang zu geben, ergeblich für einzelne Grenzen mit nur geringem Verkehre besondere Bogen Papier zu verwenden, oder endlich Annotationsbogen zu Kommerzial-Registern zu benutzen, welche nach № 20 des Drucksachen-Verzeichnisses aus dem diesseitigen Formular-Magazine bezogen werden können.

Erfurt, am 11. December 1877. Der Generalinspector: Grolig.

№ 25. Cirkularverfügung,

Taravergütung für saucirte Tabaksblätter in Thierhäuten betr.,

vom 15. Dezember 1877 № 8315.

Nach einem neueren Beschlusse des Bundesraths darf bei dem Eingange saucirter Tabaksblätter in Thierhäuten die für Ballen zugelassene Taravergütung von 6 Prozent gewährt werden, was ich hiermit zur Nachachtung bekannt mache.

Erfurt, den 15. December 1877. Der Generalinspector: Grolig.

Personalien.

A. Preußen.

1.) Zwischen den Steueraufsehern Heine in Schleusingen, Hauck in Schwarza und Hotze in Steinbach-Hallenberg ist ein Stellentausch in der Weise eingetreten, daß Heine nach Steinbach-Hallenberg, Hauck nach Schleusingen und Hotze nach Schwarza versetzt worden ist.

2.) Der Steueraufseher Kohl in Ranis wurde als solcher für die Rübenzuckersteuerkontrole nach Brumby im Hauptamtsbezirke Magdeburg versetzt und die hiernach erledigte Steueraufseherstelle in Ranis dem Grenzaufseher Massoreck zu Ohlsdorf im Hauptamtsbezirk Ottensen übertragen.

3.) Die nach dem Ableben des Hauptsteueramts-Dieners Schirmer zu Erfurt erledigte erste Hauptsteueramtsdiener-Stelle wurde dem bisherigen zweiten Hauptsteueramtsdiener Frankenhäuser übertragen. An Stelle des Letzteren trat der bisherige Hautboist im Magdeburgischen Füsilier-Regiment № 36 Lotze.

B. S. Weimar-Eisenach.

1.) An Stelle des als Verwiegungsbeamter an die Rübenzuckerfabrik zu Oldisleben versetzten Steueraufsehers Pickel in Vacha wurde der Dienstanwärter Rehe zu Apolda als Steueraufseher in Vacha angestellt.

Ministerialrescript d. d. Weimar vom 23. Juli 1877.

2.) Nach Versetzung des Assistenten Mennecken zur Großherzogl. Ministerialrechnungsrevision ist der zeither mit der kommissarischen Verwaltung der Assistentenstelle beim Großherzogl. Rechnungsamte zu Jena beauftragt gewesene Rechnungsamtsaccessist Grellmann zum Assistenten des Großherzogl. Rechnungsamts und der Steuerreceptur zu Vacha ernannt worden.

Ministerialrescript d. d. Weimar vom 22. September 1877.

C. S. Meiningen.

1.) Die durch die Pensionirung des berittenen Steueraufsehers Schmidt in Saalfeld erledigte Stelle ist dem Steueraufseher Scheller in Poesneck übertragen worden.

Mittheilung des Herzogl. Feldjägerkommandos d. d. Meiningen vom 13. September 1877.

2.) Der ehemalige Unteroffizier Lotz wurde als Steueraufseher angestellt und in Sonneberg stationirt.

Mittheilung des Herzogl. Feldj.-Kommando's d. d. Meiningen vom 30. Oktober 1877.

3.) Dem in Neuhaus stationirten Steueraufseher Börner wurde die Verwaltung der Herzogl. Uebergangsstelle in Heinersdorf übertragen.

Mittheilung des Herzogl. Feldjägerkommando's d. d. Meiningen vom 1. December 1877.

D. S. Altenburg.

1.) Die Steueraufseher Burckhardt in Eisenberg und Günther in Schmölln haben mit ihren Stationen gewechselt.

Ministerialrescript d. d. Altenburg vom 11. Juli 1877.

2.) Der Steueraufseher Pfeifer in Ronneburg wurde auf seinen Antrag aus dem Herzogl. Steueraufsichtsdienste entlassen.

Ministerialrescript d. d. Altenburg vom 21. August 1877.

3.) Der Steueraufseher Böttcher in Roda wurde nach Altenburg versetzt.

Ministerialrescript d. d. Altenburg vom 11. December 1877.

E. S. Koburg-Gotha.

1.) Der bisherige Hülfssteueraufseher Otto in Neustadt b. C. ist als Steueraufseher daselbst angestellt worden.

Ministerialrescript d. d. Gotha vom 10. Juni 1877.

2.) Der Steueramtsdiener Steinrück in Coburg ist wegen Kränklichkeit zur Disposition gestellt und an dessen Stelle der bisherige Gensdarm Müller zunächst auf Probe als Steueramtsdiener daselbst angenommen worden.

Ministerialrescript d. d. Gotha vom 21. August 1877.

3.) Der bisher zur probeweisen Besorgung des Steueraufsichtsdienstes in Rodach verwendete Gensdarm Trapphardt ist als Steueraufseher daselbst angestellt worden.

Ministerialrescript d. d. Gotha vom 22. Oktober 1877.

4.) In Folge Pensionirung des Salzsteueramts-Rendanten Heimberger in Bufleben ist der Steueraufseher Willing in Ohrdruf zum Vorstande des Herzogl. Salzsteueramts in Bufleben mit dem Dienstprädikate „Salzsteuer-Rendant“ ernannt und die hiernach erledigte Steueraufseherstelle in Ohrdruf dem Steueraufseher Hübschmann in Gotha übertragen worden.

Ministerialrescript d. d. Gotha vom 11. August 1877.

5.) Der Steueraufseher Rauch in Gotha wurde in Ruhestand versetzt.

Ministerialrescript d. d. Gotha vom 15. September 1877.

6.) Der mit der Steueraufsicht betraute Gensdarm Funk in Ichtershausen wurde in eine andere Polizeistation versetzt und in dessen Stelle trat der Gensdarm Lengefeld in Thal mit gleicher steuerlicher Function.

Ministerialrescript d. d. Gotha vom 8. Oktober 1877.

7.) Der Vorstand des Herzogl. Hauptsteueramts und Bezirksoberkontroleur, Obersteuerrath von Schauroth zu Gotha wurde in Ruhestand versetzt.

Ministerialrescript d. d. Gotha vom 17. November 1877.

F. Schw.-Rudolstadt.

Die Rechnungs-Accessisten Wächter in Rudolstadt und Obstfelder in Königsee sind zu Rent- und Steueramts-Assistenten daselbst ernannt worden.

Ministerialrescripte d. d. Rudolstadt vom 30. Juli und 4. Oktober 1877.

G. Reuß ä. L.

Dem Steueramts-Assistenten Auer in Greiz ist unter Belassung in seiner dienstlichen Stellung das Prädikat „Sekretär“ ertheilt worden.

Rescript der Fürstl. Landesregierung d. d. Greiz vom 21. December 1877.

Druck von Otto Conrad in Erfurt.

Amtsblatt

des

General-Inspectors

des

Thüringischen Zoll- und Handelsvereins.

Jahrgang

1878.

Erfurt.

Register

zum Jahrgang 1878 des Amtsblatts des General-Inspectors des Thüringischen Zoll- und Handelsvereins.

I. Chronologisches Register.

Laufende Nummer.	Der Cirkularverfügung ꝛc.		Inhalt.	Zu finden unter	
	Datum.	Journal-№		№	Seite.
	1878.				
1.	11. Februar	1071	Cirkularverfügung, einen internationalen Markt von landwirthschaftlichen Maschinen in Hamburg betreffend .	1.	1.
2.	5. März	1526	Bekanntmachung, eine Ausstellung in Breslau betr. . .	2.	1.
3.	7. ejd.	1600	Cirkularverfügung, betr. die Behandlung der portopflichtigen Correspondenz zwischen den deutschen und den schweizerischen Behörden	3.	1.
4.	21. ejd.	1762	Dgl., Zusammenstellung von Tarifentscheidungen betr. .	4.	2.
5.	2. Mai	2850	Dgl., Tarif- und Tarabestimmungen betr.	5.	4.
6.	7. ejd.	2699	Bekanntmachung, betr. die Bestimmungen wegen Herstellung von Wermuthpulver zur Denaturirung von Salz .	9.	9.
7.	23. ejd.	3292	Cirkularverfügung, Ursprungszeugnisse für Spanien betr. .	6.	4.
8.	6. Juni	3088	Dgl., Berichtigung ꝛc. von Stellenverzeichnissen betreffend	7.	5.
9.	7. ejd.	3529	Bekanntmachung, betr. den Erlaß eines neuen Regulatives über die zollamtliche Behandlung von Waarensendungen aus dem Inlande durch das Ausland nach dem Inlande	10.	13.
10.	13. ejd.	3765	Dgl., eine Ausstellung für die Papier-Industrie in Berlin betreffend	8.	5.
11.	19. ejd.	3811	Cirkularverfügung, die Ausfuhrvergütung für Zucker in Plattenform betr.	11.	26.
12.	21. ejd.	3851	Bekanntmachung, die Steuerpflichtigkeit der in Verbindung mit der Fabrikation von Kunsthefe betriebenen Essigbereitung betr.	12.	26.
13.	28. ejd.	4112	Cirkularverfügung, betr. die Beiordnung des Großherzogl. Bad. Geheimen Finanzraths Herrn Vierordt in Magdeburg als Reichsbevollmächtigter für Zölle und Steuern an die General-Inspektion in Erfurt und die Beiordnung des Königl. Preuß. Hauptamtskontroleurs Herrn Flitner in Mainz als Stationskontroleur an die Thüring. Hauptämter ꝛc. mit dem Wohnsitze in Erfurt	13.	26.
14.	1. Juli	4131	Dgl., die Uebergangsscheinkontrole betr.	14.	27.
15.	26. ejd.	4897	Dgl., eine Ausstellung in Hamburg betr.	15.	27.
16.	7. August	4921	Bekanntmachung, die steuerliche Behandlung der Abraumsalze betr.	16.	27.
17.	9. ejd.	5311	Cirkularverfügung, die Abänderung der Normaltara beim Export von Branntwein in Fässern und die Anwendung dieser Tara bei Erhebung der Uebergangsabgabe von Branntwein in Fässern betr.	17.	28.

Laufende Nummer.	Der Cirkularverfügung ꝛc. Datum.	Journal-№	Inhalt.	Zu finden unter №	Seite.
	1878.				
18.	12. Oktober	7242	Bekanntmachung, betr. Anleitung für die Aufsichts-Beamten zur Erkennung von ächtem, unverdorbenem Wermuthskraut	18.	29.
19.	21. ejd.	7239	Cirkularverfügung, die Behandlung der zur Denaturirung von Salz bestimmten Sendungen von Wermuthpulver und der dieselben begleitenden Transportscheine bei dem Empfangsamte betr.	19.	32.
20.	29. ejd.	7651	Cirkularverfügung, betr. die Behandlung der Correspondenz mit Luxemburgischen Behörden in Zollvereinsangelegenheiten	20.	38.
21.	eod.	7681	Dgl., die Verzollung von gelbbraunem Packpapier betr.	21.	38.
22.	15. Novemb.	8251	Bekanntmachung, die Instruction zum Spielkarten-Stempelgesetz betr.	22.	51.
23.	18. ejd.	8182	Cirkularverfügung, die Verzollung von schwedischen Zündhölzern betr.	23.	57.
24.	20. ejd.	8001	Dgl., Ursprungszeugnisse für Spanien betr.	24.	58.
25.	30. Decemb.	9263	Dgl., Tariffragen betr.	25.	59.
26.	Ohne	Ohne	Personalien		6.
27.	Dgl.	Dgl.	Dergl., ...		38.
28.	Dgl.	Dgl.	Dergl., ...		60.

II. Sachregister.

Bemerkung. Die beigesetzten Ziffern bedeuten die Seitenzahlen.

A.

B.

II. Sachregister.

C.

D.

E.

G.

J.

K.

L.

M.

N.

P.

R.

S.

T.

U.

W.

Z.

Amtsblatt

des General-Inspectors des Thüringischen Zoll- und Handels-Vereins.

1tes Stück vom Jahre 1878.

№ 1. Cirkularverfügung,

einen internationalen Markt von landwirthschaftlichen Maschinen in Hamburg betreffend vom 11. Februar 1878 № 1071.

Das Comité für den internationalen Markt für landwirthschaftliche Maschinen und Geräthe zu Hamburg beabsichtigt in der Zeit vom 13. bis einschließlich 17. Juni d. J. daselbst einen internationalen Markt für landwirthschaftliche Maschinen und Geräthe zu veranstalten.

Wegen des zollfreien Wiedereingangs der zu diesem Markte ausgehenden vereinsländischen Gegenstände wird auf die Cirkularverfügung vom 24. Januar 1865 № 131 Bezug genommen.

Erfurt, den 11. Februar 1878. Der Generalinspector: Grolig.

№ 2. Bekanntmachung,

eine Ausstellung in Breslau betreffend, vom 5. März 1878 № 1526.

Am 5. 6. und 7. Juni d. J. wird in Breslau eine Ausstellung und ein Markt land-, forst- und hauswirthschaftlicher Maschinen und Geräthe veranstaltet und es ist für diejenigen Gegenstände, welche zu der gedachten Ausstellung vom Auslande eingeführt und nach beendigter Ausstellung nach dem Auslande zurückgesendet werden, soweit sie nicht schon tarifmäßig zollfrei sind, die Befreiung vom Eingangszolle zugestanden worden, was ich unter Hinweis auf die in ähnlichen Fällen ergangenen Bestimmungen hierdurch bekannt gebe.

Erfurt, am 5. März 1878. Der Generalinspector: Grolig.

№ 3. Cirkularverfügung,

betr. die Behandlung der portopflichtigen Korrespondenz zwischen den deutschen und den schweizerischen Behörden, vom 7. März 1878 № 1600.

Nach einem vom Bundesrathe genehmigten Abkommen mit der Schweiz sind für die Behandlung der portopflichtigen Correspondenz zwischen den deutschen und den schweizerischen Behörden folgende Grundsätze anzuwenden:

1. Portopflichtige Sendungen sind stets von der absendenden Behörde zu frankiren.
2. Bei Correspondenz zwischen Behörden in Parteisachen entrichtet die absendende Stelle das Porto auch in solchen Fällen, in welchen die Pflicht zur Portozahlung einer im Gebiete der empfangenden Stelle befindlichen Partei obliegt.
3. Die empfangende Stelle ist zwar befugt, den Portobetrag von der Partei einzuziehen, jedoch soll von einer Erstattung desselben an die absendende Behörde des anderen Staats bis auf Weiteres Abstand genommen werden.

Nach diesem bereits vom 1. d. M. in Wirksamkeit getretenen Uebereinkommen ist künftig vorkommenden Falls zu verfahren.

Erfurt, den 7. März 1878. Der Generalinspector: J. V. Schreck.

№ 4. Cirkularverfügung,

Zusammenstellung von Tarifentscheidungen betreffend, vom 21. März 1878 № 1762.

Im Nachstehenden werden zu bekannter Veranlassung einige neuere Tarifentscheidungen 2c. 2c. des Königlichen Finanzministeriums in Berlin zusammengestellt.

1. Eiserne Kaffeebreter, die auf einem schwarzen, die natürliche Farbe des Eisens vollständig verdeckenden lackartigen Ueberzuge Verzierungen in Broncefarbe zeigten, welche durch Ueberdruck hervorgebracht und anscheinend mit einem farblosen Lack überzogen waren, sind nicht als lackirte Eisenwaare zollamtlich behandelt werden, weil der fragliche Ueberzug mit sehr geringer Sorgfalt ausgeführt und namentlich nicht durch Schleifen und Poliren geglättet war.

Im Allgemeinen nämlich bezeichnet man mit

Lack das Produkt der Schmelzung und Auflösung harter Harze (Asphalt, Bernstein, Kopal, Damar) in Terpentinöl und Leinöl,

Firniß eingekochtes mit Bleioxyd (Trockenstoff) behandeltes Leinöl.

Die auf kaltem Wege hergestellten Lösungen von Harzen in Weingeist oder Holzgeist werden Vernis, Weingeist- oder Lackfirniß, aber auch wohl Spirituslack genannt.

Lacke und Firnisse werden mit Farben aller Art versetzt.

Lackähnliche, namentlich für Eisenwaaren gebräuchliche Anstriche werden erhalten durch Kochen geschmolzenen Asphalts mit Leinöl und Bleiglätte, sowie durch Auflösen von Pech und Benzol.

Das Firnissen geschieht durch ein- oder mehrmaliges Aufstreichen eines der vorgenannten Stoffe mittelst eines Pinsels oder durch Eintauchen in dieselben. Das Lackiren bedingt einen farbigen Untergrund, welcher so dick aufgetragen ist, daß die natürliche Farbe des Gegenstandes nicht mehr zu erkennen ist, und schließt eine Bearbeitung desselben in sich, durch welche sowohl die in dem Material befindlichen Unebenheiten, als die von dem Auftragen des Lackes herrührenden Pinselstriche, Bläschen, Striemen u. s. w. beseitigt werden. Die zu lackirende Fläche wird nach jedesmaligem Auftragen und Trocknen geschliffen und polirt, bis ein dauerhafter, widerstandsfähiger, glatter, glänzender oder auch matter Ueberzug hergestellt ist, dessen letzte Schichten aus reinem ungefärbten Lack bestehen.

2. Ein aus Oesterreich eingeführtes, an sich weißes, aber sehr lebhaft regenbogenfarbig schillerndes (Iris-) Glas (Hohlglas) ist der Tarifposition 10e zugewiesen worden, weil dasselbe an und für sich aus rein weißer, blasen-

und schlierenfreier Glasmasse bestehend, durch eine besondere Behandlung mit oberflächlich färbenden Substanzen eine Veredelung erhalten hat, und der Grund der Färbung nicht in einer natürlichen Verunreinigung der zur Glasfabrikation verwendeten Rohmaterialien liegt. Mit Milch- oder Alabasterglas ist dasselbe nicht zu vergleichen.

3. Weißgare unbehaarte Lämmerfelle, welche nach dem Gerben eine weitere Zurichtung (durch Glätten, Schlichten &c.) nicht erfahren haben, sind nach der Anmerkung zu Nr. 21 b des Zolltarifs mit 1,50 Mark für den Centner zur Verzollung zu ziehen. Die Anmerkung 4 zu „Felle“ auf Seite 69 des amtlichen Waarenverzeichnisses, wonach weißgare unbehaarte Felle von Lämmern und jungen Ziegen (Zickeln) wie Handschuhleder zu verzollen sind, ist nur auf solche weißgare unbehaarte Lämmer- und Zickelfelle zu beziehen, welche nach der Gerbung weiter zugerichtet und zur Handschuhfabrikation unmittelbar verwendbar sind.

4. Für unbearbeitete Tabacksblätter und Stengel, welche in Ballen aus Schilf, Bast oder Binsen eingehen, kann die in der ersten Abtheilung des Zolltarifs unter Nr. 25. v. 1 vorgesehene Tara von 4 % auch dann gewährt werden, wenn die aus den vorgenannten Stoffen bestehende Umschließung eine einfache ist.

5. Zur Unterscheidung von einfachem und dublirtem Wollengarn soll nach einem vorliegenden Expertengutachten für den Zollbeamten in der Regel schon als Anhalt der Umstand dienen können, daß die einfachen Garne, mit Ausnahme etwa der streichwollenen Schußgarne, fast immer nach Art rechter Schraubenlinien gedreht sind, dublirte Garne aber, da die Zwirnung in der dem vorherigen Spinnen entgegengesetzten Richtung vorgenommen wird, eine linke Drehung zeigen. Die sicherste Prüfung aber ist die durch Aufdrehen von einem Stück Garn von etwas größerer Länge, als die einzelnen Wollfasern sind; dasselbe wird zwischen Daumen und Zeigefinger beider Hände genommen und durch einfache Verschiebung des Daumens aufgedreht. Hierbei werden die einzelnen Schlangenlinien des Fadens steiler und steiler und schließlich zu geraden Linien parallel der Axe gestreckt. Wenn alsdann die Elemente des Garnes nicht in Form gesonderter Stränge oder Fäden (Dräthe) sich darstellen, sondern das ganze Material als eine diffuse Fasermasse erscheint, welche bei geringem Zuge sich leicht auseinanderzieht, indem die Fasern, ohne zu zerreißen, an einander gleiten, so ist das Garn unzweifelhaft als einfaches zu erkennen. Bleiben dagegen zwei Faserpartien für sich als zusammenhängende Fäden bestehen, auch wenn man sie einem mäßigen Zuge unterwirft, so hat man es mit einem dublirten Garne zu thun.

6. Gegenstand einer Tarifentscheidung war ein Gewebe, das aus einer baumwollenen Kette und einem wollenen Schusse besteht, zu dessen Herstellung verschiedenfarbige Schuddywollen verwendet worden sind. Durch das melirte Schußgarn wird auf der Oberfläche des Gewebes eine unregelmäßige Zeichnung sichtbar, wie solche auch durch Bespritzen des Zeuges mit Farbestoff hervorgerufen wird.

Dieser zweifellos als Tuch zu klassifizirende Stoff gehört daher nicht zu den bedruckten wollenen Waaren und kann auch mit Rücksicht auf die Anm. b auf Seite 274 des amtlichen Waarenverzeichnisses nicht unter die der Nr. 41 c. 2

unterstellten Artikel subsumirt werden, weil die Art und Weise, auf welche hier die Mehrfarbigkeit des Stoffes erreicht ist, keine Beziehung zu den Operationen Bedrucken, Aufbürsten, Aufspritzen 2c. mittelst einer oder mehrerer Farben hat.

Erfurt, den 21. März 1878. Der Generalinspector: J. V. Schreck.

№ 5. Cirkularverfügung,

Tarif- und Tarabestimmungen betr., vom 2. Mai 1878 № 2850.

Der Bundesrath hat beschlossen und mache ich zur Nachachtung bekannt:

I. daß auf Seite 270 des amtlichen Waarenverzeichnisses zum Zolltarif Zeile 7 und 8 die Worte: „gerissen (geschnitten) oder ungerissen (ungeschnitten)“ zu streichen sind, dagegen den Anmerkungen zu 1 unter c folgende Anmerkung beizufügen ist:

„c. Als sammetartig werden rohe oder gebleichte Gewebe nur dann behandelt, wenn sie gerissen (geschnitten) sind, so daß sie auf der Schauseite einen ausgearbeiteten Flor zeigen“

und daß diese Vorschrift vom 1. Juni d. J. ab in Kraft zu treten hat;

II. ferner, daß Drahtmatratzen, bestehend aus hölzernen Rahmen und einem darüber gespannten Eisendrahtgeflecht, als Eisenwaare zu behandeln und je nach der Beschaffenheit des Drahts der Tarifnummer 6 e 2 bezw. 6 e 3 α zu unterstellen seien, endlich

III. daß für hölzerne Musterkoffer, wenn sie augenscheinlich ein größeres Gewicht haben, als die zu Waarenversendungen gewöhnlich dienenden Kisten, und sofern nicht nach Maßgabe der Bestimmungen des amtlichen Waarenverzeichnisses unter dem Artikel „Koffer“ deren tarifmäßige Verzollung einzutreten hat, oder die darin eingeführten Waaren verschiedenen Tarifpositionen angehören, die in den betreffenden Nummern des Zolltarifs für Kisten ausgeworfene Tara gewährt werden könne.

Erfurt, den 2. Mai 1878. Der Generalinspector: Grolig.

№ 6. Cirkularverfügung,

Ursprungszeugnisse für Spanien betreffend, vom 23. Mai 1878 № 3292.

Unter Bezugnahme auf meine Cirkularverfügungen vom 28. September v. J. Nr. 6468 und vom 3. December v. J. Nr. 8082, die Ausstellung von Ursprungszeugnissen für die nach Spanien ausgehenden deutschen Waaren betreffend, mache ich mit gleicher Veranlassung den Bezirkssteuerstellen weiter bekannt, daß nach einer in Nr. 2 des Preußischen Handelsarchivs vom 11. Januar d. J. abgedruckten amtlichen Mittheilung die consularischen Vertreter Spaniens Seitens der Königlich Spanischen Regierung ermächtigt und verpflichtet worden sind, auch die von deutschen Handelskammern und kaufmännischen Corporationen ausgestellten Ursprungszeugnisse, und zwar ohne jedes Zwischenvisa, zu beglaubigen. Die consularische Beglaubigung der Ursprungszeugnisse soll, wenn am Orte der Fabrikation 2c. beziehungsweise in dem betreffenden deutschen Bundesstaate kein Spanisches Consulat besteht, nach den hierüber erlassenen Bestimmungen zwar in erster Reihe durch den Spanischen Consul am Orte der Exportation erfolgen, im Bedürfnißfalle kann sie jedoch auch durch das dem betreffenden deutschen Bundesstaate je nach der Route, auf welcher die Waare zur Ausfuhr gelangt, zunächst belegene Spanische Consulat bewirkt werden.

Erfurt, den 23. Mai 1878. Der Generalinspector: Grolig.

№ 7. Cirkularverfügung,

Berichtigung rc. von Stellenverzeichnissen betr., vom 6. Juni 1878 № 3688.

1., Der Ort Christes ist vom Steuerhebebezirke Schmalkalden abgezweigt und dem Steuerhebebezirke Schwarza zugewiesen worden.

2., Dem Fürstlichen Steueramte zu Arnstadt ist die Ermächtigung zur Abfertigung von Begleitscheingütern unter Eisenbahnwagenverschluß vom 1. April d. J. ab ertheilt worden.

Die betreffenden Stellenverzeichnisse sind hiernach zu berichtigen, bezw. zu ergänzen.

Erfurt, den 6. Juni 1878. Der Generalinspector: Grolig.

№ 8. Bekanntmachung,

eine Ausstellung für die Papier-Industrie in Berlin betreffend, vom 13. Juni 1878 № 3765.

Der Vorstand der internationalen Ausstellung für die gesammte Papier-Industrie zu Berlin beabsichtigt in der Zeit vom 16. Juli bis 31. August d. J. daselbst eine Ausstellung von Rohstoffen, Zwischenproducten, Ersatzstoffen und Fabrikaten der Papierfabrikation, Apparaten, Werkzeugen, Maschinen zur Verarbeitung von Papier, Pappe und Papierstoff, Schreib- und Zeichnen-Materialien, ferner von Gegenständen, welche die Anwendung der Papierfabrikation in den graphischen Künsten, im Unterrichtswesen, zu Bildungszwecken, für industrielle, technische und bauliche Zwecke zeigen rc., zu veranstalten.

Den zu dieser Ausstellung aus dem Auslande ein- und später wieder dahin zurückgehenden Gegenständen ist, soweit sie nicht schon tarifmäßig zollfrei sind, Befreiung von Eingangszoll zugestanden worden, was ich den Thüringischen Steuerstellen unter Verweisung auf die in ähnlichen Fällen ergangenen Bestimmungen hiermit bekannt gebe.

Erfurt, den 13. Juni 1878. Der Generalinspector: Grolig.

Personalien.

A. General-Inspection.

Dem ersten Kanzlisten Knöfel wurde von Seiner Hoheit dem Herzog von S. Altenburg das Prädikat „Kanzlei-Inspector" verliehen.

B. Preußen.

1.) Dem Obersteuerinspector Steinbrecher zu Erfurt wurde von Seiner Majestät dem König von Preußen der Charakter als „Steuerrath" verliehen.

2.) Dem Steuer-Inspector Baumgarten in Suhl wurde die Stelle eines Stationskontroleurs in Dresden verliehen und die hiernach erledigte Stelle eines Bezirksoberkontroleurs dem bisherigen Hauptsteueramts-Assistenten Löblich in Erfurt unter Ernennung zum „Obersteuerkontroleur" übertragen.

3.) Der Hauptsteueramts-Assistent Richter in Erfurt wurde in den Ruhestand versetzt und und demselben von Seiner Majestät dem König von Preußen der Charakter „Obersteuerkontroleur" verliehen.

4.) Dem Revisionsaufseher Bestmann in Hamburg und dem berittenen Steueraufseher Reppin in Erfurt wurden die bei dem Königl. Hauptsteueramte zu Erfurt erledigten Hauptamtsassistentenstellen verliehen.

C. S. Weimar.

1.) Der Steuerreceptturverwalter und Stadtsteuer-Einnehmer, Steuerkommissär Reim in Ilmenau wurde zum Vorstande des dasigen Großherzogl. Rechnungsamts und der Steuerreceptur unter Verleihung des Dienstprädikats „Rechnungsamtmann" ernannt.

Nr. 11 der Weimarischen Zeitung de 1878 s. v. Amtliche Nachrichten.

2.) Der Rechnungsamtmann Hoffmann in Tiefenort wurde zum Vorstande des Großherzogl. Rechnungsamts und der Steuerreceptur zu Geisa an Stelle des mit Tode abgegangenen Rechnungsamtmanns Stapff ernannt.

Ministerialrescript d. d. Weimar vom 15. April 1878.

D. S. Meiningen.

1.) Dem Amtsschreiber, Sportel- und Steuereinnehmer Rothe in Camburg ist die Vertretung des dasigen Steueramtsvorstandes in Abwesenheitsfällen und die Theilnahme an Abfertigung zoll- und steuerpflichtiger Gegenstände gestattet worden.

Ministerialrescript d. d. Meiningen v. 4. Januar 1878.

2.) Der bisher lediglich mit Ausübung des Polizeidienstes betraut gewesene Steueraufseher Voigt in Sonneberg ist nach Pößneck versetzt worden.

Mittheilung des H. Feldjägerkommando's d. d. Meiningen v. 21. Febr. 1878.

3.) Dem Amtsassistenten Kost in Steinach wurde von Seiner Hoheit dem Herzog von S. Meiningen das dem Herzogl. S. Ernestinischen Hausorden affiliirte Verdienstkreuz und dem Amtsverwalter Hellbach in Camburg das Prädikat „Rath" ertheilt.

Regierungsblatt für das Herzogthum S. Meiningen Nr. 72 de 1878.

4.) Dem Salzsteueramts-Rendanten Neukauf in Salzungen ist von Seiner Hoheit dem Herzog von S. Meiningen die dem Herzogl. S. Ernestinischen Hausorden affiliirte Verdienstmedaille in Gold verliehen worden.

Regierungsblatt für das Herzogthum S. Meiningen Nr. 82 de 1878.

5.) An Stelle des verstorbenen kommissarischen Uebergangsstelleverwalters, Steuer-Aufsehers Börner in Heinersdorf ist dem Steuereinnehmer und Schreinermeister Heublein daselbst die Verwaltung der Herzogl. Uebergangsstelle übertragen worden.

Ministerialrescript d. d. Meiningen vom 11. März 1878.

E. S. Altenburg.

1.) Der Steuerdienstanwärter Heyner ist in unwiderruflicher, vorerst aber provisorischer Diensteigenschaft bereits vom 1. October 1877 an zum Steueraufseher ernannt und an Stelle des aus dem Herzogl. Steueraufsichtsdienste entlassenen Steueraufsehers Pfeifer in Ronneburg stationirt worden.

Ministerialrescript d. d. Altenburg vom 22. Septbr. 1877.

2.) Der Steueraufseher Böttcher in Roda trat an Stelle des aus dem Herzogl. Steueraufsichtsdienste geschiedenen und in das Mundir-Departement des Herzogl. Ministeriums, Abtheilung der Finanzen versetzten Steueraufsehers Putze in Altenburg.

Ministerialrescripte d. d. Altenburg vom 30. Oktober, bezw. 11. December 1877.

3.) Der Steuerdienstanwärter Rothe III. ist zum Steuer-Aufseher in unwiderruflicher, vorerst aber provisorischer Diensteigenschaft ernannt und in Roda stationirt worden.

Ministerialrescript d. d. Altenburg vom 15. Januar 1878.

4.) Der Steuerdienstanwärter Vogel ist in unwiderruflicher, vorerst aber provisorischer Diensteigenschaft zum Steueraufseher ernannt und in Roda an Stelle des nach Gößnitz versetzten Steueraufsehers Schmidt stationirt worden. Der bisher in Gößnitz stationirte Steueraufseher Benndorf wurde in das Mundirdepartement des Herzogl. Ministeriums, Abtheilung der Finanzen mit dem Dienstprädikate „Finanzkanzlist" versetzt.

Ministerialrescripte d. d. Altenburg vom 12. März u. 2. April 1878.

5.) Dem Finanzkassirer Hase in Eisenberg wurde von Seiner Hoheit dem Herzog von S. Altenburg das Prädikat „Rechnungsrath" verliehen.

Herzogl. Altenb. Amts- und Nachrichtsblatt Nr. 50 de 1878.

F. S. Coburg-Gotha.

1.) Der der Herzogl. Obersteuerkontrole und dem Herzogl. Steueramte in Coburg zugewiesene Controleur Schreiner ist vom 1. April d. J. ab zum Steueramts-Assistenten und Steueraufseher daselbst ernannt worden.

Ministerialrescript d. d. Gotha v. 13. März 1878.

2.) Der Feldwebel Schoenewerk ist in Gotha als Steueraufseher angestellt worden.

Ministerialrescript d. d. Gotha vom 5. Januar 1878.

3.) Dem Rentkommissär Kraiß ist die Wahrnehmung der Funktionen als Hauptsteueramtskontroleur in Gotha vorläufig übertragen worden.

Ministerialrescript d. d. Gotha v. 28. Januar 1878.

4.) Die Steueraufseher Lanz in Waltershausen und Schönewerk in Gotha wechseln vom 1. Juli d. J. ab mit ihren Stationen.

Ministerialrescript d. d. Gotha vom 9. März 1878.

g. Schwarzburg-Sondershausen.

Dem Bezirksoberkontroleur, Steuerrath Berger in Arnstadt ist von Seiner Durchlaucht dem Fürsten von Schwarzburg-Sondershausen das Ehrenkreuz III. Klasse verliehen worden.

Regierungs- u. Nachrichtsblatt für das Fürstenthum Schw. Sondershausen Nr. 64 de 1878.

h. Reuß j. L.

Nachdem der Steueraufseher Morgeneyer in Schleiz in Folge seiner Ernennung zum Kassirer bei der Fürstl. Landrentenbank in Gera bereits mit dem Ende des Jahres 1876 aus dem Fürstl. Steueraufsichtsdienste ausgeschieden, wurde dem bisherigen Schutzmann Biel in Gera die hiernach erledigte Steueraufseherstelle in Schleiz übertragen.

Ministerialrescript d. d. Gera vom 9. März 1877.

Druck von Otto Conrad in Erfurt.

Amtsblatt
des General-Inspectors des Thüringischen Zoll- und Handels-Vereins.

2tes Stück vom Jahre 1878.

№ 9. Bekanntmachung,
betr. Bestimmungen wegen Herstellung von Wermuthpulver zur Denaturirung von Salz, vom 7. Mai 1878 **№** 2699.

Der Bundesrath hat in seiner Sitzung vom 25. März d. J. beschlossen:

1. Vom 1. Januar 1879 ab ist zur Denaturirung von Salz nur solches Wermuthpulver zuzulassen, dessen Bereitung nach Maßgabe der anliegenden*) Bestimmungen steueramtlich überwacht, dessen Identität bis zum Augenblicke der Verwendung durch amtlichen Verschluß festgehalten und bei dessen Verwendung seit der Einlagerung des rohen Krauts ein Zeitraum von zwei Jahren noch nicht verflossen ist.
2. Bis zu dem 1. Januar 1879 dürfen die auf den Salzwerken vorhandenen Bestände von Wermuthpulver zur Verwendung gelangen.
3. Zur Denaturirung des Salzes kann anstatt der unter № 2 A. a. der Bestimmungen vom 21. Juni 1872 vorgeschriebenen Menge von ½ Procent, eine solche von nur ¼ Procent des Gewichts des Salzes an Wermuthpulver verwendet werden, sofern dasselbe den unter № 1 bezeichneten Anforderungen entspricht.

Bestimmungen
betreffend die Herstellung von Wermuthpulver zur Denaturirung von Salz.

1.

Wer Wermuthpulver zur Denaturirung von Salz mit dem Anspruche auf Ertheilung des steueramtlichen Zeugnisses über dessen Reinheit und Brauchbarkeit herstellen will, hat bei der Directivbehörde, in deren Bezirk die Herstellung erfolgen soll, einen Zusageschein nachzusuchen.

2.

Der Zusageschein wird in der Regel nur dann ertheilt, wenn die Fabrikanlage am Sitze einer Steuerstelle sich befindet. Die Ertheilung erfolgt widerruflich und unter der Bedingung, daß der Unternehmer sich protocollarisch den nachfolgenden Bestimmungen unterwirft.

3.

Der Unternehmer ist verpflichtet:

a. nach näherer Anordnung der Directivbehörde die Lagerräume für das

*) Sind nachstehend abgedruckt.

Rohmaterial und das fertige Pulver, sowie die Fabrikationsräume (Dörranlage, Mahlwerk u. s. w.) verschlußfähig und derart übersichtlich herzustellen, daß eine sichernde Aufsicht über den Betrieb geübt werden kann, — auch die erwähnten Räume in diesem durch Zeichnung und Beschreibung festzustellenden Zustande zu erhalten;

b. einen nach dem Ermessen der Steuerbehörde geeigneten Raum zum Aufenthalt für die Steuerbeamten und zur Verrichtung ihrer Arbeiten, sowie die erforderlichen Einrichtungsgegenstände und Wiegevorrichtungen zu gewähren und zu unterhalten und die hierdurch, sowie durch die steuerliche Ueberwachung der Anlage erwachsenden Kosten in dem von der Steuerbehörde festzusetzenden Betrage zu tragen und auf Erfordern dafür Sicherheit zu bestellen.

4.

Die Aufbewahrungsräume für das Rohmaterial und das fertige Pulver stehen ununterbrochen, die Fabrikationsräume während der Zeit, in welcher nicht gearbeitet wird, unter amtlichem Verschlusse durch Kunstschlösser. So lange Wermuthkraut oder Wermuthpulver in den Aufbewahrungsräumen sich befindet, dürfen in diesen, und so lange die Herstellung solchen Pulvers betrieben wird, auch in den übrigen Räumen der Anlage keine anderen Stoffe, als das von der Steuerbehörde zugelassene Wermuthkraut und die Fabrikate aus demselben sich befinden.

5.

Der Unternehmer hat der Steuerstelle, zu deren Bezirk die Anlage gehört, bezüglich jeder zur Verarbeitung bestimmten Post Wermuthkraut anzumelden:

a. die Zeit des Bezugs, Namen und Wohnort des Lieferanten;
b. Zahl und Zeichen der Colli und deren Gewicht;
c. die Zeit des Beginns und der voraussichtlichen Beendigung der Verarbeitung, — sofern eine Post nicht auf einmal zur Verarbeitung gelangt — auch das Gewicht der Theilpost.

6.

Bevor Wermuthkraut in die Gewerbsräume aufgenommen werden darf, muß dasselbe einer sorgfältigen amtlichen Prüfung unterworfen werden; die Prüfung erstreckt sich auf den Inhalt aller Colli und ist nach Maßgabe der von der Directivbehörde zu ertheilenden Anleitung darauf zu richten, daß die Waare in nicht zerkleinertem, echtem, unverdorbenem, insbesondere nicht entöltem Wermuthkraut ohne Beimischung anderer Stoffe (Pflanzen, Erde u. s. w.) besteht und in jeder Beziehung zur Herstellung eines wirksamen Denaturirungsmittels geeignet ist. Soweit thunlich, hat ein Oberbeamter an der Prüfung theilzunehmen.

In Zweifelsfällen kann die Directivbehörde auf Kosten des Unternehmers technische Untersuchung durch Sachverständige anordnen.

Wermuthkraut, welches den Anforderungen nicht entspricht, ist zurückzuweisen. Der Befund ist auf der Anmeldung zu bescheinigen und das Kraut von der Prüfung ab unter amtlichem Verschluß zu halten.

7.

Jede Post ist von den anderen gesondert zu lagern und gelangt, soweit die Steuerstelle nicht Ausnahmen zuläßt, nach der Zeitfolge der Einlagerung zur Verarbeitung, die unter ununterbrochener amtlicher Aufsicht zu erfolgen hat.

In Bezug auf das Maß der Zerkleinerung muß das Pulver einem vom Reichskanzleramt festzustellenden Muster entsprechen.

Das gewonnene Pulver ist nach erfolgter Prüfung und Verwiegung in verschlußfähige und bezeichnete Fässer zu verpacken und in dem Lager gesondert von anderen Posten niederzulegen.

Ueber das Gewicht des gewonnenen Pulvers, sowie Zahl, Zeichen, Brutto- und Nettogewicht der Fässer, in die dasselbe verpackt ist, ist der Steuerstelle eine mit der Bescheinigung des überwachenden Steuerbeamten versehene Anmeldung zu übergeben.

8.

Die Versendung von Wermuthpulver zu Denaturirungszwecken ist unter Nachweisung der Bestellung der Steuerstelle anzumelden. Dieselbe legt die zu versendenden Fässer unter Verschluß und ertheilt auf die Steuerstelle, in deren Bezirk die Verwendung erfolgen soll, einen Transportschein nach dem anliegenden Muster.

Der Unternehmer hat sich auf der Anmeldung zu verpflichten, die Waare in unverändertem Zustande während der gestellten Frist dem Empfangsamt mit dem Transportschein bei Vermeidung einer Conventionalstrafe vorzuführen, welche von der Directivbehörde bis 10 Mark für jeden Centner des Bruttogewichts der Sendung festgesetzt werden kann.

Das Empfangsamt hat die Uebereinstimmung des Transports mit dem Transportschein zu prüfen. Ergeben sich Verschlußverletzungen, so ist die Verwendung des Inhalts der betreffenden Fässer zur Denaturirung in der Regel nicht zu gestatten. Ausnahmsweise kann die Directivbehörde die Verwendung desselben zulassen, sofern die angestellten Ermittelungen die Ueberzeugung gewähren, daß die Verschlußverletzung durch Zufall herbeigeführt und der Inhalt unverändert geblieben.

9.

Auf vorherige Anmeldung kann der Unternehmer Wermuthpulver auch zu anderen als Denaturirungszwecken in ganzen Fässern entnehmen. Eine amtliche Bescheinigung für dasselbe darf nicht ertheilt werden.

Wermuthkraut sowie Wermuthpulver, seit dessen Einlagerung mehr als zwei Jahre verflossen sind, sind aus dem Lager zu entfernen.

10.

Der Unternehmer hat die Einsicht der den Bezug des Wermuthkrauts und den Absatz des daraus gefertigten Pulvers betreffenden Schriften und Geschäftsbücher den Oberbeamten der Steuerverwaltung jederzeit zu gestatten.

11.

Bei Zuwiderhandlungen gegen die vorstehenden Vorschriften und die Anordnungen der Steuerbehörde, mögen diese Zuwiderhandlungen von dem Unternehmer selbst oder von seinen Familienmitgliedern, Dienern, Lehrlingen, Gewerbegehülfen oder Gesinde begangen sein, unterwirft sich der Unternehmer einer von der Directivbehörde unter Ausschluß des Rechtsweges festzusetzenden Conventionalstrafe bis zu einhundert Mark.

12.

Die näheren Anordnungen über die steuerliche Beaufsichtigung der Anlagen, das Verfahren bei den Anmeldungen und die Form derselben, die Behandlung der Transporte beim Empfangsamte, die Registerführung, die Dienstanweisungen für die betheiligten Beamten u. s. w. erläßt die oberste Landes-Finanzbehörde.

Transportschein № 10.

über

Pulver aus Wermuthkraut zur Denaturirung von Salz.

Ausfertigungsamt: Steueramt **Schönebeck.** Erledigungsamt: Hauptsteueramt f. i. G. **Berlin.**

Empfänger der Waare: Salzhändler **Schlegel.**

Der Colli Zahl und Verpackung	Der Colli Bezeichnung.	Brutto-gewicht.	Netto-gewicht.	Art des angelegten Verschlusses bezw. Zahl der Bleie.	Die Transport-frist läuft bis zum
Fünf Fässer.	S. und C. № 75/79.	je 55 kg, zusammen zweihundert fünf und siebenzig kg.	je 50 kg, zusammen 250 kg.	Kreuzweis verschnürt je 2 Bleie, Summe 10 Bleie.	15. Juli 1878 einschl.

Unterschrift des Unternehmers: **Dr. Schmalz.**

Das in den obenbezeichneten Fässern verpackte Pulver ist ausschießlich aus echtem und reinem am 3. Mai 1878 eingelagerten Wermuthkraut unter Beobachtung der Anforderungen des Beschlusses des Bundesraths vom 1878 angefertigt worden und zur Denaturirung von Salz brauchbar.

Schönebeck, den 3. Juli 1878.

Königliches Untersteueramt.

(L. S.) N. N.

Erfurt, den 7. Mai 1878.

Der General-Inspector: Grolig.

Druck von Otto Conrad in Erfurt.

Amtsblatt
des General-Inspectors des Thüringischen Zoll- und Handels-Vereins.

3tes Stück vom Jahre 1878.

№ 10. Bekanntmachung,

betr. den Erlaß eines neuen Regulativs über die zollamtliche Behandlung von Waarensendungen aus dem Inlande durch das Ausland nach dem Inlande,
vom 7. Juni 1878 № 3529.

Der Bundesrath hat unterm 25. März d. J. den Erlaß eines neuen mit dem 1. Juli d. J. in Wirksamkeit tretenden Regulativs über die zollamtliche Behandlung von Waarensendungen aus dem Inlande durch das Ausland nach dem Inlande beschlossen, welches ich nachstehend zur Kenntnißnahme und ergeblichen Beachtung veröffentliche. Ein etwaiger Bedarf an den durch das Regulativ vorgeschriebenen neuen Formularen ist mir baldigst anzuzeigen.

Erfurt, den 7. Juni 1878. Der General-Inspector: Grolig.

Regulativ,

die zollamtliche Behandlung von Waarensendungen aus dem Inlande durch das Ausland nach dem Inlande betreffend.

In Gemäßheit des § 111 des Vereinszollgesetzes*) werden über das Verfahren bei der Versendung von Gegenständen aus dem Inlande (deutsches Zollgebiet) durch das Ausland nach dem Inlande die folgenden näheren Vorschriften ertheilt:

§ 1.

Die zollamtliche Abfertigung zur Versendung durch das Ausland nach dem Inlande erstreckt sich sowohl auf die Güter des freien als auch des gebundenen Verkehrs. *Gegenstand der Abfertigung.*

An sich zollfreie Güter sollen auf Antrag des Waarenführers von dieser Abfertigung nicht ausgeschlossen sein, wenn hierdurch eine erleichterte Abfertigung bei dem Wiedereingange zu erzielen ist.

§ 2.

Die Zuständigkeit der Zollämter zur Abfertigung von Gütern zum Aus- und Wiedereingang bestimmt sich nach den bezüglichen Vorschriften in den §§ 128 und 131 des Vereinszollgesetzes. *Abfertigungsbefugnisse.*

*) Siehe Centralblatt rc. 1869, Seite 323.

§ 3.

A. Gegenstände ·sfreien Verkehrs Deklaration.

Muster A.

Der Absender oder Waarenführer hat einem zu dieser Abfertigung befugten Amte an der Grenze oder im Innern eine Deklaration — Deklarationsschein — nach dem beiliegenden Muster **A** in doppelter Ausfertigung zu übergeben.

Bei Abgabe von Formularen dieses Musters an die Deklaranten sind die Bestimmungen des § 8 des Begleitschein-Regulativs*) zu beachten.

§ 4.

·nhalt derselben.

Die Deklaration muß enthalten:

1. die Zahl, Verpackungsart und Bezeichnung der Kolli, die Gattung der Gegenstände nach den Benennungen des Zolltarifs oder wenigstens nach ihrer sprachgebräuchlichen oder handelsüblichen Benennung;
2. die Menge bezw. das Bruttogewicht der Kolli mit der Maßgabe, daß das Gewicht summarisch angegeben werden darf, wenn es sich um eine nach Inhalt und Verpackung gleichartige Waarenpost handelt;
3. die Benennung des Ausgangsamts, des Wiedereingangsamts und des Bestimmungsorts. Die Bezeichnung des Wiedereingangsamts kann, wenn die Deklaration bei einem Amt im Innern übergeben wird, bis zur Abfertigung bei dem Ausgangsamt vorbehalten bleiben;
4. das Datum und die Unterschrift des Deklaranten.

Für jeden Bestimmungsort ist ein besonderer Deklarationsschein zu übergeben.

§ 5.

Abfertigung zur ·ersendung. Re·fion und Ver·blußanlage.

Auf Grund der Deklaration werden die Waaren revidirt und sodann der Regel nach unter amtlichen Verschluß gesetzt.

Bei Vornahme der Revision, der Anlage des amtlichen Verschlusses und Vollziehung des Deklarationsscheins sind die Bestimmungen des Vereinszollgesetzes (§§ 28, 30 Abs. 1, 31 Abs. 1, 41 Abs. 2—4, 43, 94 und 95) und des Begleitschein-Regulativs (§§ 5 Abs. 3 und 4, 6, 12, 13 und 19) analog anzuwenden.

Eine spezielle Revision und soweit thunlich genauere Beschreibung ist immer dann vorzunehmen, wenn ein sichernder Verschluß sich nicht anbringen läßt, wenn ferner der Verdacht einer unrichtigen Deklaration oder einer beabsichtigten Vertauschung der Waaren im Auslande besteht.

Dieselbe soll außerdem ab und zu auch in anscheinend unverdächtigen Fällen, namentlich dann angewendet werden, wenn es sich um öfter wiederkehrende Abfertigungen ähnlicher Art handelt.

Im Interesse der Zollsicherheit kann mit Genehmigung der Direktivbehörde auf kurzen Straßenstrecken statt des Verschlusses oder neben demselben amtliche Begleitung bis zum Wiedereingangsamt eintreten.

Bei der Versendung von Spiritus und unversetztem Branntwein ist, wenn solche nur in einfachen Fässern und nicht unter Raumverschluß erfolgt, die Alkoholstärke amtlich zu prüfen und im Deklarationsschein anzugeben.

Unter der nämlichen Voraussetzung sind nach dem Ermessen der Abfertigungsstellen den Sendungen von versetztem Branntwein und Wein Proben zu entnehmen und mit amtlichem Verschluß denselben beizugeben.

---

*) Siehe Centralblatt rc. 1870, Seite 25.

Wenn für eine aus mehreren Fässern bestehende Branntweinsendung über den Alkoholgehalt des Inhalts der einzelnen Fässer eine specielle Deklaration vorliegt, so genügt eine probeweise Ermittelung des Alkoholgehalts, sofern sich hierbei keine Abweichungen gegen die Deklaration ergeben.

§ 6.

Bezüglich der Poststücke ist nach § 17 des Regulativs über die zollamtliche Behandlung der mit den Posten ein-, aus- oder durchgehenden Gegenstände*) zu verfahren. Abfertigung Poststücke.

§ 7.

Wenn Güter vermittelst der Eisenbahn in regulativmäßig verschließbaren Wagen von Inland durch zwischenliegendes Ausland zu Inland versendet werden sollen, so hat die Eisenbahnverwaltung statt der nach §§ 3 und 4 vorgeschriebenen Deklaration ein Ladungsverzeichniß nach Muster B in doppelter Ausfertigung zu übergeben. Die Revisionshandlungen beschränken sich alsdann in der Regel auf die Prüfung der Verschlußfähigkeit der Wagen und Anlegung des amtlichen Verschlusses an denselben. Abfertigung Eisenbahngü in verschließ Eisenbahnwa Muster B.

§ 8.

Für den Seeschiffsverkehr bleiben die Bestimmungen der Hafen-Regulative maßgebend.

§ 9.

Das Ausgangsamt hat die Frist zum Wiedereingang der Waaren zu bestimmen und den Ausgang derselben amtlich zu kontroliren. Wenn daher die Abfertigung nach Maßgabe der vorstehenden Paragraphen bei einem Amt im Innern stattgefunden hat, so sind die Waaren nebst den amtlich beurkundeten beiden Exemplaren des Deklarationsscheins (Ladungsverzeichnisses) dem Ausgangsamt vorzuführen. Bei diesem findet alsdann, wenn die Waaren unter Verschluß gesetzt worden sind, in der Regel nur eine Prüfung der Zahl, der äußern Beschaffenheit der Kolli und des Verschlusses derselben beziehungsweise der Laderäume statt. Abfertigung dem Ausgangs Fristbestimmun

Das Ausgangsamt bestimmt sodann nach Maßgabe der zur direkten Durchfuhr des zwischenliegenden Auslandes erforderlichen Zeit und unter Berücksichtigung der besonderen Umstände des Transports die über das Bedürfniß nicht auszudehnende Frist zur Wiedereinfuhr der Waaren.

Der Deklarationsschein ist hiernach zu vervollständigen, der Eintrag im Notizbuch (§ 10) zu bewirken und ist das eine Exemplar des Scheins dem Waarenführer zur Vorlage bei dem Wiedereingangsamt auszuhändigen.

§ 10.

Ueber die Abfertigungen zum Ausgang führt das Ausgangsamt ein Notizbuch nach Muster C 1 und das Amt, bei welchem die schließliche Eingangsabfertigung geschieht, ein Notizbuch nach Muster C 2. Buchführung. Muster C 1. Muster C 2.

---

*) Siehe Centralblatt rc. 1869, Seite 334.

Das Duplikat des mit der Ausgangsabfertigung versehenen Deklarationsscheins (Ladungsverzeichnisses) bildet den Beleg zum Notizbuch C 1, das erledigte Unikat denjenigen zum Notizbuch C 2.

Die Notizbücher sind nach vierteljährigen Zeitabschnitten zu führen und je nach Ablauf des Vierteljahres mit zugehörigen Beilagen zur Revision einzusenden.

§ 11.

…rfahren bei … Wiedereingangsamt. Schlußabfertigung bei …mselben.

Die über die Grenze des deutschen Zollgebiets wieder eingehenden Waaren erhalten in der Regel, die nach § 7 abgefertigten Eisenbahngüter unter allen Umständen die Schlußabfertigung bei dem Grenzeingangsamt.

Zu dem Behufe wird die Ladung mit den Angaben des Deklarationsscheins hinsichtlich der Fristbestimmung, der äußeren Beschaffenheit der Kolli beziehungsweise Laderäume und des Verschlusses verglichen und ist nach richtigem Befund die Revision bei verschlossenen Gütern mit Abnahme des Verschlusses in der Regel beendigt.

Hin und wieder ist jedoch auch in anscheinend unverdächtigen Fällen, insbesondere bei öfterer Wiederkehr von Sendungen ähnlicher Art auch bei verschlossenen Gütern eine spezielle Revision vorzunehmen.

Dagegen findet eine spezielle Revision immer statt, wenn es sich um unverschlossene Güter handelt, wenn bei Vergleichung mit dem Deklarationsschein sich Anstände ergeben haben, oder wenn überhaupt Zweifel an der Identität der wieder eingehenden Waaren bestehen.

In unverdächtigen Fällen sind bei der speziellen Revision Probe-Ermittelungen nicht ausgeschlossen.

Hat sich bei der Revision nichts zu erinnern gefunden, so wird die Sendung nach bewirkter Eintragung in das Notizbuch C 2 in freien Verkehr gesetzt.

§ 12.

…eberweisung an Amt im Innern Schlußabfertigung.

Wenn von Seiten des Waarenführers bei dem Grenzeingangsamt Abfertigung nach Maßgabe des § 41 Abs. 4 oder des § 52 oder des § 63 und ff. des Vereins-Zollgesetzes begehrt wird, so findet die Ueberweisung an das das Grenzamt vertretende Amt im Innern lediglich in den für diese Abfertigungen vorgeschriebenen Formen statt.

Auch in anderen Fällen können auf Antrag des Waarenführers, wenn die Vergleichung der Sendung mit dem Deklarationsschein zu keinem Anstande geführt hat, verschlossene Güter zur schließlichen Abfertigung an ein Amt im Innern verwiesen werden. Die Ladung ist alsdann unter Belassung des Verschlusses mit Begleitschein I und unter Aufnahme eines entsprechenden Vermerks auf dem Deklarationsschein ohne Eintrag in das Notizbuch C 2 weiter abzufertigen.

Bei dem Erledigungsamt im Innern ist sodann nach Maßgabe des § 11 die Schlußabfertigung zu bewirken.

§ 13.

…iederholte Be…rung des Aus…ndes.

Muß die Sendung zur Erreichung des Bestimmungsortes wiederholt durch das Ausland gehen, so kann statt jeweiliger Erledigung des alten und Ausstellung eines neuen Deklarationsscheins der ursprünglich ausgestellte Schein für die wiederholte Durchfuhr benutzt werden.

In diesem Falle giebt das erste bezw. jedes folgende, zwischenliegende Eingangsamt den Schein, nach Vergleichung mit der Sendung und Prüfung der zu belassenden Verschlußanlage, mit einem als „Passage-Attest" überschriebenen Vermerk und und der Nummer des Notizbuchs versehen dem Waarenführer zurück.

Die zwischenliegenden Ausgangsämter verfahren nach den allgemeinen Vorschriften des § 9, indem sie ihre Beurkundungen ebenfalls in Form eines Passage-Attestes beifügen.

§ 14.

B. Gegenstände, welche unter Zoll- oder Steuerkontrole stehen.

Wenn Waaren, welche auf Begleitscheine, Uebergangsscheine, Bonifikations-Anmeldungen oder unter sonstiger Zoll- oder Steuerkontrole abgefertigt wurden, beim Transport abwechselnd das In- und Ausland berühren, so bedarf es neben jenen Begleitpapieren der Abgabe eines besonderen Deklarationsscheins nicht. Die betreffenden Waaren werden beim Ausgangsamt nach Maßgabe der für Güter des freien Verkehrs ertheilten Vorschriften revidirt und, wenn nöthig, unter Verschluß gesetzt und zum Ausgang abgefertigt.

Auf dem Begleitpapier ist die zum Wiedereingang bestimmte Frist, die Bescheinigung des Ausgangs und die Nummer des Notizbuchs zu vermerken.

Bezüglich des Wiedereingangs findet das bei den Gütern des freien Verkehrs vorgeschriebene Verfahren — unbeschadet der von den Waarenführern bei ursprünglicher Ausstellung des Begleitpapiers übernommenen Verpflichtungen — Anwendung.

Die Bescheinigungen der Aus- und Wiedereingangsämter sind an einer passenden Stelle des Begleitpapiers in auffälliger Weise als „Passage-Attest" einzutragen.

§ 15.

Besondere Bestimmungen und Erleichterungen.

Die vorstehenden Vorschriften können nach Maßgabe des Schlußsatzes des § 111 des Vereins-Zollgesetzes von der obersten Landes-Finanzbehörde nach örtlichem Bedürfnisse modifizirt werden.

Insbesondere ist es zulässig, für den kleinen Grenzverkehr Erleichterungen auch in der Richtung eintreten zu lassen, daß der Deklarationsschein nur in einer Ausfertigung übergeben und das Notizbuch C 1 durch Beifügung der zur Beschreibung der Gegenstände nöthigen Spalten geeignet vervollständigt wird.

§ 16.

Verfahren bei wahrgenommenen Abweichungen und Mängeln.

Wenn bei dem Wiedereingang der mit Deklarationsschein versendeten Güter kleinere Versehen und Mängel sich ergeben, z. B. dieselben einem anderen als dem deklarirten Eingangsamt vorgeführt werden, oder wenn die vorgeschriebene Transportfrist nicht um mehr als das Doppelte, höchstens jedoch um nicht mehr als vier Wochen überschritten ist, so kann das Eingangsamt bezw. das demselben vorgesetzte Hauptamt, wenn im Uebrigen hinsichtlich der Identität der Waaren kein Zweifel besteht, von der Forderung der Verzollung absehen.

Das Gleiche kann geschehen, wenn der Verschluß zwar verletzt gefunden worden, jedoch nachgewiesen ist, daß der Verletzung ein unverschuldeter Zufall zu Grunde lag und sonstige Bedenken nicht vorhanden sind.

Ebenso kann, wenn der zu einer Sendung gehörige Deklarationsschein während des Transports durch das Ausland in Verlust gerathen ist, das betreffende Hauptamt von der Zollanforderung dann absehen, wenn durch Vorlage des Duplikats des Scheins der Nachweis der geschehenen Ausgangsabfertigung geliefert wird und im übrigen keine weiteren Anstände obwalten.

Bei erheblicheren Mängeln und Abweichungen ist, wenn nicht die sofortige Zollanforderung für begründet erachtet wird, die Entscheidung der Direktivbehörde einzuholen.

Muster A.

I. Deklaration

zum

Aus- und Wiedereingang nachbezeichneter Waaren.

Der einzelnen Kolli		Gattung und Menge der zu deklarirenden Waaren.			
Zahl und Art der Verpackung.	Zeichen und Nummer	Benennung nach Anleitung des Zolltarifs. (§ 4 des Regulativs.)	Gewicht.		Anderer Maßstab.
			Centner.	Pfd.	
		Bemerkung. Für diejenigen Deklarationen, für welche der Raum dieser Spalten zu klein ist, ist ein größeres Formular so einzurichten, daß Ziffer I die erste, Ziffer II die zweite und Ziffer III—V die dritte resp. vierte Seite ausfüllen.			
		Summe . .			

welche Unterzeichneter über das . . . . . Zollamt zu . . . . aus- führen will, um sie über das . . . . . Zollamt zu . . . . wieder einzuführen, und sind die Waaren nach . . . . bestimmt.

. . . ., den . . . . 187 . .

(Unterschrift).

II. Abfertigung des Amts am Versendungsort.

Der Kolli		Gattung und Menge der Waaren nach amtlicher Ermittelung.						Angabe, ob und wie ein Verschluß angelegt worden ist.
Zahl und Art der Verpackung.	Zeichen und Nummer	Benennung der Waaren nach Anleitung des Zolltarifs.	Gewicht.				Anderer Maßstab.	
			brutto		netto			
			Ctr.	Pfd	Ctr.	Pfd.		
		Summe . .						

mit Worten . . . .

Amtsstempel. . . . ., den . . . . 187 . .

. . . . Amt.

(Unterschrift.)

Notizbuch № . . . . .

III. Abfertigung des Ausgangsamts.

Der richtige Ausgang anderseits bezeichneter Waaren wird mit folgenden Bemerkungen bescheinigt

a) in Betreff des Verschlusses:

b) in Bezug auf Gattung und Menge der Waaren:

Dieser Deklarationsschein berechtigt nur dann zur zollfreien Wiedereinfuhr der darin genannten Waaren, wenn dieselben bis zum . . . . . bei dem . . . . . Amt zu . . . . eintreffen.

. . . ., den . . . . 187 . .

n. St. . . . . Amt.

(Unterschrift.) Für den Ausgang.

(Unterschrift.)

IV. Abfertigung bei dem Wiedereingangsamt.

Die zu diesem Deklarationsschein gehörigen Kolli sind am . . . . mit unverletztem Verschlusse hier eingetroffen und sodann heute mit Begleitschein I Nr. . . auf das . . . . . Amt . . . . überwiesen worden.

. . . ., den . . . . 187 . .

n. St. . . . . Amt.

(Unterschrift.)

(NB. Diese Rubrik ist nur dann auszufüllen, wenn die Ueberweisung nach § 12, 2. Abs. an ein Amt im Innern zur Schlußabfertigung stattfindet.)

V. Schlußabfertigung beim Erledigungsamt.

1. Dieser Deklarationsschein ist am . . . . abgegeben und in das Notizbuch unter Nr. . . . . . eingetragen.
2. Revisionsbefund

a) in Betreff des Verschlusses:

b) hinsichtlich der Gattung und Menge der Waaren:

Nach Abnahme des Verschlusses sind hierauf die Waaren in freien Verkehr gesetzt worden.

. . . ., den . . . . 187 . .

. . . . Amt.

(Unterschrift.)

Muster B.

Ladungsverzeichniß
über
Deklarationsschein-Güter.

Der unterzeichnete Beauftragte der . . . . Eisenbahnverwaltung zeigt dem . . . . Amt zu . . . . hierdurch an, daß die Güter, welche in Wagen № . . . . der N . . . . . Eisenbahn

. . . .

verladen sind, mit Zug . . . . unter Deklarationsschein-Kontrole von hier durch das Ausland über das Grenzzollamt zu . . . . nach dem Inlande befördert werden sollen.

Zugleich übergiebt derselbe die zu den eben gedachten Gütern gehörigen . . . . Stück Frachtbriefe und erklärt für die Richtigkeit der in diesen Papieren enthaltenen Angaben hinsichtlich der Zahl und Art der abzufertigenden Kolli zu haften.

. . . . den . . . . 187 . .

(Unterschrift.)

Abfertigung des Ausgangszollamts.

№ des Notizbuchs.

Obige Waaren wurden von dem unterzeichneten Amt verschlossen, wie folgt:

№ . . . der N . . . . Eisenbahn.	Schlösser.	Serie.
. . . .	. . . . .	. . .
"	"	"
"	"	"

Hierbei ein versiegeltes Packet mit . . . . . Frachtbriefen, sowie . . . . Schlüssel in . . . . durch . . . . verschlossen.

Die Wagen nebst den dazu gehörigen Schlüsseln und Frachtbriefen sind bis zum . . . . in vorschriftsmäßigem Zustande und mit unverletztem Verschlusse dem . . . . Amt zu . . . . zuzustellen, widrigenfalls dieses Ladungsverzeichniß seine Gültigkeit verliert.

. . . . den . . . . 187 . .

Stempel. . . . . Amt.

(Unterschrift.)

Ausgangsbescheinigung.

Den richtigen Ausgang der vorbezeichneten Wagen bescheinigt

. . . . den . . . . 187 . .

(Unterschrift.)

№ des Notizbuchs.

Abfertigung des Wiedereingangsamts.

Die vorbezeichneten Wagen nebst zugehörigen Frachtbriefen und Schlüsseln sind heute mit unverletztem Verschlusse hier eingegangen und wird dieses Ladungsverzeichniß hiermit für erledigt erklärt.

. . . . den 187

. . . . Amt.

(Unterschrift.)

Muster C 1.

(Titelseite.)

Notizbuch

über die

bei dem . . . . Amt . . . .

zum Ausgang

abgefertigten Waaren, welche aus dem Inlande durch das Ausland nach dem Inlande versendet werden.

Dieses Notizbuch enthält . . . Blätter, mit einer Schnur durchzogen, welche auf dem Titelblatt mit dem Siegel des Unterzeichneten angesiegelt ist.

Ober- . . . . . Inspektor.

Siegel.

Geführt von . . . .
. . . .

Muster C 1.

(Einlage.)

Laufende Nummer.	Tag der Abfertigung.	Namen und Wohnort des Versenders.	Wiedereingangsamt.	Bemerkungen.
1.	2.	3.	4.	5.
				NB. Wenn statt der Ausfertigung eines Deklarationsscheins die Abfertigung auf Grund der Vorlage eines Begleitscheins ꝛc. stattgefunden hat, so ist hier das Begleitpapier, die Verschlußanlage und die Frist zur Wiedereinfuhr kurz zu bemerken.

Muster C 2.

(Titelseite).

Notizbuch

über die

bei dem . . . . Amt . . . .

zum Wiedereingang

abgefertigten Waaren, welche aus dem Inlande durch das Ausland nach dem Inlande versendet werden.

Dieses Notizbuch enthält . . . Blätter, mit einer Schnur durchzogen, welche auf dem Titelblatt mit dem Siegel des Unterzeichneten angesiegelt ist.

Ober- . . . . . Inspektor.

Siegel.

Geführt von . . . .
. . . .

(Einlage.)

Ordnungsnummer.	Tag der Abfertigung zum Wiedereingang.	Der mitgekommenen Bezettelung			Bemerkungen.
		Bezeichnung.	Nummer des Notizbuchs C 1.	Ausfertigungsamt.	
1.	2.	3.	4	5.	6.

№ 11. Cirkularverfügung,

die Ausfuhrvergütung für Zucker in Plattenform betreffend, vom 19. Juni 1878 № 3811.

Nach einem neueren Beschlusse des Bundesraths soll der Vergütungssatz von 11,50 Mark für den Centner ausgeführten Zucker auch auf Zucker in weißen, vollen, harten Platten bis zu 25 ℔ Nettogewicht oder in Gegenwart der Steuerbehörde zerkleinerten derartigen Zucker Anwendung finden, und soll dieser Vergütungssatz auch auf die bisher schon ausgeführten Mengen solchen Zuckers nachträglich gewährt werden, was ich hierdurch unter Bezugnahme auf die Cirkularverfügung vom 28. August 1869 Nr. 4992 (Amtsblatt Nr. 7 pro 1869) zur event. Beachtung bekannt gebe.

Erfurt, am 19. Juni 1878. Der General-Inspector: Grolig.

№ 12. Bekanntmachung,

die Steuerpflichtigkeit der in Verbindung mit der Fabrikation von Kunsthefe betriebenen Essigbereitung betr., vom 21. Juni 1878 № 3851.

Laut Beschluß des Bundesrathes vom 3. Mai d. J. ist die Steuerpflichtigkeit des Essigs nach Maßgabe des § 2 des Brausteuergesetzes vom 31 Mai 1872 auch in dem Falle als begründet anzuerkennen, wenn aus der zur Bereitung desselben dienenden Malzwürze zugleich flüssige Hefe (sog. Kunsthefe) gewonnen wird.

Erfurt, am 21. Juni 1878. Der General-Inspector: Grolig.

№ 13. Cirkularverfügung,

betreffend die Beiordnung des Großherzoglich Badischen Geheimen Finanzrathes Herrn Vierordt in Magdeburg als Reichsbevollmächtigter für Zölle und Steuern an die General-Inspection des Thüringischen Zoll- und Handelsvereins zu Erfurt und die Beiordnung des Königlich Preußischen Hauptamtskontroleurs Herrn Flitner in Mainz als Stationskontroleur an die Thüringischen Hauptämter rc. mit dem Wohnsitze in Erfurt, vom 28. Juni 1878 № 4112.

Den sämmtlichen Steuerbehörden und Beamten im Ressort der Reichssteuerverwaltung innerhalb des Gebietes des Thüringischen Zoll- und Handelsvereins wird hierdurch bekannt gegeben, daß vom 1. Juli c. ab der Großherzoglich Badische Geheime Finanzrath Vierordt zu Magdeburg unter Belassung der ihm bei der Königlich Preußischen Provinzialsteuerdirection zu Magdeburg und der Herzoglich Anhalt'schen Zolldirection daselbst übertragenen Funktionen als Reichsbevollmächtigter für Zölle und Steuern in gleicher Eigenschaft auch der General-Inspection des Thüringischen Zoll- und Handelsvereins, und von gleichem Zeitpunkte ab der Königlich Preußische Hauptamtskontroleur Flitner in Mainz den Hauptämtern und übrigen Steuer- resp. Oberkontrolebezirken in diesem Vereine als Stationskontroleur mit dem Wohnsitze in Erfurt bis auf Weiteres beigeordnet worden ist.

In Folge dessen weise ich die Steuerbehörden und Beamten meines Ressorts an, den obengenannten Herren Reichsbeamten bei ihren dienstlichen Besuchen auf Erfordern alle Akten, Register, Bücher rc., welche sachlich auf die Reichszoll- und Steuerverwaltung Bezug haben, ungesäumt zur Einsicht vorzulegen.

Erfurt, den 28. Juni 1878. Der General-Inspector: Grolig.

Druck von Otto Conrad in Erfurt.

Amtsblatt

des General-Inspectors des Thüringischen Zoll- und Handels-Vereins.

4tes Stück vom Jahre 1878.

№ 14. Circularverfügung,

die Uebergangsscheincontrole betr., vom 1. Juli 1878 № 4131.

Der Bundesrath hat in der Sitzung vom 25. Mai d. J. (§ 336 der Protokolle) zur Beseitigung der über die Auslegung des § 47 des Regulativs, betreffend die zollamtliche Behandlung des Güter- und Effekten-Transports auf den Eisenbahnen, entstandenen Zweifel beschlossen:

daß die Eisenbahnbehörden Gegenstände, welche bei dem Uebergange aus einem Staate des deutschen Zollgebiets in den andern, bezw. aus einem Steuergebiete in das andere einer Uebergangsabgabe unterliegen, bei direkter Kartirung nur dann zur Beförderung nach einem solchen Staate bezw. Steuergebiete annehmen dürfen, wenn sie mit einem Uebergangsschein versehen sind.

Hiernach ist sich allenthalben zu achten.

Erfurt, den 1. Juli 1878. Der General-Inspector: Grolig.

№ 15. Circularverfügung,

eine Ausstellung in Hamburg betr., vom 26. Juli 1878. № 4897.

Der Vorstand des deutschen Fleischer-Verbandes beabsichtigt in der Zeit vom 7. bis 10. August d. J. eine mit dem 4. Kongreß der Schlächter und Fleischhauer Deutschlands verbundene Ausstellung von Waaren und Geräthen dieses Fachs in Hamburg zu veranstalten.

Wegen des zollfreien Wiedereingangs der zu dieser Ausstellung ausgehenden vereinsländischen Gegenstände wird auf die Cirkularverfügung vom 24. Januar 1865 № 131 verwiesen.

Erfurt, den 26. Juli 1878. Der General-Inspektor: J. B. Schreck.

№ 16. Bekanntmachung,

die steuerliche Behandlung der Abraumsalze betr., vom 7. August 1878. № 4921.

Der Bundesrath hat in der Sitzung vom 6. v. M. in Betreff der steuerlichen Behandlung der in den Salzbergwerken vorkommenden sogen. Abraumsalze nachstehende Beschlüsse gefaßt:

1. Auf Grund des §. 2 des Gesetzes vom 12. Oktober 1867 dürfen die in den Salzbergwerken vorkommenden sogen. Abraumsalze (Carnallit, Kainit u. a. m.) von der obersten Landesfinanzbehörde ohne Controle von der Salzabgabe

freigelassen werden, wenn ihr Gehalt an Salz (Kochsalz) 36 Prozent ihres Gewichts nicht übersteigt, und wenn sie vor der Entfernung vom Salzwerke derart vermahlen sind, daß die Ausscheidung der etwa vorhandenen Salztheile auf mechanischem Wege unmöglich erscheint.

An Besitzer von Fabriken, welche auf Grund des §. 6. a. a. O. unter Kontrole der Steuer- (Zoll-) Verwaltung stehen, ist die abgabenfreie Verabfolgung von Abraumsalzen von dem vorbezeichneten Kochsalzgehalte auch ohne vorherige Vermahlung statthaft.

2. Abraumsalze und andere Produkte der Salzbergwerke, welche mehr als 36, jedoch weniger als 75 Prozent Salz (Kochsalz) enthalten, können unter der von der Zolldirektivbehörde, in deren Bezirk der Empfänger wohnt, anzuordnenden Kontrole unmittelbar an Landwirthe und zum Bezuge steuerfreien Salzes berechtigte Gewerbtreibende (unter Ausschluß der Salzhändler) ohne Denaturirung aber nach vorheriger Vermahlung abgabenfrei abgelassen werden.
3. Abraumsalze u. s. w. von einem Kochsalzgehalte von 75 Prozent oder mehr unterliegen der Salzabgabe, sofern sie nicht nach den für die Denaturirung von Steinsalz erlassenen Vorschriften denaturirt werden.
4. Die mit der Kontrole des Salzbergwerks betrauten Oberbeamten der Zoll- oder Steuerverwaltung haben periodisch Durchschnittsproben der ohne Denaturirung zum Absatz gelangenden Abraumsalze zu entnehmen und die Ermittelung ihres Kochsalzgehalts durch chemische Untersuchung zu veranlassen, um die genaue Innehaltung der vorbezeichneten Grenzen des Kochsalzgehalts zu überwachen.

Erfurt, am 7. August 1878. Der General-Inspektor: J. B. Schreck.

№ 17. Cirkularverfügung,

die Abänderung der Normaltara beim Export von Branntwein in Fässern und die Anwendung dieser Tara bei Erhebung der Uebergangsabgabe von Branntwein in Fässern betr., vom 9. August 1878. № 5311.

In Folge eines Beschlusses des Bundesraths werden folgende Bestimmungen erlassen:

1. Nach der in der Cirkularverfügung vom 11. Juni 1874 № 3934 (Amtsblatt de 1874. 2. Stück) unter № 1 ertheilten Vorschrift findet beim Export von Branntwein in Fässern die Ermittelung des Nettogewichts, auf Grund dessen die Steuervergütung berechnet wird, durch Abzug einer Normaltara von dem durch Verwiegung festzustellenden Bruttogewicht statt, welche für Fässer bis zu 7 Ctr. Bruttogewicht 22 Prozent und für Fässer über 7 Ctr. Bruttogewicht 20 Prozent beträgt.

Diese Normaltara kommt nur noch bei den bis Ende Oktober d. J. zur Abfertigung gelangenden Branntwein-Exporten zur Anwendung; dagegen beträgt bei den vom 1. November d. J. ab abzufertigenden Branntwein-Exporten die Normaltara

für Fässer bis zu 5 Ctr. Bruttogewicht: 21 Prozent,
für Fässer über 5 Ctr. bis zu 8 Ctr. Bruttogewicht: 18 Prozent,
für Fässer über 8 Ctr. Bruttogewicht: 17 Prozent.

2. Die übrigen Bestimmungen der Cirkularverfügung von 11. Juni 1874 bleiben auch fernerweit in Kraft.

3. Die Vorschriften für die Feststellung des Nettogewichts beim Export von Branntwein in Fässern, wie dieselben vom 1. November d. J. ab gelten, kommen von demselben Zeitpunkte ab auch für die Feststellung des Nettogewichts bei der Erhebung der Uebergangsabgabe von Branntwein in Fässern zur Anwendung.

Dabei wird noch Folgendes nachachtlich eröffnet:

a. Da diese Bestimmungen mit dem 1. November d. J. in Kraft treten, so sind sie auch schon bei der Abfertigung desjenigen Branntweins zu beachten, wecher vor dem 1. November ai. c. zur Ausfuhr angemeldet, dessen Menge und Stärke aber erst an diesem Tage oder später amtlich ermittelt wird.

b. Nach der oben unter № 2 ertheilten Bestimmung behält es unter Anderen auch dabei das Bewenden, daß von der Ermittelung des Nettogewichts durch Abzug der Normaltare Abstand genommen werden kann, wenn das Gewicht des leeren Fasses durch amtliche Eichung festgestellt und durch Einbrennen auf dem Fasse von dem Eichamte ersichtlich gemacht worden ist. Die desfalls erlassene Cirkularverfügung vom 26. September 1874 № 6142 bleibt demnach auch ferner in Kraft.

c. In Betreff der Ermächtigung, die Entleerung der Fässer Behufs Ermittelung der wirklich vorhandenen Branntweinmengen anzuordnen, verbleibt es bei den Bestimmungen zu Nr. 3 und 4 der Cirkularverfügung vom 11. Juni 1874 Nr. 3934.

Schließlich bemerke ich, daß die mit der eben bezeichneten Verfügung zum amtlichen Gebrauch eingeführten Conradi'schen Tabellen zur Bestimmung der Litermenge des Branntweins nach Gewicht, Ausgabe 2, für die vom 1. November d. J. ab gültigen Normal-Tarasätze umgerechnet und neu im Druck erscheinen werden. Diese 3. Ausgabe der Tabellen wird seiner Zeit den aufschriftlich genannten Steuerstellen und Beamten in je einem Exemplare br. m. unter Couvert zugefertigt werden und es wird unter Aufhebung der Schlußbestimmung sub 4. c. der mehrbezeichneten Cirkular-Verfügung Nr. 3934 vom Jahre 1874 nochmals darauf hingewiesen, daß diese neuen Tabellen auch bei der Erhebung der Uebergangsabgabe von Branntwein in Gebrauch zu nehmen sind.

Erfurt, den 9. August 1878. Der General-Inspector. J. B. Schreck.

№ 18. Bekanntmachung,

betreffend: Anleitung für die Aufsichtsbeamten zur Erkennung von echtem, unverdorbenem Wermuthskraut, vom 12. October 1878. № 7242.

Mit Bezug auf Ziffer 6 der bundesräthlichen Bestimmungen über die Herstellung von Wermuthpulver zur Denaturirung von Salz — Amtsblatt des General-Inspectors Nr. 2 de 1878 S. 10 — wird Folgendes zur Erkennung von echtem Wermuth bekannt gegeben:

I.

Das Wermuthkraut muß bezüglich seines Aussehens und seiner Zusammenstellung den Mustern entsprechen, welche den betreffenden Aufsichtsbeamten in amtlich verschlossenen Holzkasten mit Glasdeckel als Normal-Proben zugegangen sind. Das Wermuthkraut (**Artemisia absynthium, Herba absynthii**) zeigt Verschiedenheiten, je nachdem es:

1. wildgewachsen oder
2. angebaut ist,

und ferner, je nachdem es vor der Blüthe oder nach der Blüthe geerntet ist.

Alles echte Wermuthkraut hat dreifach fiedertheilige, auf beiden Seiten grauseidenhaarige Wurzelblätter. Nach der Spitze zu werden die Blätter allmälig einfach. Die Blüthenköpfchen sind nickend, fast kugelig und mit einem zottigen Blüthenboden versehen. Die gelblichen Blüthen sind klein und röhrig. Der Geruch ist stark aromatisch, der Geschmack brennend gewürzhaft, äußerst bitter. Das wild gewachsene Wermuthkraut erscheint im Allgemeinen feiner gewachsen, als das angebaute und hat in Folge dessen dünnere Stengel und Blüthen. Es kommt jedoch auch wild gewachsenes Wermuthkraut vor, welches in Größe, Dicke der Stengel und Umfang der Blüthen dem angebauten Wermuthkraut vollständig gleicht. Die Farbe des wild gewachsenen, vor der Blüthe geschnittenen getrockneten Wermuthkrauts ist silbergraugrün, wogegen das nach der Blüthe geschnittene in Farbe und Anzahl der gelblichen runden Blüthen dem angebauten beinahe vollständig gleicht.

Das angebaute, vor der Blüthe eingeerntete Wermuthkraut ist von mehr grüner Farbe und zeigt einen stärkeren, kräftigeren Blätterbau.

Das nach der Blüthe eingeerntete Kraut ist im Allgemeinen langstengeliger und trägt an Stelle des vorerwähnten kräftigen Blätterbaues kleinere Blätter, dagegen die gelblichen runden Blüthen.

Es ist bei der Prüfung darauf zu achten, daß das Kraut seiner Blätter und Blüthen nicht beraubt ist. Wermuthkraut, das ausschließlich oder auch nur zu einem irgend erheblichen Theil aus entblätterten Stengeln besteht, ist zurückzuweisen.

Eine nicht geringfügige Vermischung mit andern Kräutern und Gräsern, die vorzüglich bei wild gewachsenem Kraute vorkommt, sowie eine Beimischung von Erde, Sand oder dergleichen ist durch Auslesen oder durch Reinigung zu beseitigen, bevor die Aufnahme zum Lager, resp. zur Mühle erfolgen darf.

Als vorschriftsmäßiges Wermuthkraut ist nur dasjenige zu erachten, welches nach der Ernte außer der Trocknung einem anderen Verfahren, das einen Verlust an dem der Pflanze beiwohnenden ätherischen Oele nach sich ziehen könnte, nicht unterlegen hat. Namentlich ist dasjenige Kraut auszuschließen, welches durch Kochen oder ein anderes Verfahren bereits entölt worden ist.

Entöltes Wermuthkraut kennzeichnet sich dem frischgetrockneten Kraute gegenüber durch eine dunklere Färbung, und läßt den intensiv bitteren Geschmack des Letzteren vermissen.

Nur unzerkleinertes, aus ganzen Pflanzen bestehendes Kraut ist für vorschriftsmäßig zu erachten.

Zurückzuweisen ist ferner Wermuthkraut, an welchem sich Schimmel entwickel hat oder welches schlecht (muffig) riecht, welches nicht mehr frisch ist, oder sonst an dem eigenartigen Geruch und Geschmack des frischen Krauts Verlust erlitten hat. Altes

Wermuthkraut ist durch fahleres Aussehen und durch den Mangel an Blättern und Blüthen kenntlich und würde abzuweisen sein.

Als dem Wermuthkraut ähnliche Pflanzen sind zu bezeichnen:

1. Pontischer oder römischer Wermuth (**Artemisia pontica**); die unteren Blätter sind doppelt fiedertheilig, unten weißfilzig, die letzten Lappen linienförmig, die oberen werden allmälig einfach.

Die grauen Blüthenköpfchen sind nickend, fast kugelig, und mit glattem Blüthenboden versehen.

2. Beifuß, Gänsekraut, Jungfernkraut, Weiberkraut (**Artemisia vulgaris**); diese häufig vorkommende Staude hat rispig verästelte, gefurchte, oft röthliche Stengel. Die Blätter sind etwas stengelumfassend, oben grün und glatt, unten kurz weißfilzig, die unteren doppelt fiederspaltig, mit lanzettförmigen, spitzen Lappen versehen. Die länglichen, aufrechten Blüthenköpfchen haben einen glatten Blüthenboden. Das Kraut wird auf der Oberfläche leicht beim Trocknen schwarz.

3. Dragun-Beifuß, Kaisersalat (**Artemisia dracunculus**); der Stengel ist rispig verästelt. Die Blätter sind einfach, ungestielt, linien-lanzettförmig, ganzrandig, glatt, hochgrün, oben fein geadert. Die ovalen sehr kleinen Blüthenköpfchen sind mit glattem Blüthenboden versehen.

Sind die vorgenannten Pflanzen dem zu prüfenden Kraut in nicht ganz geringfügiger Menge beigemischt, so darf das letztere zur Einlagerung oder Vermahlung nicht zugelassen werden. Ferner

II.

Das getrocknete Wermuthkraut (**Herba absynthii**) ist auch von Nichtsachverständigen unschwer als echtes zu erkennen und kann kaum einer Verwechslung, selbst nahestehender Arten unterliegen.

Man achte vor allen Dingen auf die höchst charakteristische Behaarung und die Form der Blätter.

Kleine, genau anliegende, sehr weiche Haare von bandförmiger, aber lang zugespitzter Gestalt überziehen fast die ganze Pflanze mit dichtem grauen Filze, der die hellen Oeldrüschen der Blätter verdeckt und nur auf der Oberseite die dunkelgrüne Farbe der letzteren durchscheinen läßt. Unten zeigen sich die Blätter mehr weißlich. Die grundständigen Blätter sind sehr lang gestielt und dreifach fiederspaltig, die Stengelblätter dagegen doppelt und einfach fiederspaltig mit spatelförmigen also stumpfen Abschnitten. Je weiter nach oben, desto kürzer gestielt sind dieselben. Die blüthenständigen Blätter endlich sind nur dreispaltig, zuletzt ungetheilt, lanzettförmig und sitzend. Die kleinen nickenden, fast kugeligen Blüthenkörbchen stehen in winkelständigen, meist zusammengesetzten Trauben, welche zusammen eine verlängerte gipfelständige Rispe bilden. Auf einem zottigen Blüthenboden stehen wenige unscheinbare, hellgelbe Blüthchen.

Das echte Wermuthkraut riecht eigenthümlich gewürzhaft, doch nicht unangenehm und schmeckt sehr stark und rein bitter, dabei scharf aromatisch.

Die Kultur vermindert diese Eigenschaften.

Der nahe verwandte Feld-Wermuth (**Artemisia campestris**) ist beinahe kahl und kommt nur an sehr trockenen, sandigen Orten in einer seidenhaarigen Form vor. Dann achte man nur auf die linealen, stachelspitzigen Zipfel oder Abschnitte der Blätter und die eiförmigen Blüthenköpfchen. (Wächst am Kanal bei der Saline Friedrichshall).

Die meiste Verfälschung wird von der Beimengung der Blätter des gemeinen Wermuth (Artemisia vulgaris), einer allverbreiteten Pflanze herrühren. Sie besitzt indeß nur fiederspaltige Blätter, die oberseits dunkelgrün und kahl, unterseits weißfilzig sind. Die Blüthchen sind von braunrother Farbe.

Erfurt, den 12. Oktober 1878. Der Generalinspector: Grolig.

№ 19. Cirkularverfügung,

die Behandlung der zur Denaturirung von Salz bestimmten Sendungen von Wermuthpulver und der dieselben begleitenden Transportscheine bei dem Empfangsamte betr., vom 21. Oktober d. J. № 7239.

Im Anschlusse an die Bekanntmachung vom 7. Mai d. J. Nr. 2699 (Amtsblatt des General-Inspektors Nr. 2/1878 S. 9) wird über die Behandlung der zur Denaturirung von Salz bestimmten Sendungen von Wermuthpulver und der dieselben begleitenden Transportscheine bei dem Empfangsamte auf Grund höherer Ermächtigung Folgendes bestimmt:

1. Ergiebt sich bei der Prüfung der Sendung bezüglich der Uebereinstimmung mit dem Transportschein (Nr. 8. Abs. 3 der Bestimmungen des Bundesraths) eine Differenz, so ist meine Entscheidung nach Benehmen mit dem Amte einzuholen, welches den Transportschein ausgefertigt hat.
2. Stimmt die Sendung mit dem Transportschein überein oder ist von mir ungeachtet vorhandener Mißstimmung die Verwendung des Pulvers zur Denaturirung zugelassen, so trägt das Empfangsamt den Transportschein in das nach dem anliegenden Muster zu führende Register, welches bei den Salzsteuerämtern als Anhang zu dem Register über die Salzdenaturirungen (§. 14 der Instruktion betr. die Erhebung der Salzabgabe auf den Privatsalinen — Cirk.-Verf. vom 10. Dezbr. 1867. Nr. 6735 — und §. 8. der Instruktion für Staatssalzwerke vom 18. August 1867) zu behandeln, mit demselben abzuschließen und unter Uebertragung des Bestandes in das folgende Quartal zur Revision einzureichen ist.

   Bei den Zoll- und Steuerstellen, welche ein Register über die Salzdenaturirungen nicht zu führen haben, (§. 6 der Anweisung vom 3. Dezbr. 1867. Nr. 6500 rücksichtlich §. 7 der Instruktion für die nicht an Salzwerksorten befindlichen Königlich Preuß. Zoll- und Steuerstellen vom 2. Oktober 1867) ist das Register abgesondert anzulegen; im Uebrigen finden die vorstehenden Bestimmungen Anwendung. Wird die Verwendung des Transports zur Denaturirung nicht zugelassene, so ist der Transportschein ohne Eintragung in das Register zu den Akten zu nehmen.
3. Nach erfolgter Eintragung des Transportscheins oder, sofern die Eintragung Anstände findet, mit Ablauf der Transportfrist ist dem Ausfertigungsamte unter Bezeichnung der Nummer und des Datums des Transportscheins sowie des Tages der Vorlegung desselben bei dem Empfangsamte, der Zahl und des Brutto-Gewichts der Kolli und der etwa erhobenen Anstände von dem Eintreffen der Sendung Mittheilung zu machen. Der Transportschein wird Belag des Registers (№ 2.)

4. Gemäß Nr. 1 der durch die Bekanntmachung vom 7. Mai d. J. Nr. 2699 (Amtsbl. Nr. 2. S. 9) mitgetheilten Beschlüsse des Bundesraths ist die Identität des Pulvers bis zu dem Augenblick der Verwendung durch amtlichen Verschluß festzuhalten. Bei den Salzwerken ist dieser Vorschrift in der Regel durch Aufbewahrung des Pulvers in verschlußfähigen und amtlich verschlossenen Räumen zu genügen. Mit meiner Genehmigung kann ausnahmsweise auch Kolloverschluß zugelassen werden. Wo von mir auf Grund der Vorschrift unter Nr. 6 der mit der Cirkular-Verfügung vom 27. Juli 1872 Nr. 4467 mitgetheilten Bestimmungen des Bundesraths, betr. die Befreiung des zu landwirthschaftlichen und gewerblichen Zwecken bestimmten Salzes von der Salzabgabe, die Denaturirung von Handelssalz auch bei den dort bezeichneten Aemtern an andern als Salzwerksorten nachgelassen werden sollte, werden ergeblich für jeden einzelnen Fall die zur Festhaltung der Identität durch Verschluß des Pulvers bis zum Augenblicke der Verwendung erforderlichen Anordnungen getroffen werden.

Es ist mit Sorgfalt darauf zu achten, daß das Pulver an trockenen Orten aufbewahrt wird und die Wirkung desselben beeinträchtigende Einflüsse ferngehalten werden.

5. Jeder Abgang von dem unter Steuerkontrole bezogenen Wermuthpulver ist in dem Register (Nr. 2) unter Angabe der Nummer des Denaturirungs-, Kontrol- oder sonstigen die denaturirte Post nachweisenden Registers bei der betr. Post zu buchen.

6. Sobald seit Einlagerung des rohen Wermuthkrauts, aus welchem das Pulver bereitet ist, 2 Jahre verflossen sind, ist das Wermuthpulver zur Denaturirung nicht mehr zuzulassen und der steueramtliche Verschluß desselben aufzuheben. Dasselbe gilt, sofern vor Ablauf dieser Zeit das Pulver seine Wirksamkeit nach Ansicht des Amtes verloren haben sollte. Bestreitet der Eigenthümer die Unbrauchbarkeit des Pulvers, so ist dasselbe bis zur Entscheidung der Direktivbehörde unter Verschluß zu lassen.

7. Die mit der Beaufsichtigung der Salzwerke beauftragten Aufsichtsbeamten haben in einer besondern Abtheilung des Notizregisters (§. 6. Abs. 7. bezw. §. 5. Abs. 2 der Instruktionen wegen Erhebung der Salzabgabe auf den Privatsalinen bez. Staatssalzwerken) die Bezeichnung und das Gewicht der Kolli des zur Denaturirung von Salz eingegangenen Wermuthpulvers, sowie das Datum des Bezugs und der Einlagerung des rohen Wermuthkrauts auf Grund der einzusehenden Transportscheine einzutragen und zu überwachen, daß ausschließlich mit Transportschein eingegangenes und vorschriftsmäßig durch amtlichen Verschluß identifizirtes Wermuthpulver zur Verwendung gelangt.

8. Formulare zu Transportscheinen, Empfangs- und Ausfertigungs-Registern und besonderen Anschreibungen der Aufsichtsbeamten sind von hier zu verschreiben.

Der General-Inspector: Grolig.

Register

über

den Bezug und die Verwendung von Wermuthpulver zur Denaturirung von Salz bei dem Salzwerke

zu

(Vermerk über Blätterzahl und Siegelung.)

Geführt vom ....

Zugang.

Nummer.	Des Transportscheins: Aus-fertigungs-Amt.	Des Transportscheins: Nr.	Des Transportscheins: Datum.	Des Transportscheins: Ein-gang.	Zahl der Kolli	Art der Kolli	Zeichen der Kolli	Nr. der Kolli	Brutto-Gewicht der Kolli Klg.	Netto-Gewicht der Kolli Klg.	Angabe über den vorgefundenen Verschluß.	Das rohe Kraut ist eingelagert am	Der Eingang des Transportscheins ist dem Ausfertigungsamte mitgetheilt am
1.	Schönebeck.	3.	31/5. 79.	5/6. 79.	3	Fässer.	D. S.	17.	55.	50.	An den beiden Böden je ein Blei.	27/1. 79.	9/6. 79.
							"	18.	56.	50.	Desgl.	Desgl.	Desgl.
							"	19.	54.	50.	Verschluß verletzt vorgefunden, eingetragen auf Grund der Verfügung vom	Desgl.	Desgl.

Bemerkungen über die Aufbewahrung des Wermuthpulvers und den zur Erhaltung der Identität desselben angewendeten Verschluß.	Abgang.			Es bleiben somit in dem nebenstehenden Kolli im Bestande. Netto.
	Nummer.	Tag des Abgangs.	Menge des verwendeten Pulvers. Netto.	
			Klg.	Klg.
Mit belassenem Kolloverschluß in das Verschlußlager der Saline unter Steuerverschluß gebracht.	1.	27/6. 79.	2,125.	47,875.
	2.	28/6. „	12,50.	35,375.
Desgl.	3.	2/7. „	16,25.	19,125.
		u. s. w.		
		Sa.		
In das Verschlußlager der Saline unter Raumverschluß gebracht.				

№ 20. Cirkularverfügung,

die Behandlung der Korrespondenz mit Luxemburgischen Behörden in Zollvereinsangelegenheiten betr., vom 29. Oktober 1878 № 7651.

Die Großherzoglich Luxemburgischen Postbehörden behandeln seit dem 1. Mai d. J. mit der Bezeichnung als „Zollvereinssache" versehene zolldienstliche Postsendungen als unfrankirt. Zur Vermeidung der hierdurch erwachsenden Auslagen und Verzögerungen des Geschäfts erscheint es nothwendig, daß derartige Postsendungen in gemeinschaftlichen Zollangelegenheiten — Cirkularverfügung vom 12. August 1870. № 4534 sub 1 — an Luxemburgische Behörden bis auf Weiteres frankirt, die Portobeträge aber besonders notirt werden. In die Notirung sind auch diejenigen Portobeträge aufzunehmen, welche bisher etwa von den Postbehörden für solche Sendungen anstaxirt oder in Folge der Verweigerung der Annahme der letzteren Seitens Luxemburgischer Behörden erwachsen sind.

Erfurt, den 29. Oktober 1878. Der General-Inspektor: J. V. Schreck.

№ 21. Cirkularverfügung,

die Verzollung von gelbbraunem Packpapier betr., vom 29. Oktober 1878 № 7681.

Der Bundesrath hat beschlossen, daß gelbbraunes Packpapier von der Beschaffenheit der beiliegenden Probe nach № 27 c. des Zolltarifs mit 3 M. vom Centner zu verzollen sei, es ist deshalb vorkommenden Falles hiernach zu verfahren.

Erfurt, den 29. Oktober 1878. Der General-Inspektor: J. V. Schreck.

Personalien.

A. General-Inspection.

Dem Sekretair und Registrator, Großherzogl. S. Archivar Henzold wurde von Sr. Königl. Hoheit dem Großherzog von Sachsen-Weimar das Ritterkreuz 2. Abth. des Hausordens der Wachsamkeit oder vom weißen Falken verliehen.

B. Preußen.

1.) Dem Grenzaufseher Ratz zu Präßl im Hauptamtsbezirke Emmerich ist die erledigte Stelle des berittenen Steueraufsehers in Erfurt übertragen worden.
2.) Die Geschäfte des Königl. Salzsteueramts Erfurt bei Ilversgehofen werden nach Abgang des zweiten Beamten, Schichtmeister und Sekretär Wittwer fortan von dem ersten Beamten des Königl. Salzwerks daselbst allein versehen. Nachdem ferner der bisherige erste Beamte, Kassenrendant Wolter in Ruhestand getreten, wurde dem Schichtmeister Bergmann bei der Königl. Berginspection zu Erfurt unter Ernennung zum Factor und Kassenrendanten bei derselben die Stelle des Ersteren überwiesen.
3.) Der Steueraufseher Baumüller in Brotterode ist nach Seehausen i. d. A. im Hauptamtsbezirk Stendal versetzt und dessen Stelle dem Grenzaufseher Helbig zu Ottensen übertragen worden.

C. S. Weimar.

Von Sr. Königl. Hoheit dem Großherzog von S. Weimar ist
1.) dem Bezirksoberkontroleur, Steuerinspector Schmidt in Jena das Dienstprädikat „Obersteuerinspector" ertheilt und

2.) dem Steueramts-Vorstande, Rendanten Rugo in Eisenach und dem Bezirksoberkontroleur und Steueramts-Vorstande, Obersteuerinspector Rimbach in Weimar das Ritterkreuz 2. Abth. des Hausordens der Wachsamkeit oder vom weißen Falken verliehen worden.

' Nr. 158. d. Weimarischen Zeitung do 1878.

D. S. Meiningen.

1.) Der vormalige Sergeant Machalett ist als provisorischer Steueraufseher in Neuhaus angestellt worden.

Mittheilung des H. Feldjägerkommandos zu Meiningen vom 22. Juni c.

2.) Der Steueraufseher Lotz in Sonneberg ist mit Tode abgegangen.

3.) Der Vicefeldwebel Amm und der Sergeant Jäger sind als provisorische Steueraufseher eingestellt worden. Ersterer wurde in Hildburghausen stationirt, wo er später den Steuerdienst des nach Schalkau versetzten Steueraufsehers Frank übernahm, während der rc. Jäger in Saalfeld stationirt wurde.

Mittheilungen des H. Feldjägerkommandos zu Meiningen vom 14. Juni und 21. October c.

4.) Ferner wurden der Vicefeldwebel Götz und der Sergeant Suffa als provisorische Steueraufseher eingestellt. Der Steueraufseher Keller I. wurde hiernach von Judenbach nach Saalfeld versetzt und der Steueraufseher Götz in Judenbach und der Steueraufseher Suffa in Lehesten mit der Maßnahme stationirt, daß die rc. Keller I. und Suffa vor der Hand blos Polizeidienst versehen.

Mittheilung des H. Feldjägerkommandos zu Meiningen v. 17. u. 21. Juli c.

5.) Die Steueraufseher von Dornis in Reichmannsdorf und Brachmann in Allendorf haben mit ihren Stationen gewechselt und der Steuer-Aufseher Roßteutscher in Schalkau wurde nach Hildburghausen versetzt, um hier lediglich Polizeidienst zu versehen.

Mittheilung des Feldjägerkommandos zu Meiningen v. 21. Oktober c.

E. S. Altenburg.

Die durch das Ableben des bisherigen Inhabers Rothe bei dem Herzogl. Hauptsteueramte in Altenburg erledigte Amtsdienerstelle ist dem Militäranwärter Thieme widerruflich übertragen worden.

Ministerialrescript d. d. Altenburg v. 7. Septbr. c.

F. S. Coburg-Gotha.

1.) Nachdem der Rentamtskommissär Schlegel in Ohrdruf in Ruhestand getreten, ist der zeitherige Accessist Weibezahl in Gotha unter Ernennung zum Rent- und Steueramts-Assistenten dem Herzogl. Rent- und Steueramte zu Ohrdruf beigegeben und demselben neben seinen übrigen Geschäften die Besorgung der Functionen des zweiten Beamten für die Verwaltung der Reichssteuern übertragen worden.

Ministerialrescript d. d. Gotha vom 18. Juni c.

2.) Der bereits früher in der Rübenzuckerfabrik in Gotha als Hülfs-Verwiegungsbeamter functionirende Dienstanwärter Stolze ist als Steueraufseher angestellt und in Gotha stationirt worden, wo derselbe vorerst wieder als Verwiegungsbeamter in der Rübenzuckerfabrik Dienst versieht.

Ministerialrescript d. d. Gotha vom 2. Juli c.

3.) Der Hülfssteueraufseher Hofmann in Koburg wurde als Steueraufseher in Neustadt angestellt und der Steueraufseher Otto in Neustadt nach Koburg versetzt.

Ministerialrescript d. d. Gotha vom 1. Oktober c.

4.) Der Accessist Stichling, bisher functionirender zweiter Beamter beim H. Uebergangssteueramte in Lichtenfels, wurde dem Herzogl. Hauptsteueramte in Gotha zur Dienstleistung überwiesen.

Ministerialrescript d. d. Gotha vom 7. October c.

5.) Zum Nachfolger des abgegangenen Gensdarm Thomas ist der Sergeant Schmidt als solcher designirt und zur Ausübung der Steueraufsicht nach Dietendorf bestimmt worden.

Ministerialrescript d. d. Gotha vom 28. Oktober c.

G. Schwarzburg-Rudolstadt.

1.) Nach dem Ableben des Rath Meyer in Königsee ist der Steuerkommissär Hungeröther daselbst zum Rentamtmann und Vorstand des Fürstl. Steueramts in Königsee ernannt worden. An Stelle des Letzteren wurde der Assistent Schilling als zweiter Beamte mit dem Dienstprädikat „Rendant" an das Fürstl. Steueramt in Königsee und der Assistent Metzner daselbst an das Fürstl. Rechnungsbureau in Rudolstadt versetzt.

Ministerialrescript d. d. Rudolstadt v. 30. Septbr. c.

2.) Dem Vorstande des Fürstl. Steueramts zu Leutenberg Rendanten Truppel ist der Titel „Rentamtmann" verliehen worden.

Ministerialrescript d. d. Rudolstadt v. 30. Septbr. c.

H. Reuß j. L.

1.) Dem Steueraufseher Junker in Schleiz ist die Stelle des zweiten Assistenten bei der Fürstl. Bezirkssteuereinnahme daselbst übertragen worden.

Ministerialrescript d. d. Gera vom 19. Juli c.

2.) Nach Erledigung des zweiten Steueraufsichtspostens in Schleiz ist dem Metallarbeiter Fugmann die Stelle eines Steueraufsehers daselbst vorerst probeweise übertragen worden.

Ministerialrescript d. d. Gera vom 31. August c.

Druck von Otto Conrad in Erfurt.

Amtsblatt

des General-Inspectors des Thüringischen Zoll- und Handels-Vereins.

5tes Stück vom Jahre 1878.

Gesetz, betreffend den Spielkartenstempel, vom 3. Juli 1878.

Wir Wilhelm, von Gottes Gnaden Deutscher Kaiser, König von Preußen rc. verordnen im Namen des Reichs, nach erfolgter Zustimmung des Bundesraths und Reichstags, was folgt:

§ 1. Spielkarten unterliegen einer nach Vorschrift dieses Gesetzes zu erhebenden, zur Reichskasse fließenden Stempelabgabe, welche beträgt:

0,30 Mark für jedes Kartenspiel von 36 oder weniger Blättern,
0,50 Mark für jedes andere Spiel.

Spielkarten, welche unter amtlicher Kontrole in das Ausland ausgeführt werden, unterliegen der Abgabe nicht.

§ 2. Gegen Entrichtung der im § 1 bestimmten Abgabe erfolgt die Abstempelung der Karten.

§ 3. Wer Spielkarten in das Bundesgebiet einbringt oder vom Auslande eingehende ungestempelte Spielkarten daselbst empfängt, ist verpflichtet, dieselben nach Menge der Spiele und deren Blätterzahl mit der Angabe, ob sie zum Verbleibe im Inlande oder zur Durchfuhr bestimmt sind, beim Eingange beziehungsweise Empfange der Steuerbehörde anzumelden und nach deren Anweisung die zum Verbleibe im Inlande bestimmten Spielkarten zur Abstempelung gegen Entrichtung der gesetzlichen Stempelsteuer vorzulegen.

§ 4. Die Errichtung von Spielkartenfabriken ist nur in Orten gestattet, wo sich eine zur Wahrnehmung der steuerlichen Aufsicht geeignete Zoll- oder Steuerbehörde befindet.

§ 5. Die Fabrikation von Spielkarten darf nur in den von der zuständigen Steuerbehörde des betreffenden Bundesstaats genehmigten Räumen betrieben werden.

Diese Vorschrift findet auf den Fortbetrieb der bereits bestehenden Kartenfabriken in den bisher benutzten Fabrikräumen keine Anwendung.

Die Inhaber bereits bestehender Kartenfabriken müssen der Steuerbehörde nach Maßgabe der desfalls zu ertheilenden Vorschriften über ihren Fabrikbetrieb Anzeige machen.

Außerhalb der Fabrikräume, insbesondere in den Wohnungen der Arbeiter, darf nur das Koloriren der Kartenblätter und zwar mit Genehmigung der Steuerbehörde und unter Beachtung der vorgeschriebenen Kontrolmaßregeln ausgeführt werden.

§ 6. Die Kartenfabriken stehen unter steuerlicher Kontrole und unterliegen den steuerlichen Revisionen.

Was die Inhaber von Kartenfabriken hinsichtlich der Fabrikeinrichtung, Fabrikation, Stempelung, Aufbewahrung und Versendung von Spielkarten, sowie hinsichtlich der Buchführung, der bei der Steuerbehörde zu machenden Meldungen und des Einzelverkaufs von Spielkarten zu beobachten haben, wird durch ein besonderes Regulativ vorgeschrieben.

§ 7. Für die Abführung der Steuern können Fristen bis zur Dauer von drei Monaten gegen Sicherheitsstellung bewilligt werden.

Steuererlaß oder Ersatz kann nur von der obersten Finanzbehörde des betreffenden Bundesstaats und nur für inländische Karten in dem Falle gewährt werden, wenn gestempelte Kartenspiele bei der Verpackung oder Aufbewahrung in den dazu bestimmten Fabrikräumen durch einen unverschuldeten Zufall zum Gebrauch untauglich geworden sind, und hiervon binnen 24 Stunden unter Einlieferung der verdorbenen Kartenspiele, sofern dieselben durch den Zufall nicht ganz verloren gegangen, der Steuerbehörde Anzeige gemacht wird.

§ 8. Der Handel mit Spielkarten, welche nach den Bestimmungen in den §§ 1 und 2 gestempelt worden sind, unterliegt, unbeschadet der nach § 6 bezüglich der Spielkartenfabrikanten zu treffenden Bestimmungen, nur den allgemeinen gewerbepolizeilichen und gewerbesteuerlichen Vorschriften.

Die Händler mit Spielkarten sind indessen verbunden, den mit der Steueraufsicht betrauten Beamten und Bedientesten ihre Vorräthe an Spielkarten zum Nachweise, daß solche mit dem gesetzlichen Stempel versehen sind, auf Verlangen vorzuzeigen.

§ 9. Diejenigen, bei welchen revidirt wird, und deren Gewerbegehülfen sind verbunden, den revidirenden Beamten diejenigen Hülfsdienste zu leisten oder leisten zu lassen, welche erforderlich sind, um die ihnen obliegenden Geschäfte in den vorgeschriebenen Grenzen zu vollziehen.

§ 10. Spielkarten, welche der Vorschrift dieses Gesetzes zuwider mit dem erforderlichen Stempel nicht versehen sind, unterliegen der Einziehung, gleichviel wem sie gehören und ob gegen eine bestimmte Person Anklage erhoben wird.

Wer der Vorschrift dieses Gesetzes zuwider Karten, welche mit dem erforderlichen Stempel nicht versehen sind, feilhält, veräußert, vertheilt, erwirbt, damit spielt oder solche wissentlich in Gewahrsam hat, verfällt für jedes Spiel in eine Strafe von dreißig Mark.

Wirthe und andere Personen, welche Gäste halten, haben dieselbe Strafe verwirkt, wenn in ihren Wohnungen oder Lokalen mit ungestempelten Karten gespielt und nicht nachgewiesen wird, daß dies ohne ihr Wissen geschehen sei.

§ 11. Die Nichterfüllung einer der nach § 3 dem Einbringer bezw. Empfänger vom Auslande eingehender Spielkarten obliegenden Verpflichtungen wird mit der im § 10 bestimmten Strafe geahndet. Wird jedoch nachgewiesen, daß der Beschuldigte die Stempelsteuer nicht habe hinterziehen können oder wollen, so findet nur eine Ordnungsstrafe von drei bis dreißig Mark statt.

§ 12. Wenn eine Person, welche den Handel mit Spielkarten betreibt, Karten, die mit dem erforderlichen Stempel nicht versehen sind, gegen die Vorschriften dieses Gesetzes feilhält, veräußert oder in Gewahrsam hat oder die dem Einbringer bezw. Empfänger vom Auslande eingehender Karten nach § 3 obliegenden Verpflichtungen nicht erfüllt, so soll gegen dieselbe die nach § 10 oder 11 verwirkte Geldstrafe in keinem Fall auf einen geringeren Betrag als fünfhundert Mark festgesetzt werden, soweit nicht nach § 11 eine bloße Ordnungsstrafe einzutreten hat.

Die § 275, 1 des Strafgesetzbuchs angedrohte Strafe kommt neben den in diesem Gesetze angedrohten Strafen zur Anwendung.

§ 13. Wer die Fabrikation von Spielkarten ohne vorgängige Genehmigung der zuständigen Behörde oder in anderen, als den genehmigten oder angesagten Räumen (§ 5) vornimmt, verfällt neben Einziehung der Geräthe, Materialien und bereits verfertigten oder in der Anfertigung begriffenen Spielkarten in eine Geldstrafe von fünfzehnhundert Mark. Sind bereits mehr als fünfzig Spiele verfertigt, so wird für jedes weitere Spiel die Geldstrafe um dreißig Mark erhöht.

Wer vor erfolgter Anzeige bei der Steuerbehörde mit der Fabrikation von Spielkarten in den genehmigten oder angesagten Räumen beginnt, hat, sofern nicht die Vorschrift im § 14 Anwendung findet, Geldstrafe von zehn bis fünfzehnhundert Mark verwirkt.

§ 14. Werden gegen die Vorschriften des nach § 6 zu erlassenden Regulativs die in einer Fabrik gefertigten Karten den revidirenden Steuerbeamten nicht vollständig angegeben und vorgelegt oder ungestempelte Karten ohne Mitwirkung der Steuerbehörde versendet, so hat dieses Verfahren die Einziehung der nicht angegebenen oder der versendeten Karten und die im § 13 verordnete Geldstrafe zur Folge.

§ 15. Die Entfernung überzähliger Karten aus der Fabrik oder der Ausschußblätter, bevor letztere nach Vorschrift des betreffenden Regulativs (§ 6) unbrauchbar gemacht worden sind, ist, sofern nicht nach Vorstehendem eine höhere Strafe eintritt, mit einer Geldstrafe von dreißig bis hundertundfünfzig Mark zu belegen.

§ 16. Zuwiderhandlungen gegen die Vorschriften dieses Gesetzes oder die zu dessen Ausführung erlassenen Vorschriften, welche mit keiner besonderen Strafe in diesem Gesetze belegt sind, ziehen eine Ordnungsstrafe von drei bis dreißig Mark nach sich.

§ 17. Die Umwandlung der nicht beizutreibenden Geldstrafen in Freiheitsstrafen erfolgt gemäß §§ 28 und 29 des Strafgesetzbuchs.

§ 18. Kartenfabrikanten und -Händler haben für die von ihren Dienern, Lehrlingen, Gewerbsgehülfen, Gesinde und Familienmitgliedern nach diesem Gesetze verwirkten Geldstrafen subsidiarisch zu haften.

Wird nachgewiesen, daß das Vergehen ohne ihr Wissen verübt worden, so haften sie nur für die Spielkartenabgabe.

§ 19. Hinsichtlich des administrativen und gerichtlichen Strafverfahrens wegen der Zuwiderhandlungen gegen dieses Gesetz, hinsichtlich der Strafmilderung und des Erlasses der Strafe im Gnadenwege kommen die Vorschriften, nach welchen sich das Verfahren wegen Zuwiderhandlungen gegen die Zollgesetze, wo solche nicht in Kraft bestehen, gegen die Gesetze über die indirekten Abgaben richtet, zur Anwendung.

Alle auf Grund dieses Gesetzes erkannten Geldstrafen und eingezogenen Gegenstände fallen dem Fiskus desjenigen Staats zu, von dessen Behörden die Strafentscheidung erlassen ist.

§ 20. Die Strafverfolgung von Zuwiderhandlungen gegen die Vorschriften über den Spielkartenstempel, sowie der Anspruch auf Nachzahlung der hinterzogenen Abgaben verjährt in drei Jahren.

§ 21. Die Erhebung und Verwaltung des Spielkartenstempels erfolgt durch die Zoll- und Steuerbehörden und -Beamten nach näherer Vorschrift des Bundesraths. Außer diesen haben alle diejenigen Staats- oder Kommunalbehörden, -Beamten und -Bediensteten, denen eine Polizeigewalt anvertraut ist, die Verpflichtung, die Verfolgung der zu ihrer Kenntniß gelangenden Zuwiderhandlungen gegen dieses Gesetz zu veranlassen.

Bezüglich der Vollstreckbarkeit und des Vollstreckungsverfahrens werden die Spielkartenstempelabgaben den Landesabgaben gleich geachtet.

§ 22. Die Reichsbevollmächtigten und Stationskontroleure üben in Bezug auf die Ausführung dieses Gesetzes dieselben Rechte und Pflichten, welche sie bezüglich der Erhebung und Verwaltung der Zölle und der gemeinschaftlichen Verbrauchssteuern zu üben haben.

§ 23. An Erhebungs- und Verwaltungskosten werden jedem Bundesstaate fünf Prozent der in seinem Gebiete zur Erhebung gelangenden Stempelabgaben von Spielkarten vergütet.

§ 24. Von dem Zeitpunkte ab, mit welchem dies Gesetz in Wirksamkeit tritt, ist der Gebrauch von andern als mit dem Reichsstempel versehenen Spielkarten, vorbehaltlich der im dritten Absatze zugelassenen Ausnahme nicht weiter gestattet.

Kartenfabrikanten und -Händler und Inhaber öffentlicher Lokale haben bei Vermeidung der in den §§ 12 und 14 verordneten Strafe ihren Gesammtvorrath an Spielkarten der Steuerbehörde nach näherer Vorschrift des Bundesraths anzumelden. Auf die zu entrichtende Reichsstempelabgabe ist der Betrag der von den nachzustempelnden Karten bereits entrichteten landesgesetzlichen Abgabe abzurechnen.

Andere Personen können die beim Inkrafttreten dieses Gesetzes in ihrem Besitze befindlichen Spielkarten, soweit sie mit einem gleich hohen oder höheren Landesstempel, als dem Reichsstempel versehen sind, auch ferner gebrauchen, soweit sie aber ungestempelt oder mit einem geringeren Landesstempel, als dem Reichsstempel versehen sind, innerhalb einer dreimonatlichen Frist bei der Steuerbehörde mit dem Reichsstempel versehen lassen. Sie haben dabei in denjenigen Theilen des Bundesgebiets, in welchen keine Besteuerung der Spielkarten bestand, die im § 1 bestimmte Abgabe, im übrigen Bundesgebiete nur den etwaigen Mehrbetrag dieser Abgabe über die entrichtete Landessteuer zu erlegen.

Ueber die Theilung des Ertrages der Nachsteuer zwischen der Reichskasse und den Kassen der einzelnen Bundesstaaten entscheidet der Bundesrath.

§ 25. Was in den §§ 10 und 12 bezüglich nicht vorschriftsmäßig gestempelter Spielkarten verordnet ist, findet auch auf nach den bisherigen Landesgesetzen gestempelte Spielkarten, deren anderweite Stempelung nach Vorschrift des § 24 nicht stattgefunden hat, Anwendung.

§ 26. Für die von der Zollgrenze ausgeschlossenen Theile des Bundesgebiets wird der Bundesrath bestimmen:

1. welcher Steuerstelle die daselbst eingeführten Spielkarten anzumelden, und in welcher Weise die Erfüllung der Pflicht zur Anmeldung, sowie der Ausgang der zur Ausfuhr oder Durchfuhr durch das Bundesgebiet angemeldeten Spielkarten zu kontroliren ist (§ 3);

2. inwieweit eine Ueberwachung der Ausführung dieses Gesetzes durch Reichsbeamte stattzufinden hat, und in welcher Weise die Einnahme an Spielkartenstempel zu verwalten und zur Reichskasse abzuführen ist (§ 22);
3. unter welchen Bedingungen Großhändlern ein Lager ungestempelter Spielkarten bewilligt werden darf;
4. in welcher Weise der Handel mit Spielkarten zu kontroliren ist (§ 8).

Mit den hiernach etwa angeordneten Abweichungen finden die Bestimmungen dieses Gesetzes auch in den Zollausschlüssen des Bundesgebiets Anwendung.

§ 27. Dieses Gesetz tritt am 1. Januar 1879 in Kraft.

Von diesem Zeitpunkte ab werden Landesstempelabgaben von Spielkarten nicht mehr erhoben.

Urkundlich unter Unserer Höchsteigenhändigen Unterschrift und beigedrucktem Kaiserlichen Insiegel.

Gegeben Neues Palais bei Potsdam, den 3. Juli 1878.

Im Allerhöchsten Auftrage Seiner Majestät des Kaisers:

(L. S.) **Friedrich Wilhelm**, Kronprinz.

In Vertretung des Reichskanzlers:

Hofmann.

Bekanntmachung

zur Ausführung des Gesetzes, betreffend den Spielkartenstempel.

Zur Ausführung des Gesetzes, betreffend den Spielkartenstempel, vom 3. Juli 1878 (Reichs-Gesetzblatt Seite 133) hat der Bundesrath nachstehende Vorschriften beschlossen:

I. (Zu §§ 1 und 2.)

Die Erhebung der Stempelabgabe von den im Bundesgebiet gefertigten Spielkarten, sowie die Abstempelung derselben steht derjenigen Zoll- und Steuerstelle zu, welcher die steuerliche Aufsicht (§ 4) über die betreffende Fabrik von der obersten Landesfinanzbehörde übertragen worden ist.

Ebenso haben die obersten Landesfinanzbehörden bezüglich der vom Auslande (einschließlich des Großherzogthums Luxemburg und der österreichischen Gemeinde Jungholz) in das Bundesgebiet eingehenden Spielkarten die Zoll- oder Steuerstellen zu bestimmen, welche zur Erhebung der Stempelabgabe und zur Abstempelung befugt sind. Dieselben sind durch das Reichs-Centralblatt bekannt zu machen.

Die zum Gebrauch als Oblaten eingerichteten Karten und die Kinderspielkarten, sofern die einzelnen Blätter nicht mehr als 35 Millimeter in der Höhe und 27 Millimeter in der Breite messen, unterliegen der Stempelsteuer nicht.

II. (Zu § 2.)

Die Abstempelung der Spielkarten erfolgt durch Stempelausdruck mittelst Maschine.*)

---

*) Durch Beschluß des Bundesraths, vom 26. September 1878, § 455 der Protokolle, ist diese Bestimmung wie folgt abgeändert:

1. Die obersten Landesfinanzbehörden können den zur Abstempelung von Spielkarten befugten Zoll- oder Steuerstellen die Abstempelung mittelst Handstempels in den Fällen gestatten, wenn in Folge von Reparaturen an der Abstempelungsmaschine oder ähnlichen Vorkommenheiten Stockungen in dem Abstempelungsgeschäfte herbeigeführt werden.
2. Ebenso bleibt den obersten Landesfinanzbehörden überlassen, im Bedürfnißfalle einzelne Zoll- oder Steuerstellen zur Abstempelung der von Reisenden oder Schiffern vom Auslande eingeführten Spielkarten mittelst Handstempels zu ermächtigen.

Der Stempelabdruck enthält den Reichsadler, die Angabe des Abgabenbetrages und das Zeichen der Amtsstelle, welche die Abstempelung bewirkt hat.

Bei Vorlegung der einzelnen Kartenspiele zur Abstempelung müssen dieselben so gepackt sein, daß das zur Stempelung bestimmte Blatt oben aufliegt. Außerdem muß jedes Spiel mit einem Umschlage versehen sein, der die Angabe der Blätterzahl enthält und so einzurichten ist, daß das Kartenspiel vollständig zusammengehalten wird und daß die vorschriftsmäßige Abstempelung des oben aufliegenden Blattes ohne Lösung des Umschlages bewirkt werden kann.

Im Uebrigen trifft der Reichskanzler die näheren Bestimmungen über die Form und die Farbe des Kartenstempels, das abzustempelnde Kartenblatt und das Verfahren bei der Abstempelung.

III. (Zu § 3.)

A. Für die vom Auslande (Ziffer I.) in das Bundesgebiet zum Verbleibe daselbst eingehenden Spielkarten ist die Reichsstempelabgabe, und zwar für die über die Zollgrenze in das Zollgebiet des Reichs eingehenden Spielkarten neben dem tarifmäßigen Eingangszoll zu entrichten. Gehen aus den Zollausschlüssen des Bundesgebiets Spielkarten, welche mit dem Reichsstempel versehen sind, in das Zollgebiet ein, so ist nur der tarifmäßige Eingangszoll zu erheben.

B. Wer Spielkarten vom Auslande (Ziffer I.) in das Zollgebiet einbringt, ist in allen Fällen verpflichtet, dieselben beim Eingange als „Spielkarten“ anzumelden. Das Erbieten, den höchsten Eingangszoll zu entrichten (§§ 27 und 32 des Zollgesetzes), oder die Bereitwilligkeit, sich sofort der Revision zu unterwerfen (§ 92 a. a. O.), begründet in Betreff der Spielkarten keine Befreiung von der Verpflichtung zur Anmeldung.

C. Wird die Versteuerung und Abstempelung nicht bei der Abfertigung an der Grenze bewirkt, so ist mit den eingehenden Spielkarten nach den Vorschriften wegen der zollamtlichen Behandlung zollpflichtiger Gegenstände zu verfahren und die Sicherstellung des auf denselben haftenden Steueranspruchs in gleicher Weise, wie diejenige des Zollanspruchs, zu leisten. Der Verpflichtungserklärung auf dem Begleitpapier ist ein ergänzender Vermerk des Inhalts hinzuzufügen, daß die übernommene Verpflichtung auch auf die Stempelsteuer sich erstrecke.

Die Abfertigung auf ein zur Abstempelung befugtes Amt ist nicht zu beanstanden, wenn auch nur das Gewicht der Spielkarten angemeldet ist. Der Stempelsteueranspruch wird in diesem Falle auf den Betrag von 6 Mark für jedes Zollpfund des Bruttogewichts angenommen.

Die vollständige Anmeldung, welche die Anzahl der zum Verbleib im Zollgebiet bestimmten Kartenspiele und ihre Blätterzahl zu enthalten hat und in zwei von dem Anmeldenden unterschriebenen Exemplaren einzureichen ist, muß, wenn sie nicht schon bei dem Grenzzollamte abgegeben wird, spätestens an dem Bestimmungsorte des Begleitscheins rc. beigebracht werden und kann von dem Empfänger der Spielkarten verlangt werden, unbeschadet der gesetzlichen Verantwortlichkeit des Einbringers. Die Steuerbehörde hat nöthigenfalls den Empfänger zur Einreichung der vollständigen Anmeldung binnen einer kurzen Frist aufzufordern. Das eine Exemplar der Anmeldung wird als Registerbelag zurückbehalten, das andere Exemplar dem Anmeldenden mit der Quittung über die Entrichtung der Stempelsteuer ausgehändigt.

D. Vor erfolgter Stempelung dürfen die eingehenden Spielkarten, wenngleich der auf denselben haftende Zollanspruch vollständig erledigt sein sollte, nicht in freien Verkehr gesetzt oder nach Abnahme des amtlichen Verschlusses außer Aufsicht und Kontrole gelassen werden.

Entspricht die Packung der Spielkarten und der Umschlag derselben bei ihrer Vorlegung zur Stempelung nicht den unter Ziffer II. aufgestellten Erfordernissen, so kann die Stempelung bis zur Beseitigung der obwaltenden Mängel versagt werden.

Diese Beseitigung liegt dem Steuerpflichtigen ob und darf nur unter ununterbrochener amtlicher Aufsicht in dem von der Steuerbehörde dazu anzuweisenden Raume vorgenommen werden.

E. In Betreff der Spielkarten, welche aus dem freien Verkehr des Großherzogthums Luxemburg oder der österreichischen Gemeinde Jungholz zum Verbleibe im übrigen Zollgebiete oder zum Durchgange eingehen, kommt die Uebergangsscheinkontrole zur Anwendung.

F. In allen übrigen Beziehungen — namentlich wegen der Abfertigung zum Durchgange oder zum Ausgange, zur Niederlage, wegen weiterer Verfügung des Empfängers u. s. w. bewendet es bei den über die Behandlung der zoll- beziehungsweise übergangssteuerpflichtigen Gegenstände bestehenden Bestimmungen mit der unter C. gedachten Maßgabe in Ansehung des sicher zu stellenden Steueranspruchs.

Für Spielkarten, welche vom Auslande (Ziffer I) durch das Zollgebiet oder aus inländischen Fabriken zur Aufnahme in ein Ausfuhrlager (§ 26, 3 des Gesetzes), in das Gebiet der Zollausschlüsse geführt werden, ist die Ausgangsabfertigung beim Grenzzollamte erst dann vorzunehmen, wenn die Bescheinigung der zuständigen Behörde in den Zollausschlüssen über die erfolgte Anmeldung der Spielkarten beigebracht ist. Der amtliche Verschluß der Kolli ist in diesem Falle beim Ausgange aus dem Zollgebiete zu belassen und von dem Waarenführer bis zur Vorführung bei der Stempelstelle in den Zollausschlüssen unverletzt zu erhalten.

IV. (Zu § 7.)

Die Kreditirung der Stempelabgabe ist nur für die im Bundesgebiete fabrizirten Spielkarten zulässig. Dieselbe erfolgt im Zollgebiete nach den für die Zollkredite bestehenden Bestimmungen, in den Zollausschlüssen nach den von den obersten Landesfinanzbehörden zu erlassenden Vorschriften, und zwar auf Gefahr derjenigen Regierung, welche den Kredit bewilligt.

V. (Zu § 26.)

A. In den von der Zollgrenze ausgeschlossenen Theilen des Bundesgebiets ist die Anmeldung der vom Auslande (Ziffer I) eingehenden Spielkarten bei der nach Ziffer I zuständigen Steuerstelle schriftlich in zwei Exemplaren abzugeben. Sie muß die Anzahl, die Zeichen und das Bruttogewicht der eingeführten Kolli, sowie die Anzahl und Blätterzahl der darin verpackten Kartenspiele, auch die Angabe enthalten, ob die letzteren

zum Verbleibe in den Zollausschlüssen, oder zur unmittelbaren Durchfuhr durch dieselben, oder zur Aufnahme in ein Ausfuhrlager ungestempelter Spielkarten

bestimmt sind. Eine andere Disposition über die eingehenden Spielkarten ist unzulässig. Die Frachtbriefe oder sonstigen Begleitpapiere sind mit der Anmeldung vorzulegen.

Die Amtsstellen, denen die Ueberwachung der Waareneinfuhr in die Zollausschlüsse obliegt, haben jede Einfuhr von Spielkarten der zuständigen Steuerbehörde (Ziffer I) sofort anzuzeigen.

1. Die zum Verbleibe in den Zollausschlüssen bestimmten Spielkarten sind sogleich zu versteuern und abzustempeln. Das eine Exemplar der Anmeldung wird mit der Steuerquittung versehen und dem Anmeldenden zurückgegeben.

Im Uebrigen finden die Vorschriften unter III. D. Abs. 2 und 3 Anwendung.

2. Die zur unmittelbaren Durchfuhr angemeldeten Spielkarten sind bis zum Wiederausgang aus den Zollausschlüssen in ununterbrochenem amtlichen Gewahrsam oder unter amtlichem Verschluß zu halten. Die Hinterlegung oder Sicherstellung der Abgabe kann dann unterbleiben, wenn der Anmeldende als sicher bekannt ist.

Die Wiederausfuhr gilt für bewirkt, wenn bei dem Uebergange der Kartenspiele in das Zollgebiet die zuständige Zollabfertigungsstelle bescheinigt, daß ihr dieselben in der angemeldeten Zahl und Blätterzahl bezw. mit unverletztem Verschluß zur weiteren Abfertigung vorgeführt worden sind, — bei dem Ausgange seewärts, wenn ein von dem Schiffsführer gezeichnetes Exemplar des Konossements eingeliefert und da, wo ein Steuerposten vorhanden, die Ausfuhr zugleich von diesem bescheinigt wird. Den mit der Ueberwachung des Spielkartenstempels beauftragten Beamten steht es frei, von dem Verladen der Spielkarten Ueberzeugung zu nehmen.

3. Die zur Aufnahme in ein Ausfuhrlager angemeldeten Spielkarten sind nach Anzahl und Blätterzahl speciell zu revidiren und bis dahin in amtliche Verwahrung zu nehmen. Das mit dem amtlichen Revisionsbefund versehene Duplikat der Anmeldung erhält der Lagerinhaber als Belag für sein Lagerbuch (B. 6).

B. Großhändlern, welche einen regelmäßigen Export von Spielkarten in solchem Umfange betreiben, daß der Steuerwerth der ausgeführten Kartenspiele in jedem Jahre mindestens 3000 Mark beträgt, kann von der obersten Landesfinanzbehörde ein Ausfuhrlager ungestempelter Spielkarten unter folgenden Bedingungen bewilligt werden:

1. die Bewilligung ist auf die Person des Antragstellers beschränkt und widerruflich. Dieselbe erlischt, wenn der jährliche Export hinter dem vorbezeichneten Umfange zurückbleibt, wenn der Lagerinhaber selbst oder, mit Ausnahme des im § 15 Absatz 2 des Gesetzes gedachten Falles, seine Gewerbsgehülfen oder Arbeiter eine Hinterziehung des Spielkartenstempels (§§ 10—12 des Gesetzes) oder wiederholt eine Zuwiderhandlung gegen die erlassenen Kontrolvorschriften (§ 16 des Gesetzes) verüben, oder wenn Spielkarten aus dem Lager in das Bundesgebiet abgesetzt werden;
2. die ungestempelten Spielkarten dürfen nur in einem, gegen Entwendung zu sichernden, der Steuerbehörde anzumeldenden und ihrer Genehmigung bedürfenden Lagerraum aufbewahrt werden; derselbe ist ausschließlich zu dem bezeichneten Zweck zu verwenden und von dem Lagerinhaber sorgfältig unter Verschluß zu halten. Veränderungen des Lagerraums hat der Lagerinhaber 3 Tage vor ihrer Ausführung der Steuerbehörde anzuzeigen;

3. der Lagerinhaber haftet für die Stempelsteuer von den eingelagerten Spielkarten und hat eine Kaution nach näherer Bestimmung der obersten Landesfinanzbehörde zu bestellen;
4. die in das Lager aufgenommenen Spielkarten müssen ausschließlich zur Ausfuhr aus dem Bundesgebiete verwendet werden. Versendungen und Absatz im Bundesgebiete sind ausgeschlossen. Nur bei Auflösung des Lagers kann der Restbestand zur Versteuerung angemeldet werden. Etwa gestattete Verpackung, Umpackung oder Ummarkung der ungestempelten Karten muß unter amtlicher Aufsicht geschehen;
5. die zur Ausfuhr bestimmten Karten sind unter Angabe des Bestimmungsortes und des Schiffes, mittels dessen die Ausfuhr erfolgen soll, des Schiffsführers, sowie der Anzahl und Blätterzahl der Spiele der zuständigen Steuerbehörde schriftlich anzumelden, unter deren specieller Revision und Aufsicht zu verpacken und zu verschließen. Die Ausfuhr ist nach den unter A. 2 ertheilten Vorschriften nachzuweisen;
6. der Lagerinhaber hat nach näherer Vorschrift der Steuerbehörde über den Zu- und Abgang ein Lagerbuch zu führen. Auf der linken Seite ist der gesammte Zugang an ungestempelten Karten, auf der rechten Seite der Abgang durch Versendung in das Ausland sofort bei der Entfernung der Karten aus dem Lager einzutragen. Die Eintragungen sind durch die mit der amtlichen Revisionsbescheinigung versehenen Einfuhr- und Ausfuhranmeldungen zu belegen. Der Lagerinhaber hat das Lagerbuch nebst Belägen zur Einsicht der Steuerbeamten im Lager offen zu legen, auch auf Verlangen denselben die Einsicht der den Bezug und Absatz von Spielkarten betreffenden Geschäftsbücher zu gestatten. Er ist persönlich für die Richtigkeit der Buchungen und für die jederzeitige Uebereinstimmung des Bestandes mit den Buchungen haftbar. Das Lager ist mindestens einmal vierteljährlich von Steuerbeamten zu revidiren, der Soll- und Istbestand zu prüfen und ein, die Summen des Zugangs und des Abgangs und den Sollbestand enthaltender Auszug mit der Bescheinigung des Istbestandes, nach den verschiedenen Steuersätzen geordnet, der zuständigen Steuerbehörde zur Vergleichung mit ihren auf Grund der Abfertigungen zu und von dem Lager zu führenden Anschreibungen vorzulegen. Abweichungen, die sich bei dieser Vergleichung des Soll- und Istbestandes ergeben, sowie sonstige Zuwiderhandlungen gegen die vorstehenden Vorschriften sind strafrechtlich zu verfolgen;
7. betreibt der Lagerinhaber auch Handel mit gestempelten Karten, so muß das Lager und die Verkaufsstelle für die letzteren sich in einem von dem Ausfuhrlager getrennten Raume befinden.

C. Wer gestempelte Spielkarten zum Verkauf feilhalten will, hat dies vorher bei der zuständigen Steuerbehörde anzumelden. Er hat demnächst sein Geschäftslokal äußerlich als Verkaufsstelle von Spielkarten zu bezeichnen, über Ein- und Verkauf von Spielkarten nach näherer Anweisung der Steuerbehörde ein Buch zu führen und den Steuerbeamten auf Verlangen vorzulegen, auch die Karten ausschließlich an dem der Steuerbehörde angemeldeten Orte aufzubewahren. Ein Wechsel des Lokals ist der letzteren binnen 3 Tagen anzumelden.

D. Die Reichsbevollmächtigten und Stationskontroleure üben bezüglich des Spielkartenstempels in den Zollausschlüssen dieselben Rechte und Pflichten, welche ihnen durch § 22 des Gesetzes für das Zollgebiet des Reichs übertragen sind.

Die Beamten der Kaiserlichen Hauptzollämter zu Hamburg und Bremen haben die gelegentlich ihrer Dienstverrichtungen in den Zollausschlüssen wahrgenommenen Spielkartenstempelkontraventionen festzustellen und der zur strafrechtlichen Verfolgung zuständigen Behörde anzuzeigen.

VI. (Zu §§ 5, 6 und 24.)

Die Bestimmungen über die Einrichtung der Spielkartenfabriken, die Fabrikation, Stempelung, Aufbewahrung und Versendung der Spielkarten, die Buchführung, die Meldungen an die Steuerbehörde und den Einzelverkauf von Spielkarten sind in dem anliegenden Regulativ, — die Vorschriften über die Nachstempelung der Spielkarten in der Anlage B. zusammengestellt. A. / B.

Berlin, den 6. Juli 1878.

Der Reichskanzler.

Anlage A.

Regulativ,

betreffend den Betrieb der Spielkartenfabriken.

§ 1. Wer Spielkarten anfertigen will, hat der Zolldirektivbehörde, in deren Bezirk die Anfertigung stattfinden soll, in den Zollausschlüssen der obersten Landesfinanzbehörde, eine Beschreibung und Zeichnung der Fabrikräume in zwei Exemplaren einzureichen, welche die ganze Anlage und alle einzelnen Gebäude — wenn auch nicht alle Räume derselben zur Kartenfabrikation bestimmt sind — umfassen muß. Die Räume, worin die Fabrikation betrieben wird, müssen, soweit möglich, unter Angabe des speziellen Fabrikationstheiles, für welchen jeder einzelne Raum bestimmt sein soll, besonders bemerkt werden. Ein Exemplar wird mit dem Genehmigungsvermerk versehen und dem Fabrikanten zurückgegeben.

Die Fabrikanlage und die einzelnen Räume derselben müssen derart beschaffen sein, daß die steuerlichen Revisionen dem Zwecke entsprechend ohne Schwierigkeiten ausgeführt werden können. Von dem Beginn des Betriebs ist der Steuerbehörde spätestens an dem vorhergehenden Werktage Anzeige zu machen.

Die Inhaber bestehender Anlagen zur Anfertigung von Spielkarten sind verpflichtet, vor dem 1. Januar 1879 mit der im § 5 Absatz 3 des Gesetzes vorgeschriebenen Anzeige eine den vorstehenden Vorschriften entsprechende Beschreibung und Zeichnung einzureichen, sofern eine solche nicht bereits früher für die Zwecke der Kontrolirung einer landesgesetzlichen Spielkartensteuer eingereicht worden ist.

§ 2. Eine Verlegung, Erweiterung oder Veränderung der deklarirten Fabrikeinrichtung darf nur nach vorgängiger Genehmigung der mit der steuerlichen Aufsicht über die Fabrik beauftragten Amtsstelle vorgenommen werden. Von Besitzveränderungen muß der Besitznachfolger dieser Amtsstelle spätestens binnen 4 Wochen nach dem stattgefundenen Wechsel Anzeige machen.

§ 3. Die Fabrikanten sind gehalten, von jeder Sorte Spielkarten, welche sie zu verfertigen beabsichtigen, ein Musterspiel bei der Steuerbehörde niederzulegen. Dieselben haben ferner einem der Steuerbehörde vorher anzuzeigenden Blatte jedes Spiels ihre Firma oder ein von der Steuerbehörde genehmigtes Fabrikzeichen aufzudrucken.

§ 4. Sämmtliche Arbeiten der Kartenfabrikation sind ausschließlich in den genehmigten, bezw. angesagten Fabrikräumen auszuführen. Auf Antrag zuverlässiger Fabrikanten kann jedoch von der im § 1 bezeichneten Behörde unter folgenden Bedingungen gestattet werden, daß die vorgearbeiteten (schwarz oder blaugedruckten) Karten von den dazu bestimmten Arbeitern in ihren Wohnungen kolorirt werden:

a) die Genehmigung erfolgt auf Widerruf;
b) die zum Koloriren ausgegebenen Karten sind binnen einer bei der Ausgabe zu bestimmenden angemessenen Frist in voller Anzahl, mit Einschluß der etwa bei dem Koloriren oder sonst verdorbenen, an den Fabrikanten zurückzuliefern;
c) der Fabrikant hat nach näherer Anweisung der Steuerbehörde ein Kontobuch zu führen, welches die Anzahl und Gattung der an die einzelnen betheiligten Arbeiter ausgegebenen Karten, die Zurücklieferungsfrist und das Datum der Ausgabe und der erfolgten Zurücklieferung enthält und den Steuerbeamten zur Einsicht vorzulegen ist.

§ 5. Fertige ungestempelte Spielkarten dürfen nur in einem der Steuerbehörde angezeigten, gegen Entwendung gesicherten Behältnisse niedergelegt werden, welches von dem Fabrikanten sorgfältig unter Verschluß zu halten ist.

§ 6. Die zum Absatze im Bundesgebiete bestimmten Kartenspiele sind der Steuerbehörde behufs der Stempelung mit einer in zwei Exemplaren einzureichenden Anmeldung vorzuführen, welche die Anzahl und Blätterzahl der abzustempelnden Kartenspiele enthalten muß. Das eine Exemplar erhält der Fabrikant, mit der Steuerquittung versehen, als Belag für seine Buchführung (§ 8) zurück.

Versendungen ungestempelter Spielkarten nach Orten im Bundesgebiete sind nur behufs Aufnahme der Karten in die auf Grund des § 26 Nr. 3 des Gesetzes bewilligten Ausfuhrlager zulässig. In diesem Falle finden die unter § 7 für die Ausfuhr aus dem Bundesgebiete ertheilten Vorschriften mit der Maßgabe Anwendung, daß von dem Begleitschein-Erledigungsamt die Ausgangsabfertigung der Spielkarten erst vorgenommen werden darf, nachdem die Anmeldung derselben bei der zuständigen Behörde in den Zollausschlüssen bescheinigt ist.

§ 7. Die zur Ausfuhr aus dem Bundesgebiete bestimmten Karten sind der Steuerbehörde anzumelden und nach genauer Revisiou unter Aufsicht derselben zu verpacken. Gegen Uebernahme der Verpflichtung für die Stempelsteuer und Sicherstellung der letztern erfolgt die Abfertigung auf Uebergangs- bezw. Begleitschein oder, falls die Spielkarten von dem Sitze eines Grenzzollamts unmittelbar in das Ausland geführt werden, auf Ausgangsdeklaration. Für die Ausfuhr der in den Zollausschlüssen gefertigten Karten kommen die Bestimmungen zur Anwendung, welche für die Ausfuhrlager gelten (Ziffer V. A. 2 der Ausführungsvorschrift).

Sollen inländische Karten aus einem Theile des Bundesgebiets in den anderen durch das Ausland oder durch die von der Zollgrenze ausgeschlossenen Theile des Bundesgebiets versendet werden, so ist das bei dergleichen Waarenversendungen überhaupt vorgeschriebene Verfahren zu beobachten.

Ungestempelte Spielkarten, welche an den inländischen Fabrikanten zurückgesendet werden, können ohne Abstempelung in das Verschlußlager unter Anschreibung in Zugang (§ 5) wieder aufgenommen werden, wenn ihre Herstellung in der Fabrik und die Versendung aus dem Bundesgebiete erwiesen wird.

§ 8. Ueber die verfertigten Karten ist der Fabrikant gehalten, zwei Bücher zu führen und solche zur Einsicht der Steuerbeamten in der Fabrik offen zu legen. Für die Richtigkeit der Buchung und für die jederzeitige Uebereinstimmung des Bestandes an fertigen Spielkarten (§ 5) ist der Fabrikant verantwortlich. Das eine Buch hat auf der linken Seite den gesammten Zugang an Spielkarten und auf der rechten Seite den Abgang durch Stempelung, Ausfuhr aus dem Bundesgebiete oder Versendung behufs Aufnahme in ein Ausfuhrlager ungestempelter Karten (§ 26 Nr. 3 des Gesetzes) nachzuweisen. Die Anschreibungen hinsichtlich der Karten, welche in dem unter § 5 erwähnten Behältnisse niedergelegt werden, sind sofort nach der Aufnahme bezw. Entfernung der Karten zu bewirken. Sind Karten unmittelbar nach deren Fertigstellung zur Stempelung, zur Ausfuhr aus dem Bundesgebiete oder Aufnahme in ein Ausfuhrlager ungestempelter Karten (§ 26 Nr. 3 des Gesetzes) gelangt, ohne zuvor in das unter § 5 erwähnte Behältniß aufgenommen zu sein, so muß dies in dem Buche verzeichnet sein. Das zweite Buch ist zum speziellen Ausweise über die gestempelten Karten bestimmt, und muß auf der linken Seite den Zugang an gestempelten Spielkarten, und auf der rechten Seite den Abgang durch Verkauf und Versendung nachweisen.

Bei allen Eintragungen muß das Datum, wann der Zugang und Abgang geschehen, bemerkt, und bei dem Verkauf und der Versendung der gestempelten Spielkarten müssen Name und Wohnort des Käufers resp. Empfängers genau angegeben werden.

Den revidirenden Beamten sind die vorhandenen fertigen Karten einschließlich der überzähligen und Ausschußblätter sämmtlich vorzulegen (§ 14 des Gesetzes).

§ 9. Die bei der Fabrikation vorkommenden überzähligen und Ausschußblätter müssen gesammelt, in dem der Steuerbehörde hierzu angemeldeten Behältnisse unter Verschluß gebracht und die Ausschußblätter in der von der Steuerbehörde zu bestimmenden Zeit unter Aufsicht der kontrolirenden Beamten sämmtlich unbrauchbar gemacht werden. In der Regel geschieht dies dadurch, daß die Blätter in der Mitte eingeschnitten werden. Auf den Antrag des Fabrikanten kann die oberste Landesfinanzbehörde ein anderes, gegen den Gebrauch der Blätter zum Kartenspiel völlig sicherndes Mittel zulassen. In allen Fällen sind die Aßblätter, und bei Spielkarten, welche solche nicht enthalten, 4 andere Blätter, welche der Reichskanzler zu bestimmen hat, wenn sie als Ausschußblätter ausgesondert werden, zu vernichten.

§ 10. Der Einzelverkauf von Spielkarten in Mengen von weniger als zehn Spielen ist den Spielkartenfabrikanten nur in einem besonderen, von den Fabrikräumen vollständig getrennten Lokale gestattet. Befindet sich dieses Lokal in demselben Gebäude, in welchem die Fabrikation der Spielkarten betrieben wird, so darf dasselbe nur nach vorgängiger Genehmigung der Steuerbehörde benutzt werden. Die Fabrikanten sind verpflichtet, jede Menge von Karten, welche zum Einzelverkauf bestimmt wird, ehe dieselbe in das betreffende Lokal übergeführt wird, in dem zum Ausweise über die gestempelten Karten dienenden Buche (§ 8) abzuschreiben und in ein über den Einzelverkauf zu führendes Buch einzutragen, auch in letzterem mindestens täglich Gattung und Anzahl der abgesetzten Spiele anzuschreiben. Der erste Absatz des § 6 des Gesetzes findet auch auf den Einzelverkauf der Fabrikanten und die dazu bestimmten Lokale Anwendung.

Versendungen einzelner Kartenspiele als Proben u. s. w. nach Orten außerhalb des Sitzes der Fabrik begründen die Anwendung der vorstehenden Vorschriften über den Einzelverkauf der Fabrikanten nicht.

Anlage B.

Bestimmungen

über die Nachversteuerung der Spielkarten.

1. Zuständig zur Erhebung der Nachsteuer ist bezüglich der Spielkartenfabriken die Steuerstelle, welche die steuerliche Aufsicht über dieselben zu führen hat. Im Uebrigen aber kann die Anmeldung und die Entrichtung der Nachsteuer bei jeder Reichssteuern erhebenden Amtsstelle erfolgen, in deren Bezirke die betreffende Handelsniederlassung oder der Aufenthaltsort des Anmeldenden belegen ist, in den Zollausschlüssen bei den unter Ziffer I der Ausführungsvorschriften bezeichneten Amtsstellen.

2. Spielkartenfabrikanten, Spielkartenhändler und Inhaber öffentlicher Lokale haben ihren Vorrath an Spielkarten, den sie am 1. Januar 1879 selbst in Gewahrsam oder Anderen in Gewahrsam gegeben haben, spätestens am 3. desselben Monats der zuständigen Steuerbehörde schriftlich anzumelden und die Anzahl und Blätterzahl der Kartenspiele, sowie, ob dieselben ungestempelt oder mit welchem landesgesetzlichen Stempel sie versehen sind, im letzteren Falle auch die Gattung der Spielkarten nach der Bezeichnung in dem bisherigen landesgesetzlichen Tarife, anzugeben und außerdem zu erklären, welche Anzahl von Kartenspielen und mit welcher Blätterzahl

a) sofort gestempelt, oder
b) sofort aus dem Bundesgebiete ausgeführt, oder
c) einstweilen bis zur Ausfuhr aus dem Bundesgebiete oder bis zur Abstempelung aufbewahrt werden soll.

Die Anmeldung ist in 2 Exemplaren abzugeben und von dem Anmeldenden mit Namen und Wohnungsangabe zu unterzeichnen.

3. Die zur Stempelung angemeldeten Spielkarten (2 a.) sind der Steuerbehörde vorzulegen und werden, nachdem die Uebereinstimmung mit der Anmeldung geprüft und festgestellt und die Reichsstempelabgabe, bezw. der etwaige Mehrbetrag derselben über die landesgesetzliche Steuer für die einzelnen mit einem landesgesetzlichen Stempelzeichen versehenen Kartenspiele entrichtet worden ist, abgestempelt und dem Anmeldenden zur freien Verfügung überlassen.

4. Mit einem landesgesetzlichen Stempelabdruck versehene Spielkarten sind in allen Fällen auf demjenigen Blatte mit dem Reichsstempel abzustempeln, auf welchem sich der landesgesetzliche Stempelabdruck befindet. Der letztere ist dabei, so weit es möglich ist, erkennbar zu erhalten.

Die Lösung des Umschlags bei Spielkarten, welche in fabrikmäßiger Verpackung vorgelegt werden, kann gefordert werden, wenn es zur Feststellung des Steuerbetrags erforderlich ist, oder der Verdacht einer beabsichtigten Täuschung vorliegt.

Die Karten sind mit demjenigen Reichsstempel zu versehen, welcher nach ihrer Blätterzahl erforderlich ist.

5. Die Kartenspiele, welche sofort aus dem Bundesgebiete ausgeführt werden sollen (2 b.), werden unter Aufsicht der Steuerstelle verpackt und sind zu diesem Behufe zur Amtsstelle zu schaffen. Demnächst erfolgt die Verschlußanlage und Abfertigung zur Ausfuhr nach Maßgabe der Ausführungsvorschriften unter Ziffer III. und V., bezw. des § 7 des Regulativs über den Betrieb der Spielkartenfabriken.

6. Die Menge der Spielkarten, welche einstweilen aufbewahrt werden sollen (2 c.), ist in den Spielkartenfabriken nach Zahl und Blätterzahl der Spiele durch die mit der steuerlichen Aufsicht über dieselben beauftragten Amtsstellen festzustellen, die Eintragung in das betreffende Buch (Regulativ § 8) zu bewirken und es sind die Kartenspiele, sowie die überzähligen und Ausschußblätter in die hierfür bestimmten Behältnisse unter Verschluß des Fabrikanten zu bringen (Regulativ §§ 5 und 9).

Bei den Spielkartenhändlern und Inhabern öffentlicher Lokale sind die zur einstweiligen Aufbewahrung bestimmten Karten nach Feststellung der Richtigkeit der Anmeldung entweder in ein verschließbares festes Gelaß oder in verschließbare Kolli verpackt unter amtlichen Verschluß zu nehmen. Nach Ermessen der Steuerbehörde kann die Sicherstellung des Stempels für diese Karten gefordert werden. Die Art der Ausführung ist auf der Anmeldung oder in besonderer Verhandlung anzugeben und die Richtigkeit der Angabe von dem Anmeldenden durch Unterschrift anzuerkennen.

Das weitere Verfahren richtet sich nach 3 bezw. 5.

Die einstweilige Aufbewahrung findet nur für die Zeit von einem Jahre nach der Anmeldung statt. Ist nach Ablauf dieser Frist die Ausfuhr nicht bewirkt, so hat die Versteuerung und Abstempelung zu erfolgen.

7. Die Nachstempelung der in den Händen anderer, als der unter 2 bezeichneten Personen befindlichen Kartenspiele ist, soweit solche nach § 24 des Gesetzes überhaupt zu geschehen hat, nach den Vorschriften unter 2 bis 4 anzumelden und zu bewirken.

Eine Anmeldung zur Ausfuhr oder zur einstweiligen Aufbewahrung ist ausgeschlossen.

Ein Exemplar der geprüften und festgestellten Anmeldung erhält der Anmeldende, mit der Bescheinigung über den Empfang der Spielkarten und die Zahlung der Nachsteuer versehen, zurück. Nur gegen Rückgabe derselben erfolgt die Aushändigung der Karten nach erfolgter Abstempelung.

8. Ist die Amtsstelle, welche die Nachsteuer erhoben hat, nach Ziffer 1. der Ausführungsvorschriften nicht zur Abstempelung von Spielkarten befugt, so übersendet sie die nachzustempelnden Karten mit einem Verzeichnisse der zu solcher Abstempelung ermächtigten Amtsstelle. Hin- und Rücksendung erfolgen unter der Bezeichnung als Reichsdienstsache. Die oberste Landesfinanzbehörde kann, um das Hin- und Zurücksenden zu vermeiden, anordnen, daß in solchem Falle die Abstempelung von der Amtsstelle, welche die Nachsteuer erhoben hat, mittels Handstempels vorgenommen werde.

9. Den einzelnen Bundesregierungen bleibt überlassen, dahin Anordnung zu treffen, daß den unter 2 bezeichneten Personen gestattet werde, bereits im Monat Dezember l. J. Spielkarten zur Stempelung oder Nachstempelung bei der zuständigen Steuerbehörde vorzulegen.

№ 22. Bekanntmachung,

die Instruktion zum Spielkartenstempelgesetz betreffend, vom 15. November 1878. № 6251.

Im Anschlusse an vorstehenden Abdruck des Spielkartenstempelgesetzes pp. pp. wird den Thüringischen Steuerstellen pp. die vom Bundesrathe beschlossene Instruktion für die Erhebung, Verrechnung und Kontrolirung des Spielkartenstempels nachstehend bekannt gegeben.

Erfurt, den 15. November 1878. Der General-Inspektor: (gez.) Grolig.

Instruktion

für die Erhebung, Verrechnung und Kontrolirung des Spielkartenstempels.

1. Die Eingangsabgabe für Spielkarten wird bei den Zöllen, die zu erhebende Stempelabgabe aber als selbstständige Reichssteuer verrechnet.

2. Ueber den Spielkartenstempel (§§ 1, 3 und 24 des Gesetzes) hat jede zur Erhebung desselben befugte Hebestelle ein besonderes Einnahme-Journal (Heberegister) nach dem anliegenden Muster I. zu führen.

I. Im Nachstehenden nicht abgedruckt.

Die Anmeldungen zur Nachversteuerung von Spielkarten sind von den zur Abstempelung nicht ermächtigten Hebestellen zunächst in ein Anmelderegister einzutragen, durch welches die Abgabe bis zur erfolgten Stempelung der Karten festgehalten wird. Bei den Aemtern, welche zur Abstempelung ermächtigt sind, dient das Einnahme-Journal zugleich als Anmelderegister, welchem die von den Steuernden abzugebenden Anmeldungen als Beläge beizufügen sind.

Ueber die Abstempelung nachzustempelnder Spielkarten für andere Aemter haben die zur Abstempelung ermächtigten Amtsstellen ein Kontrolregister zu führen, welches gleich dem Einnahme-Journal über Spielkartenstempel an die vorgesetzte Behörde zur Revision einzureichen ist.

3. Für die Feststellung des Ertrages der Stempelabgabe und die Ablieferung desselben an die Reichskasse gelten die unterm 3. April d. J. vom Reichskanzleramt im Einverständniß mit dem Ausschusse des Bundesraths für Rechnungswesen wegen der Ablieferung der Zölle und Verbrauchssteuern erlassenen Bestimmungen.

In den monatlichen und vierteljährlichen Uebersichten der Einnahmen an Reichssteuern (Muster III. bis VIII) ist

A. der Ertrag der nach den §§ 1 und 3 des Gesetzes erhobenen Stempelabgabe,

B. die nach § 24 des Gesetzes erhobene Nachsteuer für Spielkarten unter der Summe der Zölle und Verbrauchssteuern auf besonderen Linien nachzuweisen. Wie die Solleinnahme zu A. sich auf Stempel für

a) im Deutschen Zollgebiet fabrizirte,

b) in den Zollausschlüssen fabrizirte,

c) vom Auslande (bezw. von Luxemburg oder Jungholz) eingeführte

Spielkarten vertheilt, ist daselbst in der Bemerkungsspalte anzugeben. In dieser Spalte ist auch ersichtlich zu machen, wie viel von der Solleinnahme zu B in den Gebieten der einzelnen betheiligten Staaten zur Erhebung gelangt ist. Der Steuerersatz für verdorbene zc. gestempelte Spielkarten (§ 7 des Gesetzes) kommt in der Spalte für Ausfuhr- zc. Bonifikationen zum Ansatz.

4. Von den Zolldirektivbehörden sind mit den nach Art. 39 der Reichsverfassung aufzustellenden Uebersichten der Einnahmen an Zöllen und Verbrauchssteuern vierteljährlich provisorische und bis zum 1. November nach Ablauf jedes Etatsjahres definitive Uebersichten der Einnahme an Stempelabgabe für Spielkarten nach dem anliegenden Muster II. an den Ausschuß des Bundesraths für Rechnungswesen einzusenden. Gleiche Uebersichten haben die Finanzbehörden zu Bremen und Hamburg aufzustellen und an den genannten Ausschuß einzureichen.

Auf die Prüfung und Bescheinigung dieser Uebersichten durch die Reichsbevollmächtigten für Zölle und Steuern findet der Bundesrathsbeschluß vom 1. Dezember 1873, § 551 der Protokolle, Anwendung.

Formulare zu den Uebersichten sind von dem Zoll- und Steuerrechnungsbureau des Reichskanzleramts zu beziehen.

5. Die Vergütung von 5 Prozent für Erhebungs- und Verwaltungskosten (§ 23 des Gesetzes) wird von der Bruttoeinnahme an Stempelabgaben, einschließlich der Nachsteuer, ohne Abzug des für verdorbene Spielkarten bewilligten Stempelersatzes, gewährt. Sie ist für die Staaten, welche die Abgaben erheben, bei der Ablieferung des Ertrages an die Reichskasse einzubehalten.

Die Kaiserlichen Hauptzollämter in den Hansestädten haben die von ihnen zu erhebende Stempelabgabe ohne Einbehaltung von Erhebungskosten an die Reichskasse abzuliefern.

6. Die Revisionen der Spielkartenfabriken sind in der Regel durch Oberbeamte der Zoll- oder Steuerverwaltung vorzunehmen und namentlich auch darauf zu richten, daß alle fertiggestellten Kartenspiele alsbald in das Verschlußlager gebracht und in Zugang gebucht und bezüglich der überzähligen und Ausschußblätter die Vorschriften des Regulativs pünktlich beachtet werden.

Die Vorschrift im § 8 Absatz 2 des Gesetzes soll im Zollgebiete nicht zu regelmäßigen Revisionen bei den Personen führen, welche mit gestempelten Spielkarten handeln.

7. Ein Verzeichniß der in den einzelnen Bundesstaaten geltenden Tarifsätze für Spielkarten liegt bei.

Anlage.

Uebersicht

der in den Bundesstaaten bestehenden Spielkartenabgaben.

Preußen:	Tarokkarten und französische Karten von mehr als 32 Blättern, vom Spiel	—	Mark	80	Pf.
	Französische Karten von 32 oder weniger Blättern (Piquetkarten), deutsche Karten oder Trapplierkarten	—	„	30	„
Lauenburg:	Kartenspiele über 32 Blätter	—	„	56	„
	Andere	—	„	65	„
Bayern:	Deutsche Karten von 36 oder weniger Blättern	—	„	30	„
	Für jedes andere Kartenspiel	—	„	60	„
Sachsen:	Tarokkarten	1	„	50	„
	Französische Karten	1	„	—	„
	Deutsche Karten oder nach deutscher Art	—	„	50	„
	Andere Karten	1	„	—	„
Würtemberg:	Tarok- und Gaigelkarten	—	„	48	„
	Andere Karten	—	„	24	„
Baden:	(Keine Abgabe.)				
Hessen:	Kartenspiele von mehr als 52 Blättern	—	„	80	„
	„ von 32 bis 52 Blättern	—	„	50	„
	„ bis zu 32 Blättern	—	„	15	„
Mecklenburg-Schwerin:	Für jedes Spiel	—	„	25	„
Sachsen-Weimar:	Spiele von mehr als 36 Blätter	—	„	50	„
	Spiele von 36 und weniger Blättern	—	„	30	„
Mecklenburg-Strelitz:	(Keine Abgabe.)				
Oldenburg:	(Wie in Preußen, im Fürstenthum Birkenfeld jedoch keine Abgabe.)				

		Mark	Pf.
Braunschweig:	Tarokkarten	— Mark	70 Pf.
	Whist- und L'hombrekarten	— „	50 „
	Piquet- und deutsche Karten	— „	30 „
Sachsen-Meiningen:	Kartenspiele von mehr als 36 Blättern	— „	60 „
	Kartenspiele von 36 und weniger Blättern	— „	40 „
Sachsen-Altenburg:	Tarokkarten	— „	90 „
	Französische Karten	— „	50 „
	Deutsche und nach deutscher Art	— „	25 „
Sachsen-Koburg:	Spiele von 36 Blättern und darunter	— „	40 „
	Spiele von mehr als 36 Blättern	— „	60 „
Sachsen-Gotha:	Tarokkarten und französische zu 52 Blättern	— „	80 „
	Piquetkarten, deutsche ɩc.	— „	30 „
Anhalt: (Wie in Preußen.)			
Schwarzburg-Rudolstadt:	Tarokkarten	1 „	40 „
	Französische Karten	— „	65 „
	Deutsche Karten	— „	20 „
Schwarzburg-Sondershausen:	Tarokkarten	1 „	— „
	Französische Karten	— „	50 „
	Deutsche Karten	— „	25 „
Waldeck:	Tarokkarten und französische von mehr als 32 Blättern	— „	60 „
	Piquet und deutsche Karten	— „	30 „
Reuß älterer Linie:	Tarokkarten	1 „	50 „
	L'hombre- und Whistkarten	1 „	— „
	Deutsche Karten und französische von 32 und weniger Blättern	— „	50 „
Reuß jüngerer Linie: (Wie in Reuß älterer Linie.)			
Schaumburg-Lippe: (Wie in Preußen.)			
Lippe:	Für jedes Spiel	— „	50 „
Lübeck: (In den holsteinischen Enklaven die preußische, sonst keine Abgabe.)			
Bremen:	Für jedes Spiel	— „	50 „
Hamburg:	Für jedes Spiel	— „	10 „
Elsaß-Lothringen: (Keine Abgabe).			

Bekanntmachung

zur Ausführung des Gesetzes vom 3. Juli 1878 (R.-G.-Bl. S. 133), betreffend den Spielkartenstempel, vom 2. November 1878.

Auf Grund der Ziffer II. Absatz 4 der vom Bundesrathe beschlossenen Ausführungsvorschriften zum Spielkartenstempelgesetz (Zentralblatt 1878 Seite 403) und des § 9 des Regulativs, betreffend den Betrieb der Spielkartenfabriken (ebenda Seite 406), wird hierdurch Folgendes bestimmt:

I. Form des Kartenstempels.

Der Spielkartenstempel ist kreisförmig mit einem Durchmesser von einundzwanzig Millimetern.

Er enthält über dem Reichsadler die Ueberschrift DEUTSCHES REICH, unter demselben die Bezeichnung der Stempelstelle durch eine Nummer, welche für jede Stelle besonders bestimmt wird, und die Angabe des Abgabenbetrages (DREISSIG PF. bezw. FUNFZIG PF.)

II. Farbe des Stempelabdrucks.

Die Farbe des Stempelabdruckes ist die schwarze.

III. Abzustempelndes Kartenblatt.

1. Alle Kartenspiele, welche ein Coeur- (Herz-, Roth-) Aß enthalten, sind auf diesem Blatt abzustempeln.
2. Bei den sogenannten Grabuge- (Rabuge-) Karten, welche ausschließlich Kartenblätter derselben Farbe in höchstens vierfacher Wiederholung enthalten, wird eines der vorhandenen vier Aßblätter gestempelt.

3. Traplier-Karten, spanische und portugiesische Karten sind auf dem Denari-Aß oder dem diesem entsprechenden (Oro-pp) Aßblatt zu stempeln.
4. Taschenspieler-Karten, in denen das Coeur-Aß fehlt, werden auf dem Pique-Aß, solche in denen kein Aß vorhanden ist, auf demjenigen Bilde der Coeur-Farbe, eventuell der Pique-Farbe gestempelt, welches beim Spiele den höchsten Werth hat.
5. Französische vingt-et-un-Karten, welche je 31 Blätter von verschiedenen (z. B. rother, blauer gelber und grüner) Farben mit Zahlen von 0 bis 21, die Zahlen von 1 bis 9 doppelt, enthalten, werden auf dem rothen Zero (0) gestempelt.
6. Bezüglich derjenigen ein Coeur-Aß nicht enthaltenden Kartenspiele, welche vorstehend zu 2 bis 5 nicht erwähnt sind, bleibt die Bestimmung des abzustempelnden Kartenblattes vorbehalten.
7. In denjenigen Bundesstaaten, in welchen zur Zeit bei gewissen Kartenspielen die Abstempelung eines anderen, als des vorstehend zu 1 und 3 bezeichneten Kartenblatts nachgelassen ist, kann dies Verfahren mit Genehmigung der obersten Landesfinanzbehörde, bis zum 1. Januar 1880 beibehalten werden, wenn das vorstehend zu 1 und 4 bezeichnete Kartenblatt in seiner Zeichnung einen freien Raum für den Stempelabdruck nicht enthält.

IV. Zu vernichtende Ausschußblätter.

1. Von den ausgesonderten Ausschußblättern sind bei Spielkarten, welche Aßblätter nicht enthalten, das nach den Bestimmungen zu III. abzustempelnde Kartenblatt und die drei gleichartigen Karten der übrigen Farben zu vernichten.
2. Bezüglich der durch die Bestimmung zu 1 nicht betroffenen Kartenspiele bleibt die Bezeichnung der zu vernichtenden Ausschußblätter vorbehalten.

V. Verzeichniß der Stempelstellen.

Ein Verzeichniß der Stempelstellen wird in der Anlage veröffentlicht. In demselben sind aufgeführt

unter I. diejenigen Zoll- und Steuerstellen, welchen die Erhebung der Stempelabgabe von den im Bundesgebiet gefertigten Spielkarten, sowie die Abstempelung derselben übertragen ist (Ziffer I. Abs. 1. der Ausführungsvorschriften);

unter II. diejenigen Zoll- und Steuerstellen, welche bezüglich der vom Auslande (einschließlich des Großherzogthums Luxemburg und der österreichischen Gemeinde Jungholz) in das Bundesgebiet eingehenden Spielkarten zur Erhebung der Stempelabgabe und zur Abstempelung befugt sind (Ziffer I. Absatz 2 der Ausführungsvorschriften);

unter III. diejenigen Amtsstellen, welche nur zur Nachstempelung von Spielkarten ermächtigt sind (Ziffer 6 der Bestimmungen über die Nachversteuerung der Spielkarten. Zentralblatt 1878 S. 408);

unter IV. diejenigen Amtsstellen, welche nur zur Abstempelung der von Reisenden oder Schiffern vom Auslande eingeführten Spielkarten ermächtigt sind.

Die unter I und II aufgeführten Amtsstellen sind überall auch zur Nachstempelung befugt.

Berlin, den 2. November 1878. Der Reichskanzler. In Vertretung: (gez.) Hofmann.

Anlage.

Verzeichniß

der zur Abstempelung und Nachstempelung von Spielkarten ermächtigten Zoll- und Steuerstellen.

Bemerkung. Die blos zur Nachstempelung — cfr. Ziffer III. der vorstehenden Bekanntmachung — befugten Steuerstellen sind in nachstehendem Abdrucke nicht aufgeführt.

Preußen.	I. und II.: Neuruppin, Stralsund, Halle a./S., Naumburg a./S., Lüneburg, Münden, Goslar, Frankfurt a./M., Köln (H. St. A. für inl. Gegenstände). II.: Königsberg i./Pr., Danzig, Berlin (H. St. A. für ausl. Gegenstände), Stettin, Posen, Breslau, Ratibor, Kiel, Münster, Aachen (Hauptzollamt). IV.: Eydkuhnen, Prostken, Tilsit, Illowo, Thorn, Colbergermünde, Rügenwalde, Stolpmünde, Swinemünde, Wolgast, Skalmierzyce, Hadersleben, Ottensen, Flensburg, Emden, Geestemünde, Harburg, Wilhelmshaven, Cleve, Malmedy, Cranenburg, Elten, Goch, Herbesthal, Straelen, Aachen-Templerbend, (Zollexpedition auf dem Bahnhof), Emmerich, Kaldenkirchen, Köln (Steuerexpedition für Eilgüter auf dem Central-Bahnhofe.)
Bayern.	I. II.: Augsburg, Ludwigshafen a./Rh., München, Nürnberg, Regensburg, Würzburg, Landshut.
Sachsen.	I. II.: Dresden, Chemnitz, Zwickau, Leipzig, Grimma. II.: Plauen, Zittau. IV.: Schandau, Bodenbach, Reitzenhain, Voitersreuth.
Württemberg.	I.: Ulm, Ravensburg. II.: Stuttgart, Ulm. IV.: Friedrichshafen.
Baden.	I. II.: Mannheim. IV.: Constanz, Singen, Schaffhausen, Waldshut, Basel.
Hessen.	I. II.: Darmstadt.
Mecklenburg - Schwerin.	I. II.: Schwerin, Rostock.
Thüringen.	I. II.: Weimar, Altenburg, Coburg, Gotha, Gera.
Oldenburg.	I.: Oldenburg, Damme. II.: Oldenburg. IV.: Varel, Brake.
Braunschweig.	II.: Braunschweig.
Anhalt.	I. II.: Dessau.
Lübeck.	I. II. Lübeck.
Bremen.	I. II.: Bremen (Hauptzollamt), Bremen (Generalsteueramt), Bremerhafen (Steueramt).
Hamburg.	II.: Hamburg (Hauptzollamt), Hamburg Stempelcomtoir).
Elsaß-Lothringen.	II.: Straßburg i./E. IV.: Fentsch, Noveant, Amanweiler, Deutsch-Avricourt, Altmünsterol, Basel.

Druck von Otto Conrad in Erfurt.

Amtsblatt

des General-Inspectors des Thüringischen Zoll- und Handels-Vereins.

6tes Stück vom Jahre 1878.

№ 23. Cirkularverfügung,

die Verzollung von schwedischen Zündhölzern betr., vom 18. November 1878 № 8182.

Nach einem neueren Bundesrathsbeschlusse soll der Schlußsatz des Absatzes 3 in § 4 der Bestimmungen über die Tara — Cirkularverfügung vom 31. December 1871 № 7249 — nachstehende veränderte Fassung erhalten:

„Doch sind rohe, ungefärbte, mit Papier beklebte und mit Reibsubstanz versehene Schachteln aus Holzspan, in welchen als der gewöhnlichen Fabrikverpackung Zündhölzer eingeführt werden, Flaschen von gefärbtem, ungeschliffenem Glas, in welchen ätherische Oele oder Medikamente eingehen, und Umhüllungen von Stanniol um Parfümerien und feine Seifen auf die Tarifirung von keinem Einfluß.“

Hiernach sind Zündhölzer, auch wenn sie in Schachteln der vorbezeichneten Art eingehen, auf Grund der Bestimmung unter 5 b Abtheilung I des Tarifs zollfrei zu lassen. Leer eingehende Schachteln von der gedachten Beschaffenheit sind nach pos. 13 f des Tarifs mit 12 Mark pro Ctr. zur Verzollung zu ziehen.

Da übrigens schon auf Grund der bisherigen Bestimmungen in den meisten übrigen Vereinsstaaten die sogen. schwedischen Zündhölzer zollfrei belassen worden sind, so soll auch rücksichtlich der etwa in Thüringen auf Grund meiner Cirkularverfügung vom 8. August c. № 5271 für schwedische Zündhölzer erhobenen Zollbeträge die Restitution von mir beantragt werden, und sehe ich daher der event. Einreichung vorschriftsgemäß aufgestellter Restitutionsliquidationen entgegen.*)

Erfurt, den 18. November 1878. Der General-Inspector: Grolig.

---

*) Zusatz für Preußische Steuerstellen: Von dem Herrn Finanz-Minister, Excellenz in Berlin bin ich ermächtigt worden, die etwa früher oder auf Grund meiner Cirk.-Verf. vom 8. August c. № 5271 für schwedische Zündhölzer erhobenen und definitiv vereinnahmten Zollgefälle zurückzahlen zu lassen. Ich erwarte event. berichtliche Anzeige der zu restituirenden Beträge. Die in Folge meiner Verfügung vom 5. October c. № 7028 etwa ad depositum genommenen Zollgefälle sind sofort den Einzahlern zurückzuerstatten.

№ 24. Cirkularverfügung,

Ursprungszeugnisse für Spanien betr., vom 20. November 1878 № 8001.

Unter Bezugnahme auf meine Cirkularverfügungen vom 28. September v. J. № 6468, ferner vom 3 December v. J. № 8082 und vom 23. Mai d. J. № 3292 bringe ich nachstehend einen Auszug derjenigen Vorschriften, welche der Spanische General-Zolldirektor in Betreff der Ursprungszeugnisse für die nach Spanien aus Vertragsländern eingehenden Waaren neuerdings erlassen hat, den Bezirkssteuerstellen mit der Veranlassung zur Kenntniß, den betheiligten Handelskammern oder Gewerbtreibenden bei geeigneter Gelegenheit von obigen Vorschriften Mittheilung zu machen.

1. Die Urkunde über den Ursprung der Waaren hat in einem Zeugnisse zu bestehen, welches nach Wahl des Handelsstandes von dem fremden Zollamte des Ausfuhrplatzes des erzeugenden Landes, von der Handelskammer oder aber von dem Fabrikanten oder Absender der Waare ausgestellt ist.

   In jedem dieser Fälle muß das Zeugniß Nachfolgendes aufweisen:

   a. die Anzahl, die Marken, die Numerirung und das Bruttogewicht der Colli;
   b. die Art oder die Arten der darin enthaltenen Waaren, nebst den nöthigen Angaben, um die Anstellung der erforderlichen Prüfung zu ermöglichen;
   c. den Ort der Erzeugung, Verarbeitung oder Herstellung der Waare;
   d. den Umstand, ob die Waare direkt nach Spanien geht oder als Transit durch ein anderes Land, das namhaft zu machen ist;
   e. das Datum und die Unterschriften der Beamten der fremden Zollämter der Handelskammern oder Handelsdeputationen, welche die Zeugnisse beglaubigen, oder diejenige des Fabrikanten oder des Absenders der Waare, welche letzteren von den Ortsbehörden visirt sein müssen;
   f. das Visa des Spanischen Konsuls an dem Orte, wo das Zeugniß ausgestellt wird, oder dasjenige des Spanischen Konsulats des Konsulardistrikts, wozu dieser Ort gehört, oder in Ermangelung beider dasjenige des Spanischen Konsulats des Ausfuhrorts in demselben Lande, aus welchem die Waare stammt.

2. Die aus einem Vertragslande stammenden, für Spanien bestimmten Waaren, welche von dem erforderlichen Ursprungszeugniß begleitet sind, brauchen, wenn sie als Transit durch ein anderes Vertragsland gehen, diesen Transit nicht nachzuweisen, wenn sie aber eine vertragsmäßig nicht begünstigte Nation passiren, so muß der Transit durch eine besondere Bescheinigung, welche der Spanische Konsul Angesichts des Ursprungszeugnisses und der auf den Transit bezüglichen Schriftstücke an die betr. Zollverwaltung richtet, nachgewiesen werden.

3. Die Ursprungszeugnisse können in Spanischer oder in fremder Sprache abgefaßt sein. Im letzteren Falle werden sie in Spanien übersetzt, nach Wahl des Handelsstandes durch beeidigte Uebersetzer, durch Schiffsmakler, welche gleichzeitig Dolmetscher sind, durch die Konsuln der Vertragsnationen, denen die Waaren gehören, oder durch die Ackerbau-, Industrie- und Handelsausschüsse des Orts.

4. Kleine Quantitäten Waaren und Kleidungsstücke, welche Reisende für ihren Gebrauch unter ihrem Gepäck mit sich führen, bedürfen keines Ursprungszeugnisses, um der niedrigsten im Verkehr mit den gedachten Nationen bestehenden Zölle theilhaftig zu werden; aber es ist nothwendig, daß bei der Prüfung festgestellt werde, daß diese Effekten und Waaren Industrieprodukte der Vertragsländer sind.
5. Falls die Kaufleute Ursprungszeugnisse erhalten, welche nicht die oben angeführten Bedingungen erfüllen, so können sie dieselben vor der Verzollung zurückschicken, damit die unterlassenen Formalitäten erfüllt werden, indem sie inzwischen von den Lagerfristen, welche die Zollverwaltungen zulassen, Gebrauch machen; ist aber die Durchsicht der präsentirten Waare mit Ursprungszeugniß einmal beantragt, so wird Letzteres als endgültig zugelassen betrachtet.
6. Wenn während der Durchsicht die betreffenden Zeugnisse nicht beigebracht werden, wenn die beigebrachten nicht allen Erforderuissen genügen, oder wenn diese Dokumente mit der Waare, auf die sie sich beziehen, nicht übereinstimmen, so kommen die für die nicht vertragsmäßig begünstigten Nationen geltenden Zölle zur Erhebung.

Obige Vorschriften des spanischen General-Zolldirektors sind übrigens in extenso im Preußischen Handelsarchiv № 44 pro 1878 abgedruckt und können auch von hier auf Verlangen mitgetheilt werden, worauf event. Seitens der Steuerstellen aufmerksam zu machen ist.

Erfurt, den 20. November 1878.

Der General-Inspector: J. B. Schreck.

№ 25. Cirkularverfügung,

Tariffragen betr., vom 30. December 1878 № 9263.

Der Bundesrath hat beschlossen, daß

I. Patentwagenachsen von Schmiedeeisen, mit Buchsen von Gußeisen, Schrauben von Messing und Schraubenkapseln von Messing, ohne Politur und Lack mit Rücksicht darauf, daß die vorhandenen Messingbestandtheile, insbesondere aber auch die Schraubenkapsel, welche auch als Schmierbehälter und zur Abhaltung des Eindringens von Sand und Staub in die Achsenspindel dient, nicht lediglich zur Befestigung oder Verbindung der einzelnen Achsenbestandtheile dienen, vielmehr einen selbstständigen für die Benutzung wesentlichen Zweck haben, der № 6 c 3 a des Tarifs zuzuweisen sind, und daß derselben Tarifposition 6 c 3 a auch

II. eiserne Schrauben in Verbindung mit Muttern von Messing, da letztere als wesentlicher Bestandtheil der Schrauben anzusehen sind,

unterstellt werden.

Hiernach ist vorkommenden Falles zu verfahren.

Erfurt, den 30. December 1878. Der General-Inspector: Grolig.

Personalien.

A. Preußen.

Der Steueraufseher Hoße in Schwarza ist in gleicher Eigenschaft nach Halle a./S. versetzt und der bisherige Grenzaufseher Bröse in Emmerich als Steueraufseher in Schwarza angestellt worden.

B. S. Meiningen.

1.) Der Verwiegungsbeamte Hodermann an der Rübenzuckerfabrik in Tümpling ist mit Tode abgegangen.

Mittheilung des H. Feldjägerkommandos d. d. Meiningen vom 26. April 1878.

2.) Der Verwiegungsbeamte Gerlach ist nach Einstellung des Betriebs der Rübenzuckerfabrik in Tümpling außer Dienst getreten und der Verwiegungsbeamte Friedrich daselbst wird in Folge dessen in dem Steueraufsichtsdienste unter Belassung seiner bisherigen Station in Kamburg verwendet.

3.) Der Steueraufseher Tapella wurde von Eisfeld nach Meiningen und der Steueraufseher Sickert von Sonneberg nach Eisfeld versetzt.

Mittheilung des H. Feldjägerkommandos d. d. Meiningen vom 19. November 1878.

C. S. Gotha.

An Stelle des bisherigen Gensdarmen Thomas in Dietendorf wurde dem daselbst neustationirten Gensdarmen Schmidt die Steueraufsicht für den Bezirk übertragen.

Ministerialrescript d. d. Gotha vom 18. November 1878.

D. Schwarzburg-Rudolstadt.

Dem Steuerinspector und Rentamtmann Obbarius in Rudolstadt ist von Sr. Durchlaucht dem Fürsten von Schwarzburg-Rudolstadt das Prädikat „Steuerrath" verliehen worden.

Ministerialrescript d. d. Rudolstadt vom 23. November 1878.

Druck von Otto Conrad in Erfurt.

www.ingramcontent.com/pod-product-compliance
Lightning Source LLC
Chambersburg PA
CBHW030837270326
41928CB00007B/1094